让思想流动起来

往事与随想

吕思勉传

张耕华 著

四川人民出版社

目录

第一章 故居 家世 童年　　　001
　　故乡与故居　　　001
　　先世 父母　　　007
　　童年时的读书　　　012
　　江浦的生活　　　014

第二章 青年时代的学习生活　　　020
　　应小试 读史书　　　020
　　填词作诗　　　024
　　记日记　　　032
　　钦佩康梁 向往大同　　　036
　　尝试写小说　　　043
　　读遍正史　　　051
　　信服法家　　　053

第三章　走教学与治学之路　058
　　与虞菱成婚　058
　　教书生涯的开始　061
　　搜集故乡民谣　066
　　去南通教书　071
　　与朝鲜志士的交往　074
　　"与政治卒无所与"　078
　　学问在空间　不在纸上　082

第四章　来往于沪、沈、苏、常　088
　　初来上海　088
　　进商务　编医史　097
　　沈阳之行　102
　　散布革新之种子　107
　　世风与学风　113
　　《白话本国史》　120
　　回苏州教书　127
　　文字学研究与著述　131
　　"三燕渠"与熟诵法　135

第五章　初入光华　144
　　任教光华大学　144
　　弈棋　157

一个足兵足食的计划	163
服膺马列主义	167
赴安徽大学讲学	173
吃饭的革命	177
《白话本国史》讼案	185
瑞之讼案	193
专史的撰述	199
养　猫	216

第六章　孤岛上的生活与写作　222

国难时期	222
《吕著中国通史》	229
《先秦史》	234
《古史辨》与古史研究新方法	241
孤岛上的斗士	249

第七章　一片冰心　262

暂回常州故里	262
在乡间中学教书	270
一个治学的检讨	279
"家贫长苦饥"	286
患病与治病	292
"人何以为人　曰相人偶耳"	297

003

身居蒿庐　心忧天下　　　　303
物价纪实与社会史研究　　　309

第八章　重返光华　　　　　　　　318
上光华复校之策　　　　　　318
因祸而为福　转败而为功　　323
"史学沙龙"诱掖后进　　　　335
《历史研究法》　　　　　　　352
《秦汉史》与《两晋南北朝史》　360
考试与劝学　　　　　　　　366
"绝去名利之念"　　　　　　372

第九章　尽瘁史学　　　　　　　　380
入华东师大　　　　　　　　380
晚年的几封信　　　　　　　391
参加"三反"及思想改造运动　397
《隋唐五代史》的写作　　　　402
春蚕到死丝方尽　　　　　　410
薪火传递　　　　　　　　　418

后　记　　　　　　　　　　　　　429
再版后记　　　　　　　　　　　　434

第一章　故居　家世　童年

故乡与故居

1884年2月27日（光绪十年甲申二月初一），当代著名的历史学家吕思勉（字诚之）诞生于江苏常州十子街六-八-十号的吕氏故居的东宅。

吕思勉的先世原来居住在江苏宜兴，自明代永乐年间，开始由宜兴迁居常州，到了清代，吕氏一族就成了阳湖（常州府属县）人了。

常州是一座有着二千五百多年文字记载的历史文化古城。春秋时属吴国，称延陵邑，为吴公子季札的封地。秦时设延陵县。汉代改名为毗陵县。晋时置晋陵郡，分治武进、晋陵两县。隋朝废郡制，于常熟县设常州，后常熟县划入苏州，移州治于晋陵，常州之名由此而始，并一直沿用到明、清（其间曾改称过长春、尝州等，但都为时不长）。到清代，常州已是政府赋税的主要来源地区之一，有"江南财赋甲天下，苏松常镇课额尤冠于江南"之说。其时，常州为府城，统领武进、阳湖、无锡、金匮、宜兴、荆溪、江阴、靖江八县,时称"中吴要辅,八邑名都"。民国初,废常州府,阳湖县并入武进县,城区一度称武进市,但习惯上还是沿袭着明清以来的常州旧称。

在吕思勉的童年时代,常州府城的城区面积不大,东西、南北都只有三华里[1],这就是当时所谓的"穿城三里"。城区面积虽然不大,但"麻雀虽小,五脏俱全",除了有府衙门外,武进、阳湖两县的县衙门也设在城里。那时候,城区还有城墙和城门,走上城墙,可以看到乱草丛里残留的雉堞(城上的矮墙,如齿状排列,用作掩护),城门也还有实际的用处,1924年江浙战争,因怕败兵抢掠,有时就可以临时闭城。随着年月的流逝,这些城墙城门逐渐败坏,如今已全无踪影了[2]。

吕氏的故居位于常州十子街的中段。常州十子街的街名,缘于北宋名人邹浩的家世。邹浩的先祖邹霖,由浙江钱塘迁居常州,邹霖之父邹元庆,生有十子,邹霖是第十。他始居常州之后,子孙遍及城乡,一门科第不绝。邹家后裔为纪念其迁居常州的始祖,名其地为十子街。就这样,十子街的街名,历数百年而一直沿用至今[3]。

关于十子街,吕思勉的女儿吕翼仁有一段描述:

---

[1] 即一点五公里。
[2] 吕翼仁:《回忆我的童年》,刊于《吕思勉先生年谱长编(下)》,上海古籍出版社2012年12月版,第1155页。
[3] 常州市地名委员会:《常州市地名录》(内部资料),1983年版,第3—7页。《常州概览》,中国城市出版社1996年9月版,第7、9、321页。

第一章　故居　家世　童年

十子街在常州城的东北部,是条又狭又短的横街,东接娑罗巷,西通化龙巷。街中心是石皮铺的,两旁砌着砖石。由于街面狭,日照少,东西街梢又各有一口公井,家里没有井的居民,都到公井上淘米洗菜和拎水,不下雨的日子,街上也总是湿漉漉的,下雨之后,自然更没有干的时候。特别是下了雪,雪被行人踩坚,成了冻雪,真是走一步滑一滑。甚至街中心的雪融化之后,两旁一堆堆污泥冻雪,还要维持好些日子。

十子街尽管有这些缺点,也有其独特之处。在以"多福多寿多男子"为颂祷的年代,十子意味着多生贵子。所以在嫁娶吉日,我们那时叫做周堂,花轿哪怕绕道,也要经过十子街,花轿一肩接着一肩,整天锣鼓声不绝于耳。吉日前一天是铺新,我们叫做铺行架,箱笼也要经过十子街。这时候街道两边家家户户,门口都站着几个大娘大姐,铺新的日子看嫁妆,吉日良辰看新娘。实际上新娘坐在花轿里是看不到的,但是送亲的姑娘奶奶们坐的小轿,个个浓装艳抹,珠光宝气,后来送亲的人索性不坐轿坐人力车了,看的人自然格外便于观赏。

——而最最富有诗意的,却是一深黄昏,油灯如豆,街上传来"香又香,糯又糯,香炒热白果"的叫卖声,惜乎我那时是幼孩,今天也远不是诗人,描绘不出当时的情景。[①]

---

① 吕翼仁:《回忆我的童年》,刊于《吕思勉先生年谱长编(下)》,第1155—1156页。

十子街是一条小街，但它所处的城区东北角却是风景秀丽、人文荟萃的地方。那儿有一条白云溪，今文经学派的创始人庄存与的故居就在溪畔，附近还有诗人黄仲则的故居"两当轩"，与十子街隔街相望的有清代常州第一状元吕宫的宗祠。另外，著名学者洪亮吉，历史学家赵翼、屠寄都曾在这里生活过。

吕氏故居是一幢硬山造（结构）的清代建筑，坐北朝南，原分东西两宅，各有大门进出。两门中间，还有三间小屋子，两扇小门，外通十子街，内有一条长弄，通东西两宅。由于房屋进深，人来人往，若从大门进出，开门关门很不方便，所以小门是整天开着的，甚至为了保持小门敞开，吕家将这三间小屋租给别人住，名为租，实际上并不收钱，条件是给吕家守门，便于家人的通行。

吕氏故居的东宅，早在吕思勉父亲的手里，就典给别人了，直到抗战后期，才由吕思勉收回自用。吕家自住西宅（即吕氏故居的十号）。西宅比东宅略小，大门进去的第一进是门屋，也叫门堂屋。在吕思勉的家乡，这种门堂屋常常是租给成衣铺的，目的也不是要收租金，而是希望大门畅开，进出方便。吕家的门堂屋比较小，所以没有出租。门堂屋在十子街临街，入内是一个小园，种有金桂、淡竹，还有一株西河柳。西河柳可用作药材，邻居街坊经常有来摘讨的，所以，虽说是一株，实际上总只剩下半株，"垂头丧气地站在园角"。小园的北面通天井，也种些十姐妹、香圆树、石榴、葡萄等。天井北面是第二进，共有三间大厅，厅的北面有三间翻轩，东面的一间用作卧室。天井的两旁是侧厢房，东向的侧房用作卧室,西向的侧房用作储藏室,西厢房的北面是厨房。天井的北面是一条走廊,一头与厨房相连,一头通向第三进的上房。上房是四楼四底,楼下三间用作卧室,一间用作客堂和吃饭,楼上两间用于卧室,另两间用作书房和藏书室[①]。

抗战时期,吕氏故居的西宅为日寇的炸弹所毁,现只存东宅。1983年11月10日,吕思勉故居被常州市人民政府定为文物保护单位。1987年1月,常州市文管会呈报《常州市第四批省级文物保护单位建议名单》,内列入吕思勉故居,并对吕氏故居及文物保护的范围作了如下的说明:

> 吕思勉故居在常州十子街新生里四号及十子街八—十二号,坐北朝南,为硬山造清代建筑,共四进二十一间。第一进为门屋,入内为天井,西首有厢房一间,天井右首植紫藤一株。第二进为大厅三间,罗砖地,后有翻轩。西首有厢房一间,后面为天井、花台。第三进为厅房三间。中间客堂,东西卧室各一间,均和合玻璃,天井东首另有卧室一间。第四进为楼屋上下各三间,西首楼下一间为书房。尚存吕思勉生前所收集之古籍图书、字画等20大箱。西首原有菜圃及起居室、读书处、厨房等屋,已毁。[②]

[①] 吕翼仁:《回忆我的童年》,刊于《吕思勉先生年谱长编(下)》,第1157—1158页。
[②] 常州市文管会办公室编印:《常州市第四批省级文物保护单位建议名单》,1987年1月出版。

图1　吕思勉先生在常州的故居

1987年12月31日，常州市人民政府发布《关于公布第二批常州市文物保护单位的通知》，同时公布《常州市第二批文物保护单位名单》，吕思勉故居被列入第二批市级文物保护单位。《通知》称："根据《中华人民共和国文物保护法》的规定，市文化局应在近期内会同规划处对上述文物保护单位划出保护范围，作出标志说明，并逐步建立健全文物资料档案；现文物的使用单位和居民，都必须严格遵守不改变文物原状的原则，负责保护好文物的安全，不得损毁、改建、添建或拆除，并负责必要的维修。"[1]

先世　父母

吕思勉出生在一个世代仕宦的家庭。清初的先祖吕宫，字长音、苍忱，号金门，清代常州第一状元，《清史稿》中有传，《中国人名大辞典》对他的一生作了这样的概述：

明末举于乡，顺治初擢一甲一名，授内翰林秘书院修撰，累官弘文院大学士，太子太保。立朝矜尚气节，虽持大

---

[1]《关于公布第二批常州市文物保护单位的通知》及《常州市第二批文物保护单位名单》刊于1987年12月31日《常州日报》第一版、第四版。《常州市第二批文物保护单位名单》——编号：13。名称：吕思勉故居。时代：清。所在地：十子街。绝对保护范围与说明：房屋三进及庭院。吕氏故居共四进二十一间（根据《常州市第四批省级文物保护单位建议名单》），若不计第一进门屋（根据《常州市第二批文物保护单位名单》）则为三进，目前第三、四进有侧门通十子街新生里，门牌为新生里四号。

007

礼，不立异同，独辨流品，于前朝明阉党，屏之尤严。著撰甚富，授门人吴侗校理，遂失之。①

吕思勉在《中国史籍读法》中，也提到过这位先祖：

我清初的祖宗吕宫，乃是明朝一个变节的士子。他入清朝便考中了状元，官做到大学士。其时年事尚轻，正可一帆风顺，大做其清朝的伪官，却忽然告病回家了。而其时实在并没有什么病。这是何缘故呢？我们族中相传有一句话：说是由于当时的皇太后要和他通奸，他知道嫪毐是做不得的，将来必遭奇祸，所以赶快托病回乡了。虽有此说，也不过将信将疑的传述着，没一个人敢据为信史的。（因无人敢笔之于书，但凭传说，故久而模糊也。）然一读清朝的《国史列传》（中华书局所印行之《清史列传》），却得到一个证据了。传中明载着：当他告病而未获允许时，王士祯曾参他一本，说他病得太厉害了，"人道俱绝"。试问太监岂不是官？若说无关紧要，则历代宦官握有宰相实权，甚或超过宰相者甚多，"人道"的绝不绝，和做官有什么关系？这便使我们族中的传说，得到一个坚强的证据了。这便是当时作史、后来修史的人，苦心留给我们的真实史料。②

---

① 方宾观等：《中国人名大辞典》，商务印书馆1921年6月版，第339页。
② 吕思勉：《史学四种》，上海人民出版社1981年12月版，第61页。

第一章 故居 家世 童年

吕思勉的高祖父吕子珊,为嘉庆十五年庚午顺天乡试举人,曾任河南偃师知县。曾祖父吕佑逊,是道光二年壬午乡试举人,曾任安徽旌德教谕。祖父吕懋先,国学生,曾任江西奉新县知事。吕家世代读书仕宦,到吕思勉时已有数百年了。

吕思勉的父亲吕德骥,字誉千,生于咸丰二年(1852)七月廿五日。年轻时即享有文名,曾任江浦县学教谕。他为学勤勉,信服经义,对《易经》深有研究。著有《抱遗经室读书随记》及诗集若干卷。1906年,吕思勉撰写了《誉千府君行述》一文,记述了父亲的生平事迹,其中有一段写道:

府君少有至性,严重如成人,九岁发逆陷常州时,先大父知江西奉新县事,道梗音问不通。府君随先大母庄恭人奉先世神主避居武邑循理乡之龚家村。方是时,江宁安庆既陷,长江上下游皆贼踪。欲觅人之江北通音问于戚族,不可得。先大母体故羸弱,重以兵乱,仓皇出走,忧且劳,旧有肝疾剧作,以是岁六月转徙丰北乡之乌墩遂弃养。府君哀恸躄踊如成人,虽在乱离之际,附身附棺之物,必周且备。既殓,遂葬先大母于依东乡之芙蓉圩。既葬,闻贼兵至,时邑人避难芙蓉圩者数十家,闻难皆欲弃府君行,同邑金华亭先生独异府君,谓同行者:是子非常人也。乃间关挈府君抵江西,达先大父任所,时府君与先大父不相见者既四年矣。比相见,父子相持泣,左右莫不感涕。华亭先生为先大父述避难时事,道府君年少不苟,临难如成人。先大父喜,延师课府君读。府君奋勉力学，日初出而作，夜漏三鼓始息，于书无所不读，而尤好治经史之学，尝曰：通经可以致用也，读书万卷而无益于世，虽多，亦奚以为。故为学不屑屑治章句，亦不为高远之论，务在平易达民情可措诸当世而已。[①]

母亲程梫，字仲芬，号静岩，生于咸丰三年（1853）八月十八日，是武进名士程兆缙的次女。程夫人幼年读书不多，后来靠自学，也能书能文，著有《逸秋诗钞》及《读书随笔》各一卷。二十三岁嫁到吕家，"于家务躬履俭素，婚丧宾祭诸事，咸亲自经纪，井井有条"。那时，家里人口众多，下有一大帮学龄儿童，上还有婆婆华夫人，经济上相当拮据。华夫人为人老实，不善应付，家中开支等，都墨守成规，亲戚来借贷的，也不问真伪，有求必应，这种借贷，常常是有去无回的，这就增加了家庭的困难。旁人了解情况的，总劝程夫人要节约开支，她怕婆婆不高兴，总是顺着她，这种局面，直到华夫人去世后才逐渐扭转。尤其难能的是她督教子女读书极其严格。程氏育有一男一女，男即吕思勉，女吕永萱，长吕思勉九岁，也能诵经史，并工诗词，著有《碧云词》若干卷。吕母虽然疼爱儿子，但督教功课从不马虎。吕思勉的女儿吕翼仁后来回忆说："祖母爱我父亲自不用说了……直到父亲结婚之后，祖母总还称他'宝宝'。可是我父亲交代功课时，若有半点含糊，书就从他头上飞过去了。"正因为

[①] 李永圻：《吕思勉先生编年事辑》，上海书店1992年10月版，第34—35页。

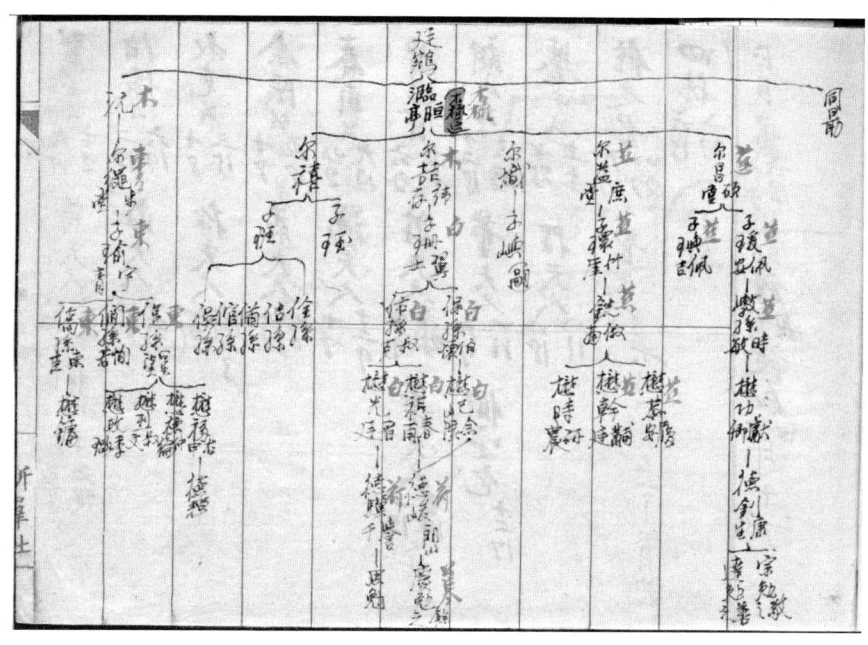

图2　吕思勉先生手书之"吕氏世系表"

如此，小辈们给她取了个外号叫"老虎"，甥儿们叫她"老虎舅舅"（常州的习俗，甥儿侄女叫姑母为伯叔或舅舅）。吕思勉从小就喜欢下棋，围棋、象棋都能下，看到父亲与人对弈，心里就痒痒的，但是他知道母亲正教他读书，是不会允许他下棋的，所以，那几年始终没有在母亲面前谈起下棋的事[①]。

---

① 　吕翼仁：《回忆我的童年》，刊于《吕思勉先生年谱长编（下）》，第1162—1163页。

童年时的读书

吕思勉六岁时,就开始跟从同邑薛念辛先生读书,而他与史学发生关系,约在八岁的时候。他后来回忆说:

> 我和史学发生关系,还远在八岁的时候。我自能读书颇早,这一年,先母程夫人始取《纲鉴正史约编》,为我讲解。先母无暇时,先姊颂宜(讳永萱)亦为我讲解过。约讲解到楚汉之际,我说:我自己会看了。于是日读数页。约读至唐初,而从同邑魏少泉先生(景征)读书。先生命我点读《纲鉴易知录》,《约编》就没有再看下去,《易知录》是点读完毕的。①

童年时的阅读,培养了他对历史的兴趣,"故于史部之事,少时颇亲"。后来,父亲又取来《日知录》《廿二史札记》《经世文编》等书,让他随意翻阅,"亦觉甚有兴味"②。私塾老师所教读《通鉴辑览》,涉及历代治乱兴亡的事,更是读得津津有味③。

吕思勉的父亲生前是不赞成人自教子弟的,他认为自教子

---

① 《从我学习历史的经过说到现在的学习方法——少时得益于父母师友》,刊于1941年3月16日上海《中美日报》。
② 《自述》,即《"三反"及思想改造学习总结》,刊于《吕思勉遗文集(上)》,华东师范大学出版社1997年9月版,第434—452页。
③ 《中学历史教学实际问题》,刊于《江苏教育》1937年第1期。

弟"非因溺爱失之宽纵,即因期望太切失之过严"①。所以,吕思勉自受业从师后,一直是聘请教师在家中教读。十二岁时,魏少泉先生因事赴新疆,依父亲的本意,是想再延请教师的,但这时家庭的经济状况发生了变化。吕家原有田二十余亩,一向是供佃户耕种而不收田租的,条件只是要佃户照料吕氏先祖的墓地。吕家在城中有住宅两处,市房两处,除一处自己居住外,其余都出租。一家七口(即继祖母、父亲、母亲、两个姑姑、姐姐吕颂宜及吕思勉),粗衣素食,尚能自足。在吕思勉十岁时,再从伯父郎山君病逝于江西。郎山君以官为家,卒后一无所有,却留下妻子女儿等七人。与吕家虽是再从,但已为最亲近的一支了。于是,父亲便接他们到常州一同居住,家中的人口一下子增加了一倍,生活上的拮据是可想而知了。所以,自吕思勉十二岁以后,就不再延请教师了,由父亲亲自教授,父亲无暇时,母亲和姐姐也帮助讲解。他后来回忆说:

魏先生去后,未能延师,由予父自行教授。予母及姊,皆通文墨,亦相助为理。此时予已能作文字,予父尝命予以所作,就正于石小泉先生,后又使从族兄少木(编者按:即吕景枬)先生游,先后凡三年。惟皆未坐塾,但以文字就正耳。薛以庄老先生者,念辛先生之伯父,而予父之师也,予父偿从之学九年;清末,主芜湖之中江书院。予父又以予所

---

① 《"三反"及思想改造学习总结》,刊于《吕思勉遗文集(上)》,第434页。

作之文字，邮寄请正。生平就学之经过如此。[①]

旧时的读书是要背书的，私塾老师常常使用一种"通背"的方法来教学生学习国文。所谓"通背"，就是要学生不仅背出前一天教过的书，还要把以前教过的一道背一遍。所以，旧时读书，每天单是背书，就要花去相当多的时间。吕思勉不主张背书，他后来教女儿读书，也不要求背书。吕翼仁曾回忆祖父教父亲读《尔雅》的情形：

> 当时读书要背，可是我父亲却不愿意背《尔雅》。他看到祖父读书极其专心，而且一段书没有看完的时候，决不放下书来做旁的事，就钻这个空子。每到祖父聚精会神地看书的时候，父亲就把《尔雅》塞过去，说要背书，接着就背起来了，等到祖父看完一段书，开始听父亲背书，父亲已背到最后几句了。[②]

江浦的生活

1892年，吕思勉的父亲选授江浦（今南京市浦口区）县学教谕，家眷也一同随往江浦居住。这时吕思勉才九岁，到1897年，

[①] 《"三反"及思想改造学习总结》，刊于《吕思勉遗文集（上）》，第434—435页。
[②] 《回忆我的童年》，刊于《吕思勉先生年谱长编（下）》，第1163页。

父亲辞职返回常州，吕思勉在江浦一共生活了四年。这几年的生活情况，在他后来所写的《青年时代的回忆》一文中有详细的记载：

> 几行衰草迷烟柳，一片斜阳下酒楼，又是深秋时候。
> 这使我回忆起青年时代的情景来了。一个小小的镇市，镇的西尽头，有两间破旧的楼屋。这楼其实不高，因其在镇的尽头，更无遮蔽了，望出去，却觉得空旷。楼屋既旧，屋中桌椅等的陈旧破败，更不必说。然而镇上只有这一个酒家，沽些村醪，亦略有些下酒物，如豆、花生之类。要吃热菜，却没有了，除非是到外面小饭店去叫。爱喝酒的人，约几个朋友，到那里去高谈阔论，猜拳行令，每人喝上两三斤酒，固然是好的，假使醉翁之意不在酒，独自踱得去，靠着窗棂，拣个坐儿，眺望那霜稻登场野色宽的情景，亦无不可。镇上可以眺望的建筑，除此之外，再没有了。如此行来，倒也自得其乐。如有知己的朋友，约一两个去，谈谈说说，自然更好。到暮色苍茫，大家就各自散了，或者独自回去，因为窗外再没有什么可以眺望了……
> 家里，自然也有亲戚朋友来。来了，也留人家吃饭，酒不过数行，菜不过数簋。比平时吃晚饭，时间略为延长些。饭罢，回家的略坐告辞，留宿的，谈谈，也就道了安置。长夜之饮，是我在青年时代，没有见过的。
> 逢时过节，大家都空着游玩，自然是比较热闹些。趁这

机会做小买卖的也多,自然看见的东西,比平时要多些。然亦总不过如此,无甚可以刺激得起兴趣的。①

小镇的市面是很冷落的,生活也很单调,但也有吕思勉爱恋难忘的东西,那就是用木刻套版印制的图画。这种图画"小的,只有现在连环画这么大,一张纸长尺许,宽倍之,平均分成十六格或二十格,每格各画一个故事。大的,却比方桌面还大些,只画一个故事。人物都奕奕有神"。他最喜欢的是战争题材的图画,如关公温酒斩华雄、李元霸三锤击走裴元庆、八蜡庙等。

然而,给吕思勉留下深刻印象的是,小镇上人见闻的闭塞。他写道:

这时候的人,见闻是很室塞的。还记得甲午战时,有些人根本不知道日本在哪里,只约略知道在东方罢了。我家里算是有书的,便翻些出来看。还有亲戚朋友来借看。我还记得:翻出来的三种书,一种是《海防论》,一种是《海国图志》,一种是《瀛环志略》。那自然《瀛环志略》是最新的了,然而在《瀛环志略》中,还找不出德意志的名字。于是有人凭空揣测,说德意志一定就是荷兰。因为在传说中,德意志很强,而在《瀛环志略》中看,荷兰国虽小,也颇强盛的,那自然是他并吞他国后改名的了。

---

① 《青年时代的回忆》,刊于《青年半月刊》1939年第1卷第2期。

中日战争后,小镇上的人又传说着刘永福的故事:

那时候,中国战败了,把台湾割给日本。刘永福据着台南抵抗,内地侈传他的战绩,真是无奇不有。有的说:刘永福知道日本的马队要来了,派几百个人,一人肩着一根竹竿去抵抗。吩咐他:见日本兵,便把竹竿抛在地下跑回来。那些人遵令行事,日本兵的马,跑到竹竿上,都滑跌了,马上的兵,都跌下来。刘永福却早在旁边埋伏了兵,一拥而出,把日本兵都打死了。又一次,日本兵在水边上,刘永福传令,收集了几百顶箬帽,把他浮在水面上,日本兵看见了,以为中国懂得水性的兵,泅水来攻了,一齐发枪射击。到枪弹放完了,刘永福的伏兵却出来,把日本又打得大败。有人说:刘永福奇谋妙算如此,政府为什么不早用他做大将呢?有人说:政府本来征求过他的意见的,刘永福要和各外国同时开仗,把他们一齐赶掉。政府认为这事太大了,所以不敢。有人说:以刘永福之才,就和各国同时开仗,怕什么?不过国运是难说的,万一打得正得手,刘永福倒病死了,那就成为不可收拾之局了。又有人说:刘永福算得什么?听说他的计策,都是一个白发的军师,替他出的呢。后来刘永福内渡了,又有人说:就是这位军师,替他定下计策脱身的。因为仰观天象,知道气数如此,台湾终于不能守,不必枉害生灵。所以定下计策,自己先走三天,却留下一个锦囊妙计给刘永福,叫他三天之后,依计而行。

果然神不知，鬼不觉地走脱了。[1]

吕思勉感慨地说："这些话，现在说起来，好像是造作出来，以博一笑的。然而我敢说：这都是我在小时候，亲见亲闻的事。"那时候的人，除了科举之外，什么都不知道，而且"说这些话的人，都并非下层社会中的人，有几个，还是读书明理的士子呢"[2]。

一般的民众没有受过文化教育，见闻闭塞，愚昧无知，而读书明理的人不仅不能影响他们，还常常附和一气，这给少年吕思勉很深的刺激。在他的日记、笔记里，这一类记录很多。如：有一则笔记名为《茶肆中之所闻》，记载了1917年时他在茶馆中听到的一段对话：

> 某甲曰：吾连殇七子，奈何？某乙曰：此汝前此所殇之子为祟也，掘其墓，发其棺，视其尸不坏者焚之。则汝后此所生之子免矣。且曰：若某若某，皆生子屡殇，皆以此免。斯时茶肆中，读书明理之人，亦有三数，无一人发言诤之者，无知识之人则皆附和之。驽牛曰：中国数千年之文明古国，而其现状至于如此，哀哉！[3]

驽牛，是吕思勉的笔名。这种对社会"一般状况"的关注，

---

[1] 《青年时代的回忆》。
[2] 《青年时代的回忆》。
[3] 《吕思勉先生年谱长编（上）》，第192页。

后来成为他研究历史的一种方法。他后来在《历史研究法》中写道：不知环境，对于任何事情，总是不能明白的，以致对于任何时代，亦都不能明白。史事有"特殊事实"和"一般状况"之分，对于"特殊事实"都是后人比当时人了解得更明白；而"一般状况"如物质生活、人情风俗、思想状况等，总是前人比后人了解得更明白。但在传统史籍中，因守着"常事不书"原则，有关社会上的一般状况的材料是最缺乏的，而这又是现代史学研究最想要了解的。现代史学上的格言，是"求状况非求事实"，这不是不重事实，状况原是靠事实然后明白的，所以异于昔人的，只是所求者为"足以使某时代某地方一般状况可借以明白的事实"，而不是无意义的事实而已。所以，求状况的格言，是"重常人，重常事"，常人常事是风化，特殊的人所做的特殊的事是山崩。不知道风化，决不能知道山崩的所以然，如其知道了风化，则山崩只是当然的结果。例如，考校某时代的学术思想如何，便可推测其时的士大夫，对于某种政治上的事件，怀抱何种感想；如再博考其时平民社会的情形，则又可推测其时的老百姓，对国事的态度如何；既知道士大夫和老百姓对待国事的态度，就可解释其时政治上某种事件，当局者何以要取某种措置的理由，并可评论其得失。"折戟沉沙铁未销，自将磨洗认前朝"，知道古今兵器之不同，则其战术的不同，亦只是当然的结果，如风化之于山崩而已[①]。

---

① 《史学四种》，第26—28页。

第二章　青年时代的学习生活

应小试　读史书

十六岁时，吕思勉赴江阴应小试，考入阳湖县学，名义上算是一个县学生，实际上还是科举的初级阶段。小试成功，成了一名秀才，父母自然十分高兴，母亲为此还写了《芸儿小试记事》七律四首（芸儿是吕思勉的小名），下面摘录的是其中的两首：

其　二

屈指离家未满旬，鱼书十度往还萦。
开封喜露平安字，缄覆详伸饩觊情。
新笋出林集雷雨，彩毫染翰起鲲鲸。
风檐莫漫严珊网，自有珠玑腕底生。

其　四

蜚声一夕遍乡闾，差幸蓬山立始基。
一簣早从儿嬉覆，三余倍惜寸阴移。

弦歌思乐亲朋喜，琴遇知音节奏奇。
入年欢腾皆颂祷，芹香连接桂香时。

从这一年开始，父亲要求他多读书，不要兢兢于文字之末。于是他又读了司马光的《资治通鉴》、毕沅的《续资治通鉴》、陈克家的《明纪》等书。这时他读书很勤快，读这三部书，一天能读完十四卷。但是，匆匆地读过一遍，对书中的内容并不能真正地理解。他因此而向前辈们请教，前辈们告诉他："初读书时，总是这样的，读书是要自己读出门径来的，你读过两三千卷书，自然就会觉得有把握，有门径了。初读书时，你须记得《曾文正公家书》里的话：读书如略地，但求其速，勿求其精。"① 多读书，从中摸索出治学的门径，这是前辈学者读书的老办法。但是，这毕竟不是一种经济的方法。靠这种方法来自己摸索门径，一是要靠多读书，二是读书的人也要有一定的悟性。否则，书虽读了不少，仍然茫无所知，而且花费的时间与精力也相当多，尤其是像历代的正史，材料分散割裂，除非略知门径的人，不容易读懂，勉强读之，也不会有收获。况且，所谓门径不仅是指读古的门径，还应该包括整个研究社会历史的门径。

如何给初学者指示门径，这实在是学习与教育上的一个大问题。吕思勉后来回忆自己早年的读书生活时说：少年时，因没有名师指导，精力、时间浪费甚多，因未得门径，绕掉的圈儿也属

---

① 《从我学习历史的经过说到现在的学习方法——少时得益于父母师友》。

不少。正因为如此，他后来的许多著作，都是为青年学生所写，自称是"门径之门径，阶梯之阶梯"①，为他们开启门径，指示阶梯，引导他们走上治学的道路。

读了这几部编年史书后，他开始读正史。先读《史记》，取来《史记》的评点本，用五色笔照录一次。后来再读《前汉书》和《后汉书》，也是用评点本，照录一次。《三国志》因没有得到评点本就自己点读一遍。这四部书，当时都是当作文章来读的，在史学方面的收获并不大。前四史读过后，他又读了《晋书》《南史》《北史》《新唐书》《新五代史》等。同时，他又读了《古文辞类纂》和王先谦的《续古文辞类纂》，对于这两部书的圈点，"相契甚深"。他后来说：研究古典文学，对于前人良好的圈点要特别留意。古文评本颇多，但十之八九，都是从前作八股文章的眼光，难免粗鄙陋俗。天分平常的人，一入其中，便终生不能自拔。只有得到良好的圈点，用心研究，才能把这些粗俗的见解"祛除净尽"。他强调要用科学的观念和方法来指导阅读古书，读古书不能否认有相当的好处，但也不能否认其有相当的害处，读古书如果不用科学的观点去统驭，那么，"两者比较起来，中毒的副作用，还较营养分量多"②。

十七岁时，吕思勉又受教于同邑丁桂征先生。丁氏是吕母程夫人从姊的丈夫，经学名家，对小学深有研究。"问以一字，随

---

① 《整理旧籍之方法》，刊于1921年《沈阳高师周刊》，又刊于《吕思勉遗文集（上）》，第262页。
② 《国文教学贡疑》，刊于1941年12月8日上海《中美日报》。

手捡出《说文》和《说文》以后的字书，比查字典还要快。"[1]
吕思勉曾作过一篇经学方面的考据文章，拿去向丁先生请教，先生指出文章中许多外行的地方，并向他讲解了经学的治学门径，劝他读《说文》及其注疏。经丁先生的指导，吕思勉又把《段注说文》《十三经注疏》读了一遍。他后来的古史研究，很注意运用这方面的材料，就是在这时打下的基础。

这时，父亲还要求他阅读《四库全书总目提要》。这也是苏常一带读书人家教授子弟的一种老方法，即在其初读书时，让他读一遍《四库全书总目提要》，以了解中国古代学问的源流派别以及各种重要著述的内容概要。这一部书，吕思勉读得很认真，十六七岁时，就将经、史、子三部分全部读完，集部只读了一半，然收获颇大。他后来回忆说：

> ……阅《四库全书书目提要》一过，使其知天下（当时之所谓天下）共有学问若干种，每种之源流派别如何？重要的书，共有几部，实不啻于读书之前，使其泛览一部学术史，于治学颇有裨益。此项功夫，我在十六七岁时亦做过……我的学问，所以不至十分固陋，于此亦颇有关系。[2]

随后，他又读了汤蛰仙的《三通考辑要》《通典》《通志》等书。在吕思勉的遗稿中，还留有少时所写的史札和史论，计有读

---

[1] 《从我学习历史的经过说到现在的学习方法——少时得益于父母师友》。
[2] 《从我学习历史的经过说到现在的学习方法——少时得益于父母师友》。

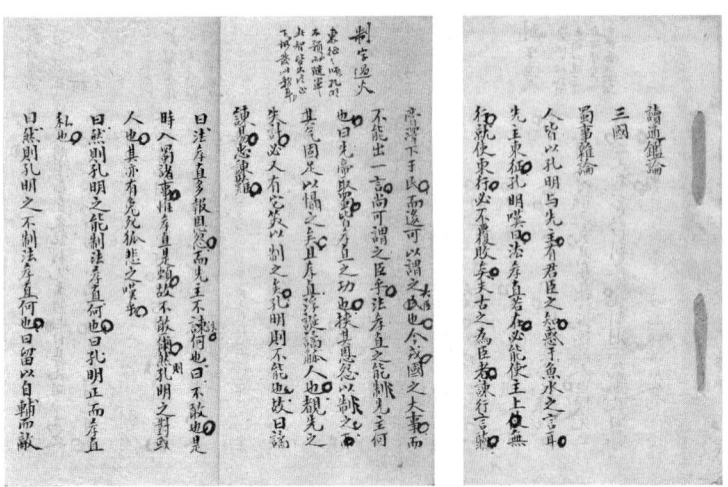

图3 吕思勉先生的"幼时史札"

《通鉴》论十一本,读《四库全书总目提要》札记六本,以及读《昭明文选》的笔记若干本,都是十六七岁时所作,史论旁还留有他父亲和老师的批改圈点。

填词作诗

吕思勉以史学驰名,然而他在文学方面的造诣也很深,且很有天赋。幼年的吕思勉很喜欢作联语。八九岁时,有一位杭州老先生唐耘夫常给他父亲看病,一日,说了两个绝对考他,一上联为:"客上天然居,居然天上客。"这一联并不容易对,因为"天然居"是杭州茶馆的名字,作下联必须寻到相应的三字,才能对得妥帖。他想了半天，无法以对。老先生又出一联，上联为："月半月不半"，他即答以"天方天一方"。同座的几位皆不以为然，但他认为尚妥帖，颇自得①。他后来所作的联语多存录在日记中，留存至今的约有五十余则，写得都很工整。如：

月圆人寿　大道不器（乐记）　学万人敌
酒国书城　良玉在攻（齐书）　著等身书

有一联《菊》曰：

携锄三径晚
对影一身孤

又一联《送研因之广西》曰：

壮志欲寻三户楚
横流谁是九方皋

十七岁那年，吕思勉开始学习填词。在他的日记中，有这么一段记载："予学填词，始于庚子春间，所填第一阕，系阮郎归调，因先姐赐兰花而作，今以不复忆，惟记其中有'传来王者

---

① 《吕思勉先生编年事辑》，第8页。

香'之句,姐病其粗犷,戒之。"[1] 这首不复记忆的《阮郎归》,尚保存在他的诗稿中:

阮郎归·庚子大姊惠兰花赋此谢之

几时清梦到潇湘,风前瘦影双。寒晖时复拥篷窗,传来王者香。佩璐解,素心长,予情自信芳。美人不效世时妆,临风举十觞。

诗稿中还有好几首早年所填的词,如:

蝶恋花·壬寅三月二十五日

日莫园林花似霰,皓齿明眸,何处闲相见。枝上流莺千百转,新声似怨韶光换。楼上有人双泪眼,望断天涯,人比天犹远。蝶乱蜂狂浑不管,飞飞只趁深深院。

卜算子·莺 壬寅六月

接叶暗营巢,耐尽风和雨,十日园林不见莺,忽听新声度。生怕落花知,还向花深处。惊起辽西梦不成,一枕无情绪。

这样的词作,在他的诗稿中共留有八首,都由他亲笔写录,

---

[1] 《吕思勉先生编年事辑》,第20页。

题名为《梦秋词》,下署"阳湖吕思勉诚之学"。这些早年的习作,他向不示人。后来,他在评论自己早年的词作时说:"此时填词颇知绵密深细,然学力不充,语多似是而非也。"①

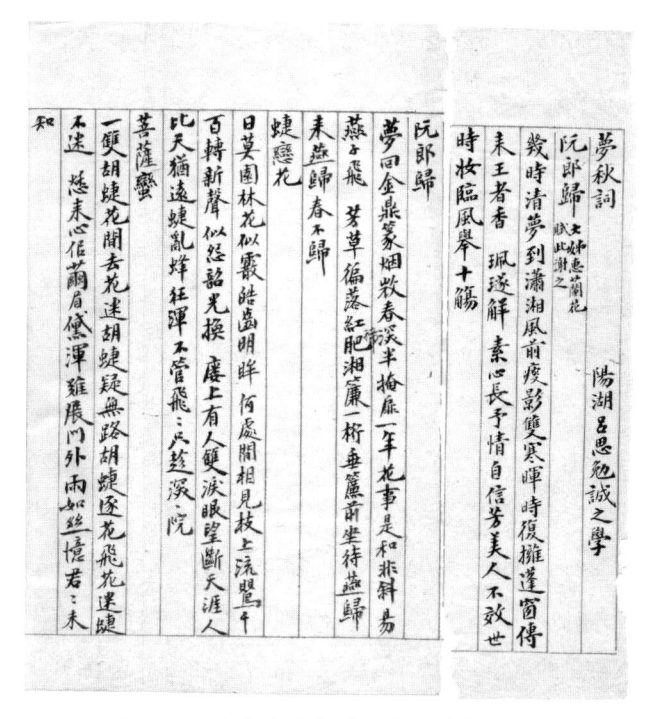

图4 吕思勉先生早年学词手迹《梦秋词》

同年秋,他开始学习作诗。当时,同邑庄通伯主持武进"人隐诗社",并出题征作,诗题贴在常州龙城书院门首左侧的墙

---

① 《吕思勉先生编年事辑》,第20页。

上。吕思勉当年所作的诗,都存录在他的日记中。从残存的日记里,还可以找到他当时为"人隐诗社"所作的诗,如有《菊钟分咏》六联等,但是诗作好后,"卷交何处,何人为予送往,均茫不能忆,只记得曾在城中状元第庄宅领奖,得到信笺若干纸"。1944年10月5日,吕思勉检阅残存的日记,又回忆起早年与友人结社的情景:

> 案人隐社诗钟,为通伯出题征作,……予此时尚未识通伯,相识后谈及,乃知题为所命,事亦由其主持也。此为予第一次作诗钟,殊不工切。然此日记幸存,幼时情景如在目前,今日读之,不胜感慨系之也。①

自十七至二十一岁这数年间,吕思勉对诗词的创作兴致很高,这既与他的文学天赋有关,也受到家中父母、师友的影响与熏陶。他的祖父母、父母、大姐,以及伯祖母、大姑母等都能作诗填词,且常有佳作(吕思勉曾抄录了大姐、大姑母、伯祖母及常州女诗人的诗作,并加评语,说"吾常多才媛")。尤其是吕思勉的大姐吕颂宜,"工诗词,善书画"②,才华过人。丈夫丁蒲臣是吕思勉父亲的学生,曾和吕思勉一起读《尔雅》。由于他《尔雅》读得十分认真,得到吕父的赏识,就把女儿许配给他。丁氏是驼子,文学上的造诣略逊于吕颂宜。为此,吕翼仁在小时候很为姑

---

① 《吕思勉先生编年事辑》,第21页。
② 《记吕颂宜》,刊于《吕思勉遗文集(下)》,第723页。

母叫屈,认为她作了《尔雅》的牺牲品。但她后来回忆说:

> 姑丈(即丁蒲臣)是驼子,文学上的造诣也不如我姑母,姑母遗下的几首词中,有一首就是代姑丈捉刀的。我小时候听到这些事,很为姑母叫屈,认为她作了《尔雅》的牺牲品。其实他们夫妻感情一直很好,最近我在父亲遗稿内,看到姑丈的词作,也很不错,才觉得自己的看法是很幼稚的。①

父母大姐都能作诗填词,所交的朋友也都有这方面的修养。家人小聚,亲友往来,经常要出题作诗,互相唱和。在母亲程夫人的日记里,有一页记载着当年家人聚在一起评论诗作,相互酬唱的情景:

> 戊申(一九〇八年)正月初十一日阴。与小安谈。芸作《除夕感怀》诗二律,大妹和以二绝,予复和大妹韵。残雪梅花自扫除,朔风吹冻未全苏。寒江蓑笠谁还钓,怅望中原结网疏。愁自难名岁有余,频添甲子愧安居。壮怀销尽残年里,恨不生于草昧初。②

在吕思勉1902年的日记中,也记载着他与父亲、学友同游丹阳,一路上作诗唱和,以此为乐的情况:

---

① 《回忆我的童年》,刊于《吕思勉先生年谱长编(下)》,第1163页。
② 《先妣日记》,刊于《吕思勉先生年谱长编(上)》,第120页。

去（丹阳）时在舟中，诗舲有临江仙一词，先君、少木兄、达如及予均次其韵，予所作至今尚能省记：雾净烟沉波似练，兰桡遥指空江，晚凉吟尽听寒螀，归鸦零落处，云树乱千行，闲倚孤蓬思往事，月明照我衣裳，江天独立影苍茫，临波还弄影，微觉野花香。此外惟记达如词，有"驿桥灯火影，零落不成行"之句，为同人所赏。达如又有念奴娇一词，有"人语驿桥天欲暝"句，亦为同人所赏，予戏谓达如，君可称管驿桥也。[1]

他早年所作的诗词，常由父亲寄给父辈亲友，请他们评析匡正。舅父程均甫曾在写给父亲的信中，对吕思勉的诗词作了这样的评论："所填词，前九首笔情朗畅，虽声律欠谐，而颇近苏辛规格，后十六首细腻风光，情深幽折，渐入秦柳周史间，为阳湖的派。然绵邈易流于甜俗，往往入于元曲，清刚则日进高洁，不难上溯风诗，若得汉魏乐府意境，出之以白石风神，玉田声韵，庶几于梁溪、阳湖、高邮诸派中，别开生面也。"[2]

吕思勉晚年曾说：

予于文学，天分颇佳。生平并无师承，皆读书而自之。文初宗桐城，后颇思突破之，专学先秦两汉，所作亦能偶至其境。诗少好宋诗，中年后也好唐诗，但无功力，下笔仍是

---

[1] 《吕思勉先生编年事辑》，第28—29页。
[2] 《吕思勉先生编年事辑》，第28页。

宋人境界耳。词所造甚浅，亦宗常州而薄浙派。要之，予可谓古典主义文学之正统派。予于文学，未尝用功，然嗜好颇笃。于新文学最无嗜好。读新文学书，极少极少，因总觉其繁冗而乏味，故不终卷而辄弃去也。予对一切学问之顽固而拒不接受，无如对新文学者。此于予亦为一种损失。然习惯已深，恐不易改矣。此本不必与通知旧文学有关，然予自行检点，此二者似有关系，以两物相形，厚于此，不得不薄于彼也。①

在他的诗作中，有不少诗句意境极佳，如：

题　画

水落露危石，云开见远山。
空亭无客到，倦鸟自飞还。

山居　六言

临水游鱼自乐，开门野鸟争喧。
是处网罗不及，忘机予亦何言。

当门一峰千仞，壁立愈觉清奇。
得此俗尘可障，愚公焉用移之。

---

① 《"三反"及思想改造学习总结》，刊于《吕思勉遗文集（上）》，第436页。

归少时旧居

五十年余始复归,乡关寥落怅何依。
云飞伫看西风起,扶杖犹思驻夕晖。
乘风破浪今何冀,合笑当年志事衰。
差喜青灯黄卷在,尚应有味似儿时。

这些诗句,不仅反映了吕思勉的文学造诣,也表达了他的生活情趣与思想状况。晚年他曾自选诗作百首,就正于赵敬谋(字元成,语言学家赵元任的堂兄)、陈研因、汪叔良等。吕思勉逝世后,女儿吕翼仁托吕思勉的学生汤志钧在上海社科院历史研究所油印《诚之诗稿》数百册,分赠各大图书馆及亲友。这些诗词以及存留在日记中的联语等,都已编入《吕思勉遗文集》下,由华东师范大学出版社刊印出版。

记日记

吕思勉从十七岁开始记日记,其后日复一日,年复一年,一直坚持不懈。遇有患病缺漏的,日后也总是要补记。所以,他一生所记的日记数量是很大的,可惜后来大多都损失了。

在他1942年的日记中,有一处谈到自己记日记的情况:

> 予之有日记,始于庚子(一九零零年)之二月,以一月为一卷,遇闰则分上下,是年凡十一卷,自辛丑至庚戌十一

年，年各十二卷，辛亥十一月十三日改行太阳历，以是日为中华民国元年元月元日，故辛亥日记又止十一卷，末卷且止十有二日，自有日记至此，凡百四十二卷，民国元年至今岁七月，凡三百六十七卷。合辛亥以前，凡五百有九卷。

....

予日记皆遵古例，小题在上，大题在下，今悉仍之，其都数仍为五百有十，所用纸张及书写格式，亦数十年如一日，年来目力稍损，小字庄书，颇觉费力，然尚能勉为之，亦不欲遽改云。更生记。[①]

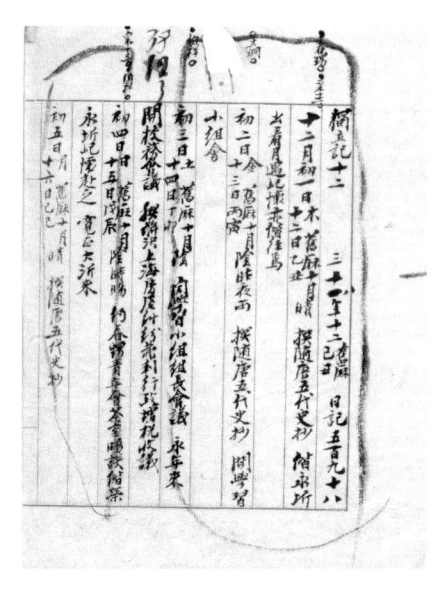

图5　吕思勉先生1949年的残存日记

---

① 《吕思勉先生编年事辑》，第227页。

他的日记都取有名称，每年更换一次，沿为成例。十七岁那年开始记的日记，取名为《测晷录》。他后来说："'测晷录'三字殊不可解，盖时年尚小，文理不甚通也。"日记的名称还有《惜惜记》《更循记》《一取记》《克由记》《责己记》《顺事记》《平监记》《仁勇记》《扬眉记》《独立记》《老学记》等。每一次改名，还写有序言，说明名称的含义。比如：《惜惜记》的名称，他作序解释说：

> 生二十五年矣，追思二十五年之中，可惜之事何限，有余力而不以之事亲，一可惜也。有暇日而不以之事学问，二可惜也。多言以招尤，妄行以致悔，三可惜也。古人云：人所追惜者既往，所希冀者未来，所悠忽者现在。夫能惜现在，如现在之惜既往也，则无使未来之惜现在，如现在之惜既往矣。以惜惜名所居斋，并以名其日记。①

又如1929年的日记，取名为《责己记》，他解释说：

> 杨园先生曰：每事责己，则己德日进，以之处人，无往不顺。若一责人，则己德日损。以之接物，无往不逆。此际不可尤人，但当责己。为学者自是则自暴，自足则自弃。善哉言乎！事事责己，天下无不可处之人，事事责人，宇宙不

---

① 《吕思勉先生编年事辑》，第41页。

足以容一己。①

再如1953年的日记，取名为《老学记》：

> 忽忽年七十矣。记曰：七十曰老而传，然事可传，学不容辍也。庶几哉。日知其所无。②

通过这些日记的序言，可以看到他受理学的影响，以及他的道德修养。

在他的日记中，也有两次"非岁首而改名的"。一次是在1922年，当时他在沈阳高等师范学校任教，"有传予归途病殁北京者，诸友朋闻之动色相告，有自归里欲探其究竟者，而予以适于是日抵里，相见悲喜，感念友朋生死之交，存殁之故，乃于是年七月，易日记之名，曰再生记"。另一次是在1942年。自太平洋战事爆发以后，上海租界沦陷，吕思勉返回常州旧居，整理收拾在战争中被毁坏的图书日记，感叹万分，遂在日记中写下这么一段：

> 二十六年倭寇入犯，挈妻女避居上海租界，三十一年租界亦陷，不得已于其翼年八月一日归隐里中。予家故有东西两宅，战前自居西宅，而以东宅赁人。战事作，西宅全毁，东宅仅坏一角，修葺复完，然赁居者不肯去，不得已就西宅

---

① 《吕思勉先生编年事辑》，第149—150页。
② 《吕思勉先生编年事辑》，第332页。

遗址，以旧土木茸屋两间暂居焉。前此日记，二十四年以后，皆留上海，归里时不能携，戚友亦虑敌伪搜索，中有触忌语，莫敢寄顿，予以不欲以此累人，乃悉摧烧之。二十三年以前皆庋予读书之小楼中，楼毁，烬余之物，久之乃有人所拾起，辇至予妻家，妻家之屋亦毁，无高燥之处可藏，残书多受湿腐烂，日记亦杂其中，时所居逼窄甚，不能辇归整理，然遥望之，知其百不存一矣。追忆前尘，恍如隔世，乃又易日记之名曰更生记，兼寓更始之意焉。①

这一次破坏，把他历年积存的日记的大部分都毁掉，烬余之物，受湿腐烂，"长夏暴之烈日中，经旬乃可揭视，日记之存者，百余叶耳"。早年记日记时，常将读书的心得或报刊上的见闻，随笔记录，附在日记中，后来感到这样的记录，不便于分类，于是，日记仅作备忘录式的记载，将读书心得或资料摘录，"别为篇卷，不羼入日记中"。由此，早年抄录在日记中的资料，也都在抗战中烧毁了，最可惜的是所写的诗文，皆附在日记中，"乃随日记而俱毁"，再也无法弥补了。

钦佩康梁　向往大同

中日甲午战争以后，国蹙师熸，海内外的知识分子，群起而

---

① 《吕思勉先生编年事辑》，第18页。

谋唱改革。一时，新书新报如雨后春笋，日增月盛。当时，吕思勉约十一二岁，开始接触到各种新出的书籍和报刊，他阅读过的新书有：徐继畬的《瀛环志略》、魏源的《海国图志》、邹沅帆的《五洲列国图》、日本冈本监辅的《万国史记》、蔡尔康翻译的《泰西新史揽要》、王韬的《普法战记》等，黄公度的《日本国志》则未读完。在这些著作中，他不仅学习了世界各国的历史地理知识，而且对东西方各国的近代民主政体、科学文化、经济发展也有了初步的了解①。

报刊中读得最多的，也是他最为喜欢的是《时务报》和《新民丛报》。《时务报》刊行于1896—1898年间，多论政事，与吕思勉当时所向往的经济之学相契合。当时的风气，是没有现在分门别类的科学的，一切社会上、政治上的问题，读书人都该晓得一个大概，目的是经世济民，以效力于社会。其时，梁启超在沪上主笔《时务报》，他以流畅而富有感情的文笔，系统地宣传变法维新的主张，"士大夫爱其语言笔札之妙，争礼下之，自通都大邑，下至僻壤穷陬，无不知有新会梁氏者"②。该报又载有论说、上谕、奏折、中外杂志、域外报译等，一时风行海内，销数最多时达一万六七千份，是吕思勉案头必读的刊物。后来除《清议报》因当时严禁传递而未能全部阅读外，凡梁启超的文章，他

---

① 《从我学习历史的经过说到现在的学习方法——少时得益于父母师友》。
② 胡思敬：《戊戌履霜录》卷四《梁启超传》，见中国史学会主编《中国近代史资料丛刊·戊戌变法》第4册，上海人民出版社1953年9月版，第47页。

无不寓目。《新民丛报》发行于1902年,也由梁启超主编,早期刊物着重介绍西方近代以来的社会政治学说,也是吕思勉喜欢阅读的杂志。诸如自由、平等、热诚、冒险、毅力、自尊、自治、公德等新名词都是从阅读这些新书新报中获得的,从中也逐渐认识到中西思想的不同特征[①]。

新书新报的阅读,对吕思勉早期思想的形成影响很大。这一时期,他的诗风也随之一变,诗文都喜欢用新名词,如:"欲倡东方民约论,廿年落拓一卢梭。关山萧瑟悲秋气,风日苍凉感逝波。不为恩仇始流血,尽多新旧费调和。闻鸡起舞中原意,我亦年年夜枕戈。"又有一首:"十二万年中有我,修罗海上是前身。以何因果堕历劫,杖佛慈悲转法轮……"他自言:

> 予是时思想极驳杂,为文喜学龚定庵,又读梁任公先生之文,慕效之。诗文皆喜用新名,史朗人姑丈尝谓予曰,君之诗文,非龚则东(作者注:意谓东洋维新思想),相与一笑而已。[②]

思想虽然驳杂,但对民主主义的思想已有所领悟,这也启发了他日后很注意阐发中国古代民主之遗迹。他自言一生的思想,经历了三次变化。童年时最信儒家的学说,向往社会大同。对于

---

① 《三十年来之出版界(1894—1923)》,刊于《吕思勉遗文集(上)》,第373—384页。
② 《吕思勉先生编年事辑》第31页。

康梁的大同及张三世之说，深加钦佩。他说：少年时的读书学习得益于父母师友，而在学问宗旨上，"则反以受漠不相识的康南海先生的影响最深，而梁任公先生次之。这大约是性情相近之故罢？我的感情是强烈的，而我的见解，亦尚通达，所以于两先生的议论，最为投契"①。"此时，所笃信而想往者，为大同之境及张三世之说，以为人莫不欲善，世界愈变必愈善，既愈变而愈善，则终必至大同而后已"②，"这种见解实植根于髫年读康先生的著作时，至今未变"③。

这一时期，他还阅读了许多西方社会科学的译著，其中章太炎、严复的译述读得最多，在议论方面受他俩的影响很深，他说："……读章太炎严几道两先生的译述，受其启发亦非浅。当世之所以称严先生者为译述，称章先生为经学，为小学，为文学，以吾观之，均不若其议论能力求核实之可贵。"④

青少年时代的这一段读书经历，给吕思勉一生留下了很深的影响。他后来说："我和这三位先生（作者注：指康有为、梁启超、章太炎），虽无雅故，而读其书，想见其为人，受其牖启之处实不少。而尤其是康、梁两位先生，这或者我在理性方面，最于梁先生为近，而在感情方面，我也是一个空想的大同主义者

---

① 《从我学习历史的经过说到现在的学习方法——我学习历史的经过》，刊于1941年3月19日上海《中美日报》。
② 《"三反"及思想改造学习总结》，刊于《吕思勉遗文集（上）》，第439页。
③ 《从我学习历史的经过说到现在的学习方法——我学习历史的经过》
④ 《从我学习历史的经过说到现在的学习方法——少时得益于父母师友》。

罢？"[①]1946年，他写了一篇长文，纪念这三位近代学术史上的重要人物。他说道：

> 受人注目的学者，论其实，亦是时代使然。必时代在变迁之中，才有议论可发，而且所发的议论，往往是划时代的，至少是异军苍头特起。这种议论，在这个时代中，亦必有若干人，怀抱着相同的意见，不过或引而未发，或发而未畅，或虽畅发之，而未能发生大影响，以致负盛名而为大众注目的，不过一二人，这可见人之聪明才力，相去绝不甚远，而其成名与否，亦是有幸有不幸了。然以代表时代论，则这少数人，处于极重要的地位，总是无可怀疑的了。本此意以立论，则在近代学术史上，占重要的地位的，可得三人，那便是康长素、梁任公和章太炎……
>
> 人们的性质，大概可分为两派：一派感情较重于理性。他们热情激越，偏见着现状之坏，及其不可不改革，而不暇计及因此所生的弊窦。其又一派，则理性较重于感情。不肯徒骛其名，而必考察其实际的情况，所以容易反对名不副实的改革。康长素是前一派中人……梁任公的性质，比康长素要中和些，然亦近于这一派。……章太炎的感情，也是极激越的，然和康梁比较起来，则其头脑要冷静些。所以在比较上，可以算属于后一派。
>
> ……………

[①] 《从章太炎说到康长素梁任公》，刊于《月刊》1946年第1卷第3期。

人在什么时候算老,这不能看其头发的黑白,饭量的大小,筋力的盛衰的,主要的看其受教育的作用,是否停止。……那就是见了新事物,不再感兴趣,没有好奇心去探求它,而昔所未闻之语,有人提示给他,他亦再不能了解了。本此义以立论,则梁任公的可塑性,可谓是最大的。于此点,他和其师康长素,可谓适相反,而亦远非其并时诸贤所能及。俗话说:"做到老,学到老",唯梁任公其庶几。

…………

梁任公的可以佩服之处,倒不在其天分的绝人,而在其侃侃直节……然而侃侃直节,亦非梁任公所独具,章太炎、康长素,亦皆有其不可及之处的。……倘将清末士大夫和宋朝相比,则康长素最像王安石。他的性质,可谓极执拗,其伟大在此,其不能尽善亦在此。倘戊戌变法竟能有成,其成绩大概也和王安石的新法相仿佛的。梁任公最像苏东坡。他是个冰雪聪明的人,对于人情世故,见得极其通透,早年的议论,还未能绝去作用,到晚年,就更趋于平实了,然亦只是坐而言不是起而行的人。……康长素、梁任公、章太炎都是长于计划,短于任事的,这是他们不脱学者本色处。这不能看作他们的短处。……章太炎和严几道,如把宋代的人相比,可以比作范纯任。他虽是讲究实际,反对徒鹜其名的人,然对于法之不可不变,新法虽受人攻击,然其中自有其长处,而旧法亦非无弊,不可因循,亦是知道得很深切的。

…………

康、梁、章三位先生,对于史学上的功绩,并不在于考据上。……这三位先生在史学上的功绩,倒还在经世致用方面。梁任公最能以新学理解旧史实,引旧史实证明新学理。这对于读者,影响最大。康长素的《官制议》《欧洲十一国游记》,章太炎发挥法治之说,如论古代监察制度之类,都能陈古以鉴今,对于时论,有很大针砭作用。惜乎近来讲旧学的人,经世致用的精神太少,讲社会科学的又多不读旧书,偶尔挦扯,浮浅无谓;对于三位先生史学的精神,能继承者绝少。史学家的正统,自然是不讲致用的,然论三位先生史学上的功绩,则实在于此。仰慕三位先生的史学,而忽略了这一方面,就未免买椟还珠了。

…………

人的性质,不外乎狂狷两种,即心理学上所谓内向性与外向性。以康、梁、章三位先生而论,则康先生是外向性的,章先生是内向性的,而梁先生介乎二者之间,论学问、论事功,都系如此。

他又说:

批评现代人物是最难的,尤其是直接、间接,都有雅故的人。章先生有一句话,我最佩服。他说:"与通人居,决不如与学究居之乐。"我并不愿和学究居,然见得所谓通人,我更避之若浼。我生平,不但不听见什么地方有通人,而辗转托人介绍,或者自己冒昧去求见;人家要介绍我去见通人,我亦恒笑而谢之。有时亦偶与通人相遇,则寒暄而已。关涉道德、事功、学问、文章之语,一概不谈。我非不知所谓通人者,自有其长处,然我有一个偏见,我以为亲炙某种人物,对于道德、事功,很有裨益的,因为这不是纸上的事,能与之居,或见其人,其获益自较读其书为大。若学问则一部十七史,从何说起,精深之理,繁复之事,岂能得之于立谈之间?若文章之妙,则可以意会,不可以言传,更与见面不见面无关了。我本太炎所云"陬生鄙儒"之流,"随意钞撮",不过"聊以自娱",对于学问文章,都无卓然自立之愿。事功自审非性之所近,生平更未尝有志焉,道德亦自愧未能立意进修。所以见通人,辄自远,倒因此而四面八方,都无雅故,说述评论,可以较为自由,这在近代的操觚之家,怕能如我者甚少,这倒足以自喜的,可惜我学问谫陋,所说述评论的,都无甚价值而已。[①]

这一篇长文,虽然论述的是近代史的几位重要学者,然字里行间,都可以见到吕思勉的学识以及他为人处事的态度和宗旨。

尝试写小说

吕思勉十四岁已能作文,所作的文字"从父命就正于石少泉

---

① 《从章太炎说到康长素梁任公》。

先生"。石少泉,清末贡生,曾任珠江训导,性聪颖,善作诗,文思敏捷。吕思勉曾在日记中记录了许多先生的诗作佳句,还有一段有关先生作文敏捷的记载:

> 先生作文极捷,为八股文不用起稿,亦不用坐治,但倚桌而书,顷刻立就。每作文,左手持旱烟,右手持笔,文已就矣,烟尚未烬也。①

二十岁左右,吕思勉尝试写小说,先是写了《未来教育史》,使用笔名"悔学子",发表在1905年的《绣像小说》上。《未来教育史》是章回小说,仅写了四回,第四回的文末虽写有"未知后事如何,且待下回分解"二句,但后来的《绣像小说》未见有继续刊出。其时,吕思勉还撰写了一本《中国女侦探》。这是一本用浅近的文言文写成的短篇侦探小说,全书分《血帕》《白玉环》《枯井石》三篇,1907年由商务印书馆出版。小说史的研究者称《中国女侦探》是我国最早的一本写女侦探的小说,具有重要的文学史价值。由于出版时署名是"阳湖吕侠",早年的研究者都不知道这是吕思勉的创作,于此学者做了专门的考证②。其实,吕思勉的母亲程夫人在1907年的日记中早就有

---

① 《吕思勉先生编年事辑》,第11页。
② 邬国义:《青年吕思勉与〈中国女侦探〉的创作》,《华东师范大学学报》2009年第5期。张耕华、李永圻:《〈中国女侦探〉的作者吕侠就是吕思》,《博览群书》2009年第11期。

"《中国女侦探》一册，芸儿所作"的记载[①]。

青少年时，吕思勉不仅擅长作文，而且行文极敏捷，在他的残存日记中，记载着他二十岁时赴金陵参加乡试"代人作文"的一件轶事：

> 是年在场中，助人作文仍甚多，时同人多抱微恙也。计二场助文甫作二篇，叔源、调卿、诗舲、鲁青各一篇。又有史兹德者，文甫之族人也。以文甫之请，为作两篇，改削两篇。三场又为叔源、调卿、鲁青、兹德各作一篇。时文甫患恙最重，设非予允以相助，则二场皆不敢入场矣。文甫谓予甚有豪气，因此定交。还里后，又介李君涤云与予定交云。此时予兴会甚佳，虽在场中代人作文甚多，而出场仍甚早。[②]

后来，他五十六岁时，看到自己的学生陈楚祥文思敏捷，思性周澹，又回想起自己年轻时"代人作文"的事，并特地写了一首诗赞扬他的才能：

> 予少时行文最捷，应乡举时，尝一日作文十四篇，为同辈所称道。今则沈吟如饭颗山头矣。及门中陈生楚祥文思最捷，而思性周澹，诗以张之：

---

① 芸儿，是吕思勉的小名。见《吕思勉先生年谱长编（上）》，第119页。
② 《吕思勉先生编年事辑》，第30页。

> 万言倚马亦豪哉,垂老何图见此才。
> 氍毹名场三十载,又随影事上心来。①

吕思勉不仅作文敏捷,而且文章写得极好。他自谓:"文初宗桐城,后颇思突破之,专学先秦两汉,所作亦能偶至其境。"②光华大学的同事、国文系教授金松岑曾称赞他"少年时代的文章,才华横溢","且又意境孤峭,笔锋犀利,近王安石的一派"③。

他虽擅于作文,但并不把它用作博取科举功名的工具。二十岁那年至金陵应试,"每出场不至寓所,使仆人携考具回寓,而自至某茶肆观弈,必至晚乃归。以同伴出场皆就寝,予则不欲寝,又无人可谈也"④。可见,他对科举功名并不在意。他曾作文,以自己亲身的经历,抨击科举考试的弊端,他说:

> 科举实在就是现在的文官考试,因为官有定额,科举取中的人,亦不得不有定额,定额少而应举的人多,在几篇文字之中,凭你高才博学,也不会有特异于人之处的。士子为求录取起见,乃将其文章做得奇奇怪怪,希冀引人注目,考官因各卷程度,大略相等,无法决定去取,乃将题目加难,

---

① 《吕思勉先生编年事辑》,第199页。
② 《"三反"及思想改造学习总结》,刊于《吕思勉遗文集(上)》,第436页。
③ 《吕思勉先生编年事辑》,第207页。
④ 《吕思勉先生编年事辑》,第30页。

希望不合格的卷子加多。作始也简，将毕也巨，到后来，题目遂至于不通。题目而至于不通，则本无文章可做，然又非做不可，就生出许多非法之法来了。此等弊病，固由来已久，然至明清之时，八股文之体出而更甚。①

科举考试的题目，有大题小题之分。但是，不管是大题还是小题，都常常出得荒谬而不合事理。吕思勉批评说：

所谓大题，如以《论语》的学而全篇命题，此篇共有十六章，就该有十六个道理。然做八股文是不许分做十六项说的，必须将十六章合成一气，而又不能依据事理，按这十六章公共的道理立说，而必须顾及这十六章的字面等等，试问此等文字，果何从做起呢？②

所谓小题，有截上、截下、截上下、截搭等种种名目。譬如我从前应试时所做的一个题目，叫做"必先"，乃将《孟子》："故天之将降大任于是斯人也，必先苦其心志，劳其筋骨，饿其体肤，空乏其身，行拂乱其所为，所以动心忍性，增益其所不能。"上下文都截去，而只剩"必先"两字，此即所谓截上下题。因其实无意义，亦谓之虚题，虚题本来无话可说，然即实题，也有无话可说的，如以一个人名

---

① 《论基本国文（续）》，刊于《清明》1939年第1卷第6期。
② 《论基本国文（续）》。

命题之类，此等题目，称为枯窘题，即无话可说之谓。无话可说，而强要说话，就不得不生出许多非法之法来了。①

吕思勉认为：八股文之难，难在其格式。格式虽说难学，但也有一定的样式，通文理的人至多一年可以学会，文理不通的人，胸中本无欲道之语，硬要他作文，自然要闹出种种笑话，更不用说他合格式不合格式了。所以，科举考试最大的弊病在于不真实。

不真实之病：起于（一）做无话可说的题目，而硬要寻话说；（二）本来有话可说，亦不肯依据道理，如实说述，而硬要寻更新奇的话。于是不得不无中生有，不得不有意歪曲。……这不但破坏文体，而且还坏人心术。②

科举的本意，原想借所考的文章，以看出应考人的学识，但到后来，往往做应举的文章，另成为一件事，并无学问的人，经过一定的学习，也可以做得出来。真有学问的人，如其未经学习，反而无从做起。所以科举时代，所谓科举之士，大都固陋不堪，本其所见以论文，自然要有许多荒谬之论了。③

---

① 《论基本国文（续）》。
② 《论基本国文（续）》。
③ 《论基本国文（续）》。

科举的弊端，在于它所试的内容，而不在于它的考试形式。然而，时人常将科举与考试并为一谈，因否认科举"遂并考试而不敢言"。1924年，他写了一篇《考试论》，批评时人对考试的误解，他说：

> 自海通以来，中国之外交，既已情见势拙。于是论者以国势之不振，归咎于人才之缺乏；而人才之缺乏，则科举之制实为之；于是有废科举，设学校之议；而考试二字，遂为世大厉。其实科举与教育，本非一谈；考试与科举，亦截然两事。近人言吾国教育史者，每将科举牵入其中；而一言考试，即以为与复科举无异，皆不察事实之过耳。

他文中指出：

> 夫隋唐时之科举，原即汉时之州郡察举也。所异者，前此之选举，权操于举之之人。士实有被举之具，而举不之及，在怀挟此具者，固无如何。而自唐以来，则士可怀牒自列。夫士而怀牒自列，州县诚无必举之之责也，然亦既怀牒自列矣，则终不得不试之，亦既合而试之，则终不得不于其中举出若干人。故就怀牒自列之人言之，诚未必其必获举。然合其全体言之，则长官之选举，遂不能高下从心。此实人人有服官之权之所以克现于实；而亦操选举之权者，所以受一大限制也。夫操选举之权者，既以士之怀牒自列限制之，

049

而不能高下从心，而愿应举者，则又必以官吏考试之，而不容即以其自列之言为信。两方面皆有权利，皆有限制，此即隋唐后之科举，所以异于汉时州郡察举之制者也。

这是从历史角度——从汉代的州郡察举到隋唐时代的科举考试的演变过程，来分析考试的兴起是"出于事势之相迫而不容已也"。因此，与州郡察举相比，科举考试也有其合符事势要求的一面，不可一笔抹杀：

> 盖在古者，平民贵族之阶级，截然画分。贵族常操治人之权，平民甘居受治之列，初无不平之心。至于后世，则此项阶级，逐渐泯灭。人人皆可为治人之人，亦人人皆可为治于人之人。然居治人之位者，权力必较优，而所获也亦必较厚。则固为事所不能免。夫权力较优，而所获较厚，则人不免有幸得之情；而操选举之权者，亦不免以是私其所亲，或挟以为市。其不得不有法焉，以限制应选之人之冒滥；又不得不有法焉，以防选举者之徇私；固势所必然，而理无可易者矣。世之论者，率多混科举与考试为一事。因科举之有弊，遂并考试而不敢言。殊不知科举之弊，在于所试之非其物，而不由于考试。[①]

[①] 《考试论》，刊于《光华期刊》1928年第2期。

读遍正史

1904年前后，常州士人于定一、庄俞等在常州铁市巷赁屋，创设"读书阅报社"，除了供人阅读书报外，还经常邀请学者讲学[1]。1905年，曾任京师大学堂、奉天大学堂正教习的历史学家屠寄返里小住，被邀请在"读书阅报社"讲元史，吕思勉也曾去听课。

屠寄（1856—1921），字敬山，元史专家，精于考证。上堂授课讲学，"从未夹持一书，而口讲手划，滔滔不穷"，且"声量清宏，能持久不疲，虽数百人同处一堂，所言无弗闻者"。当时他正在著述《蒙兀儿史》，"每至夜漏将尽而寝"。有人问他：《蒙兀儿史》何时可以完成？他回答说："如此者三世乃毕耳，"又说，"此等事业，在今世人评之，盖必名之为痴鬼。既不可以邀利，又不能以之为名，费数十年读书之工，然后敢下笔为文，又不能身毕其业，非痴鬼何？然天下之事，皆痴鬼所为。彼聪慧绝世之人，皆优为一身一家之事，不肯为天下之事者也。"[2]吕思勉受屠寄影响很大，他曾说："亲炙而受其益的，则为丁桂征、屠敬山两先生。"他后来研究历史很喜欢谈论民族问题，就与屠寄的影响有关[3]。

受屠寄讲学的启发，吕思勉又读了《辽史》《金史》《元

---

[1] 陈吉龙：《史学家吕思勉》，刊于《常州文史资料》第7辑。
[2] 屠孝实：《先君敬山先生年谱》，刊于《中国元史研究通讯》1982年第2期。童伯章：《四十年前之社会情状》，刊于《光华季刊》1927年第2卷第2期。
[3] 《从我学习历史的经过说到现在的学习方法——我学习历史的经过》。

史》，并将其他诸史补读。到二十三岁时，他已把"二十四史"读了一遍，并立下了研究历史的志向：

> 予论政治利弊，好从发展上推求其所以然；亦且性好考证；故遂逐渐走入史学一路。自二十三岁以后，即专意治史矣。①

后来，他曾回忆自己少时读正史的情况说："正史是最零碎的，匆匆读过，并不能有所得，后来用到时，又不能不重读，人家说我正史读过遍数很多，其实不然，我于四史，《史记》《汉书》《三国志》读得最多，都曾读过四遍，《后汉书》《新唐书》《辽史》《金史》《元史》三遍，其余都只两遍而已。"② 中年以后，他对正史的考订钩稽花费过不少功夫。他一生究竟读过几遍"二十四史"，这是难以计算的。吕思勉的学生、文史专家黄永年在一篇回忆老师的文章里写道：

> 吕先生所用的"二十四史"也值得谈几句。倒不是版本好，版本实在太普通，是当时比较价廉易得的图书集成局扁铅字有光纸印线装小本。但打开来一看，实在使我吃了一惊，原来全部从头到尾都动过笔。过去学者动笔点校书虽是

---

① 《"三反"及思想改造学习总结》，刊于《吕思勉遗文集（上）》，第436页。
② 《从我学习历史的经过说到现在的学习方法——我学习历史的经过》。

常事，能点校整部"二十四史"的便不多，即使有，也无非是用朱笔断句，或对好的文句加圈点。可吕先生这部"二十四史"不一样，是用红笔加了各种符号，人名加【 】，有用的重要史料圈句，名物制度在词旁加△，不仅纪、传如此加，志也加，很少人读的天文志、律历志也加，连卷后所附殿本考证也加。……吕先生的断代史、中国通史所以写得如此快，几年就是一大部，其主要原因之一应该是他对"二十四史"下了如此扎实的基本功。吕先生究竟对"二十四史"通读过几遍，有人说三遍，我又听人说是七遍，当年不便当面问吕先生……但我曾试算过一笔账：写断代史时看一遍，之前朱笔校读算一遍，而能如此作校读事先只看一遍恐怕还不可能，则至少应有四遍或四遍以上。这种硬功夫即使毕生致力读古籍的乾嘉学者中恐怕也是少见的。①

信服法家

大约从十七岁以后，吕思勉的思想经历了一次变化，进入了他思想发展的第二期：信服法家。

这一年，吕思勉始识表兄管达如，管达如是谢钟英的学生，由此而与谢钟英相识。谢钟英，常州武进罗墅湾人，也是治史名家，精于舆地之学，尤擅长于考证。在治学方面，吕思勉受他的

---

① 黄永年：《回忆我的老师吕诚之先生》，刊于《蒿庐问学记》，三联书店1996年6月版，第144—145页。

影响很大，他后来回忆说：

> （谢）钟英先生亦治史，以考证名，而实好谈旧日之经济。其言治道，信法家及纵横家之学。予自达如君获闻其说。惟予与达如，均不信纵横家，只服膺法家耳。[1]

> 我间接得先生（编者按：即谢钟英）之益的，却不在其考证，而在其论事的深刻。我后来读史，颇能将当世之事，与历史上之事实互勘，而不为表面的记载所囿，其基实植于此时。[2]

谢钟英教人作文，强调"文气充畅"，行文应一气写下，勿生停顿，不妥处可留待以后改做，不成之句可以后修饰，如此养成习惯，文章就能写得文气充畅，纡徐宽博。这个方法给吕思勉留下很深的印象，他后来也用这个方法教授学生练习写作[3]。在吕思勉的日记中，还记载着一段有关谢钟英的生活轶事：

> 先生尝自言生平有三快，一吃饭，二走路，三读书也。先生家居罗墅湾，少年时馆于城中丁氏，父有疾，晚饭后步行

---

[1] 《自述（"三反"及思想改造学习总结）》，刊于《吕思勉遗文集（上）》，第439页。
[2] 《从我学习历史的经过说到现在的学习方法——少时得益于父母师友》。
[3] 黄永年：《记吕诚之师讲授的国文课》，刊于《蒿庐问学记》，第262页。

归侍，次日黎明复步行入城，到馆朝食，日以为常，则其行路确甚健。在馆督课甚严，而手钞书日可三四十纸，则其读书确亦甚速也。精力盖有过人者，然先生卒以胃病死。盖亦暴食所致。大抵食忌多忌速，多食者不必速，速食者恒易多也。①

这时，吕思勉虽然信服法家思想，但是"大同之希望及张三世之说，此时并未放弃，只不过不暇作深远之思考，但以改善政治，为走向大同之第一步耳"。而要改善社会政治，则非依靠法家的学说不可。他说：

法家之说，细别之，又可分为法、术两派，而予所服膺者，尤为术家。此时循中国旧说，以为凡事皆当藉政治之力改良之，然政治上的弊病，则皆由于在执者之自利。故非有督责之术，一切政事，皆不能行；强行之，非徒无益，且又有害。②

这一变化，既来自于他对儒法两家学说以及中国历史的深入研究，又得之于他对现实社会的仔细观察。他认为：

中国学术，尽于九流，九流之中，可用于政治上者，儒家法家而已。儒家着眼于社会之光明面，法家着眼于社会之

---

① 《吕思勉先生编年事辑》，第22页。
② 《自述（"三反"及思想改造学习总结）》，刊于《吕思勉遗文集（上）》，第439页。

黑暗面。儒家承认性善，法家主张性恶。惟承认性善也，故谓一切罪恶，皆由制度（即社会组织）致之，但须改良其组织，则自无不善之人。惟主张性恶也，故谓一团体中，欲禁人作弊，而其利害常团体之本身及全体团员相一致者，惟有处于总理地位之一人，其他则皆欲侵害团体之公益以自利。故儒家常积极的欲改革制度，振兴教化；法家则但主去其泰甚，而恒不欲有为。

夫法家非谓现在之制度为已善也，亦知制度不善，则处于此制度下之人，终不可得而善，顾守消极无为之态者，则以人性既恶，一团体中，除处总理地位之人，既皆为欲作弊以侵害团体之利益之人，苟多所兴作，则是多假之以作弊之机会云尔。利害与团体相一致者，既常只一人，以一人监督多数人，其势无论如何，常不相及，则求治之策，莫如省之又省，非万不得已之事，皆勿举办，则可作弊之机会既少，思侵害团体之利益以自利之人，自无所施其技，而社会可以少安，此法家所以主张无为之原理也。

人孰肯以保持现状为已足？且现在之所谓现状者，其恶固已为人人所公认矣，则安得不赞成儒家之主义？虽然，数千年来在历史上，则法家之言，往往有验，而儒家之目的，卒未得达，如汉文帝，则法家之代表也。坐视斯时之民，"富者田连阡陌，贫者无立锥之地"。"分田却假，见税十五。"但以除民之田租，为姑息救济之策而已。如王莽，则儒家之代表也。断然行田为王田之法，以褒多益寡，称物平施，然天下卒因之大乱，岂田固当为少数人所豪占邪？非也。田之当均，诚不易之理。然奉行此均田政策之人，则多数皆不可恃，故均田之目的，尚未得达，而他种患害以生，此即法家之言之验也。①

当然，对于法家的学说，吕思勉也不是全盘肯定，他说：法家的长处，在于最能观察现实，不是听了前人的议论，就终身诵之。所以，法家在经济上的见解，也较别一家为高超。儒家主张恢复井田，法家则主张开阡陌；儒家当商业兴起之世，还说市廛而不税，关讥而不征；法家则有轻重之说，主张将山泽、盐铁收归国营，轻重敛散和借贷也由国家操权。所以，法家的学说，在先秦诸子中，是最新颖和最适合于时势的。但是，法家的学说也有落伍的一面。法家的落伍之处，就在于不知道国家与社会的区别。国家与社会的利益，只是在一定的限度内是一致的，过此限度，便相冲突。法家不知此义，误以为国家的利益，始终和社会的相一致。社会的利益，全部可以用国家做工具去达到，这就产生了将国权无限扩大的弊病。秦始皇在兼并天下以后，还不改变政策，这是秦朝所以灭亡的主要原因。这种错误，不是秦始皇个人的过失，也不是偶然的事情，而是法家学说的必然结果②。

---

① 《士之阶级》，刊于1920年《沈阳高师周刊》第18—21期。
② 《中国政治思想史十讲（二续）》，刊于《光华半月刊》1936年第4卷第7期。

第三章 走教学与治学之路

与虞菱成婚

1904年,吕思勉与虞菱女士结婚。

虞菱,字缝兰,又名采兰。祖父虞映溪,曾任浙江衢州知府,父亲虞树荪,字纫荃,是清代末年的贡生。虞菱有一姊一弟,姐姐适同邑巢兆觉先生,生下一个女儿(巢心北)后,不久就去世了。弟弟虞祖同,上海大同大学毕业,曾在上海商务印书馆任英文编辑,可惜也在三十多岁时患病去世了。虞家比较封建,两个女儿在没有出嫁前,都没有受过学校的教育,也没有聘请先生在家教授。虞菱的姐姐是在结婚后,才争取进了武进县立女子师范学校,这在当年是极不容易的事。当时一个姑娘订了婚,若要进学校读书,非征得夫家同意不可,若夫家比较开通,就干脆结婚后再去读书。

虞菱虽然没受过学校教育,但是,对于子女的教育却非常重视。女儿吕翼仁还在读高中时,虞菱的父亲便告诫她,切不可再让她读大学了,还说什么"女孩子到了二十岁不出嫁,就要到填字部里去了"。虞菱知道，不让女儿读大学并要她早日出嫁，这是办不到的事，有时随口敷衍，有时往吕思勉身上一推，而心里正希望女儿能上大学继续学习。她性情温和，然自尊心极强，气量很大。虞家在常州城里有不少房地产，收入颇为可观，可是对于家里的财产，她从不过问。未出嫁时，父母总要给她些零用钱，亲友家小姐妹来玩，大家聚在一起，有时玩纸牌，有时掷骰子，作点小输赢是常有的事。但是，出嫁后，吕家清贫，手里的零用钱就没有以前宽了，有时回娘家，遇到小姐妹坐下来玩的时候，她总是推托着不肯上场，而且也从不谈论夫家的境况。

图6　吕思勉夫人虞菱

封建时代的家庭生活，规矩是很严的。她曾与女儿说：那时，如果祖母不叫她坐，她这个做媳妇的，就只能侍立。她刚做新娘时，家里除了公婆外，还有三个小姑，生活上很不习惯。女儿吕翼仁回忆说：

> 母亲刚结婚时，也很不习惯夫家的生活。母亲最怕二姑，因为二姑每天给祖母梳头，一边梳头，一边就讲新娘子怎么样怎么样。她并不一定讲母亲的坏话，目的也不一定是进谗，只是手里有事，嘴巴闲着，讲讲罢了，但多言极易失

口,甚至说好话,有时都会起反作用,何况姑媳间的鸿沟,已不是一家一户一代的事,而是家庭制度的副产品呢?

除了三个小姑,家中还住着一位顾老太太,那是吕思勉的乳母,吕翼仁回忆说:

> 这位顾老太太直到我父母结婚还住在我家,据母亲形容:她高瘦个儿,小脚,太阳穴上贴着两个头痛膏药。我母亲提到她就摇头,因为她爱到我祖母跟前去讨好。讨好当然不等于进馋,但说话轻重失当,或用词不妥,也会引起误会的。母亲当时是新媳妇,自然不能不警惕。她有个诨名,叫奉圣夫人,这诨名决非我母亲所取,因为母亲性格温和,嘴巴也不尖利,这诨名肯定是不知那位姑母给她取的,由此也可想见她的为人了。[①]

生活上虽然很不习惯,但她与公婆的关系很和睦。尤其是公公,每次与女儿说起他,总是十分感动,虞菱常常讲起两件事:一是他生病时不肯服药,婆婆常叫她端着药给他喝,他出于对新媳妇的礼貌,总是勉强喝了;另外一件事是他病危时,曾关照妻子(即吕思勉的母亲),说虞家小姐(指虞菱)很忠厚,要照顾

[①] 《回忆我的童年》,刊于《吕思勉先生年谱长编(下)》,第1163、1175页。

她。说到这里,她常常情不自禁地流下了眼泪[①]。

教书生涯的开始

婚后的一年,吕思勉就开始了他的教书生涯,当时他仅二十二岁,一直到1957年去世,一生始终过着教书、著述的生活。

最初,吕思勉是在常州私立溪山两级小学堂教书。那时吕家境况还未大坏,因为该校的创办人朱少堂对吕思勉很钦佩,托人前来延请,于是便去该校任教。小学堂设在城里的局前街,教师大多数是常州人,学校开设的课程有国文、历史、几何、代数、物理、英语以及体操等,吕思勉执教国文和历史两门课,每月教薪二十元。语言学家赵元任先生幼年曾在此读过书,对吕思勉的讲课留有很深的印象。1920年,赵元任被召回清华大学教授物理,当他从美国回来的时候,在从上海到南京的火车上,遇见了当年的老师吕思勉。五十年之后——1970年10月,赵元任在美国俄亥俄州立大学东亚语言文学系及研究所举办的讲演会上,作了题为《我的语言自传》的演讲,其中讲到了这一次师生的相遇:

> 过了十几年从外国回来在沪宁铁路火车上遇见了溪山小学我的国文老师吕诚之先生。他问起我在美国的情形,我多年没说常州话,又得把外国事情用中国话来讲,觉得非常别

[①] 《回忆我的童年》,刊于《吕思勉先生年谱长编(下)》,第1162页。

扭。但是不得不这么，因为一层他不太懂国语，二层我本来跟他说常州话，要是跟他说国语，觉得不恭敬似的。这个跟上文讲的我对家里长辈说常州话不尊敬刚刚相反，可是都是一样的心理。①

不久，吕家的境况越来越坏了。父亲虽曾当过江浦县学教谕，但只做了五年就辞职了，回里后便以坐馆为生，每月的修敬只有二十元。由于家中食指繁多，入不敷出，父亲不得已将城里的一所房屋卖掉。1905年，父亲患病，卧床不起，一年后去世。从此，生活的重担就落在吕思勉的肩上，为了还清医药丧葬费用，他又卖掉一些衣服，得了一千三百元以了债务。

父亲的去世，给母亲以极大的打击。丈夫去世几天后，她在日记里写下这么几行：

> 岁甲戌，余年二十二始有日记，迄乙巳三十三年未尝或间。丙午仲春誉千得风疾，心绪如焚，昼夜无间辄焉。余得侍君子三十三载，以贫故未敢少耽逸豫；愿前死，虽常多疾疢，不事滋养，今也不幸而为后死之人，深欲立时引决，为儿子孝心牵制，勉留一息，靦然未亡，良非素志。②

---

① 赵元任：《我的语言自传》，刊于《历史语言研究所集刊》1971年第43本第3分册。
② 《先妣丁未日记》，刊于《吕思勉先生年谱长编（上）》，第114—115页。

几天以后,为了帮助母亲摆脱痛苦,吕思勉陪伴母亲去常州郊外的太平寺歇息,母亲的日记这么写道:

> 初三日。拜年者皆有兴而来,苦无兴以酬之,颇思走避于枯寂处。芸儿导余至太平寺,一尘不至,鸡犬无闻。寺僧持应周至,蒸兽碳煮佳茗,设素筵,值大雪,红炉白战,伴我愁人,解释烦躁,不能解伤感,静住至酉刻回城,酬寺僧以二洋。①

两年以后,母亲也去世了。不久,两个堂妹——即再从伯父郎山君的女儿出嫁,再从庶伯母去世,这一系列的婚丧大事,用去了一大笔钱。在料理再从庶伯母的丧事时,吕思勉陷入了困境,一时几乎罗掘俱穷,可还是缺少一笔钱。起先,他碍于面子,不愿向妻子开口,而与堂姐(死者的长女)——她嫁与同邑史家,当时算是有钱人家——商量,请她设法垫一垫,事后尽快归还,不料她一口拒绝。吕思勉实在没有办法,只好向妻子开口,虞菱二话没说,就把陪嫁的首饰全数交给他,总算把这一件事应付过去了。夫妇俩在家庭经济上一心一德,给子女留下很深的印象。这一次所遭遇的"窘况",也使吕思勉难以忘怀。吕翼仁后来回忆说:

---

① 《先妣丁未日记》,刊于《吕思勉先生年谱长编(上)》,第115页。

这件事是四姑和我讲的,但我估计父亲也没有忘记。五十年代初,我做文学翻译工作,介绍苏俄作品,那时的稿酬相对来说还不差,有一天,父亲对我这样讲:"目前稿费收入虽然不少,但仍应该处处节约。我一世薪金和稿费收入也不少,但逢到家里发生大事情,没有一次不向人借钱的。"父亲一生很少正面教训我什么,这一番若说是教训,就是唯一的一次了。①

从此以后,家境越来越坏了,吕思勉"乃真不得不藉劳力以自活"②。

1907年1月,由沈问梅先生介绍,吕思勉去苏州东吴大学教国文、历史,因与教会学校气味不投,至6月暑假即辞去教职,回到常州。

这年秋天,由常州知府许星璧、士绅恽祖祁等创办的常州府中学堂新办开学,监督(校长)屠元博(屠寄的长子)聘请吕思勉去该校任职,讲授历史、地理课,每月教薪五十元。他在这里共任教两年又两个月,深受学生的爱戴。著名学者钱穆在《八十忆双亲师友杂忆合刊》中,曾回忆当年在常州府中学堂学习的情形:

---

① 《回忆我的童年》,刊于《吕思勉先生年谱长编(下)》,第1166页。
② 《"三反"及思想改造学习总结》,刊于《吕思勉遗文集(上)》,第436页。

除监督元博师外，当时常州府中学堂诸师长尤为余毕生难忘者，有吕思勉诚之师，亦常州人，任历史地理两课。闻诚之师曾亲受业于敬山太老师之门。诚之师长余可十二岁，则初来任教当是二十五岁，在诸师中最为年轻。诚之师不修边幅，上堂后，尽在讲台上来往行走，口中娓娓不断，但绝无一言半句闲言旁语羼入，而时有鸿义创论。同学争相推敬。其上地理课，必带一上海商务印书馆所印中国大地图。先将各页折开，讲一省，择取一图。先在附带一小黑板上画一十字形，然后绘此一省之四至界线，说明此一省之位置，再在界内绘山脉，次及河流湖泽。说明山水自然地理后，再加注都市城镇关卡及交通道路等。一省讲完，小黑板上所绘地图，五色粉笔缤纷皆是。听者如身历其境，永不忘怀。

一次考试，出四题，每题当各得二十五分为满分。余一时尤爱其第三题有关吉林省长白山地势军情者。乃首答此题，下笔不能休。不意考试时间已过，不得不交卷。如是乃仅答一题，诚之师在其室中阅卷，有数同学窗外偷看，余不与，而诚之师亦未觉窗外有人。适逢余之一卷，诚之师阅毕，乃在卷后加批。此等考卷本不发回，只须批分数，不须加批语。乃诚之师批语，一纸加一纸，竟无休止。手握一铅笔，写久须再削。诚之师为省事，用小刀将铅笔劈开成两半，俾中间铅条可随手抽出，不断快写。铅条又易淡，写不出颜色来，诚之师乃在桌上一茶杯中蘸水书之。所书纸遇湿而破，诚之师无法粘贴，乃以手拍纸，使伏贴如全纸，仍书不辍。不知其批语曾写几纸，亦不知其所批何语。而余此卷只答一题，亦竟得七十五分。只此一事，亦可想象诚之师之为人，及其日常生活之一斑。①

搜集故乡民谣

吕思勉喜欢读报刊，如发现有价值的材料，就剪下来，或粘在其他纸上，并注明出处和日期。剪的内容多了，按专题分类，一札一札，用细麻线捆起来，再用废报纸包起来，每包材料外面用标签写明专题的名称②，一包包叠放在书橱里，打开书厨门，分门别类的材料一目了然。

在他的剪报中，有两份他亲手粘贴的有关民谣的剪报。一份是从民国初年常州报纸上剪下来的《常州谣辞四首》，剪报贴在连史纸上，作者的署名已经剪去，上面有吕思勉所加的圈点与批注，均是对歌谣的解释文字的修改。这份剪报的反面，还剪贴着另一份景易辑录的《谣辞》。景易在《谣辞》的开头写道："读吾友驽牛君所辑常州歌谣四则，因忆昔年郑君旭旦《天籁集》搜罗里巷歌谣颇富，惜乎未见印行，兹特为录出，以广流传，当亦提倡白话诗歌者所同赞许耳。"驽牛，即吕思勉的笔名，可见《常州谣辞四首》正是吕思勉所辑录的。

---

① 钱穆：《八十忆双亲师友杂忆合刊》，《钱宾四先生全集》第51卷，台湾联经出版事业公司1997年版，第51—52页。
② 王玉祥：《怀念吕诚之老师》，刊于《蒿庐问学记》，第160页。

· 第三章 走教学与治学之路 ·

《常州谣辞四首》的第一首是《丁丁头》：

丁丁头，起高楼。高楼上，织丝绸，丝绸织得三丈八，送去哥哥做双袜。哥哥自有黄金带，嫂嫂自有复罗裙。复罗裙上一对鹤，鹤来鹤去鹤到丈母家。丈母床上红绫被，阿姨床上牡丹花。

录入谣辞之后，又有吕思勉详细地评析：

凡十二句，亦有下更续以数句者，不如此之善。

一二喻所居之高洁，三四言自修之勤。丝绸织得三丈八，仅以供织袜之用，言卑以自牧也。七八疾谗谄之蔽明，九十喻权奸也。《礼》曰：诸侯非问疾吊丧，而入诸臣之家，是为君臣为谑。

如此说诗，或以为凿，然诗有作义，有诵义。何谓作义？如《毛诗》说《关雎》为美文王后妃之德是也。何谓诵义，如三家说，此诗为刺康王晏起是也。凡诗皆起于里巷歌谣之属，本不知作者为谁。一诗亦非必一时一人所作，纵有作者，发于情不自已，自然矢之于口，亦不能自言其所以然。故凡诗作义，有时非所重。世多信毛诗而疑三家者，以求之古籍，毛多合而三家多抵牾耳。庸讵知三家之学，所以确有所受之者，正在于此。彼毛氏则检查古书而为之说者耳。夫检查古书而为之说，岂三家所不能为哉！[①]

又有一首《明月弯弯》：

明月弯弯照九州，几家欢乐几家愁。几家夫妇同罗帐，几个飘零在外头。

吕思勉的评析说：

起句意境确系谣辞，下三句非尽不识字者所为。盖此等谣辞，口口相传，恒有改易，吾故谓谣辞作者，非必一人也。夫作者非必一人，尚何作义之可求，更何作义之足泥哉？……然则听乐于庙堂，不啻闻歌于里巷，故其安乐怨怒哀思之情，可以毕见，故欲观民风者必于斯。故曰：闻其乐而知其治。故曰：声音之道与政通矣。

夫诗则未有不本于谣者也。太白歌行，卓绝千古，人皆赏其朴质有奇趣若古歌谣，谓非太白不能为。吾谓是时歌行之体初创，去其为谣谚时未远。太白之诗，固非必自为，或亦采民间歌谣，点窜而成之者耳。此亦非特歌行，凡一切诗词之属，语其原始，盖莫不如此。及其后，文人学士相率而为之。其意境日以辟，其藻采日以纷繁，其变化愈多，则其

[①]《吕思勉先生编年事辑》，第48页。

去本来之面目愈远。此事物演进之公例,所谓始简易而后杂糅者也。夫文人学士之诗非不美也,然其天然之趣终不及里巷谣谚若。①

一篇短短的歌谣,在他的笔下,竟引出这么多的议论,可见他不仅爱好搜集民间歌谣,还是我国早期的一位民间文学爱好者和研究者,而议论之中,又处处隐含着历史学家的眼光,后来,他写了《论〈诗〉与歌谣》一文,引用了常州谣辞来说明诵义与作义的区别,论述《诗经》的史学价值。他说:

歌谣,就只有从前说诗的人所谓"诵义",而没有其所谓"作义"。何谓诵义?诵义是念它的人,把它当作什么意思的。何谓作义?作义是做它的人,怀著什么意思去做的。作义只有个人有意的作品能有,个人无意的作品,就不能有的,何况歌谣,大多数不是个人的作品呢?然则何从据其本文以推度意思呢?以不可知之物,而必谓其可知;以本无意之物,而必谓其有意;今人说诗之法,自谓能一扫前人之谬,其实和前人正犯著同一的毛病。②

所以,《诗经》本妇人孺子、农夫野老只就他自己的生活本

---

① 《吕思勉先生编年事辑》,第48—49页。
② 《论〈诗〉与歌谣》,刊于《文林月刊》1941年第3期。此文曾改题为《诗经与民谣》,刊于《论学集林》,上海教育出版社1987年12月版。

位，自述其衷曲而已。历代学者穿凿附会，硬说首首都有其政治上的关系，首首都有其凿指的某一人某一事，这是最要不得的见解。在这篇文章里，他还从文学的角度评述了民歌谣辞的天籁之美。他说：

> 一切事物，最美的总是自然的，人工做出来的，无论如何精巧，总不免矫揉造作，有些斧凿的痕迹，所以论文要以天籁为贵。天籁是文人学士，穷老尽气所不能到的，因为这不是可以用工力的事啊！姑以前举的民歌为例。"高田水，低田流，伯母叔母当曙上高楼，高楼上，好望江，望见江心渡丽娘"，在表面上看起来，只是叙事，然而所适非人之意，已寓乎其中，此即古人之所谓比兴。比兴之所以可贵，乃因其意在此而言在彼，可以避免直接的过分的刺激，而且能引起丰富的想象。此义原非诗人所不知，后世的论诗，也贵寓言情于写景，而不贵直率言情，就是为此。然而文人学士做起来，能如此之自然么？这就是天籁和人籁之别。"头上金钗十八对，脚下花鞋廿四双，金漆笼，银漆箱，青丝带，藕丝裳"，读来觉得非常绮丽，然而极其明白易解，绝不要用什么字眼、古典涂泽，此乃所谓不著色之艳。只有不著色之艳，浓淡能恰到好处。用字眼、古典涂泽，好的也不免失之太浓，有意求声希味淡，又不免失之太淡了，这也是

人籁不及天籁之处。①

去南通教书

1910年，张謇在南通创办南通国文专修馆，由屠寄任馆长，以培养办理公文的专业人才。当时在社会上，要寻找能够教授公文写作的老师很难，屠寄来邀请吕思勉去帮助任课，吕思勉自忖读近代奏议较多，下笔尚觉相合，便答应去南通国文专修馆任教。

从1905年到1910年，吕思勉先后在常州溪山小学、东吴大学、常州府中学堂、南通国文专修馆教书。其中教授得最多的课程是国文课。国文教育是整个学校课程教学的基础，但是当时通用的教学课本与教学方法都相当陈旧，他不满于这种状况，谋求教学上的改革。1909—1910年期间，他先后三次撰文讨论学校的国文教学问题。在《吕思勉遗文集》中，有一篇1909年写的手稿，题目是：《全国初等小学均宜改用通俗文统一国语议》，文中对当行流行的国文教育方法提出了批评，他说：

> 吾国向者当学童入学之初，辄使之习古人之语言，日与古人相晤对；即能工之，亦不过能与全国之通古语者相交接耳，而其教之又不以其法，渐摩之又不能及其时，卒之今与古皆不能通，而学生入学数年，遂等于徒劳而无益，亦可谓

---
① 《论〈诗〉与歌谣》。

天下之至愚矣。

为此，他提出"国语统一与教育普及同时并进之方法"共六条：

一、全国初等小学国文科，宜正其名曰国语，其课本即用普通之官话演成，其他一切课本亦都如此。

二、由学部编撰官话字典，用简字拼音，注官音于字旁。

三、于京师及各省省会设立国语传习所，招致文理明通、略知科学之士入校肄习国语，以备充当各府、厅、州、县初级师范学校及国语传习所之国语教员。

四、于全国府、厅、州、县设立初级师范学校，以国语为注重科目，凡卒业于此学校者，国语必能纯熟，方为合格，否则无论科学如何高深，教授管理如何合法，均不能给予卒业文凭。

五、检定教员亦以国语为必要的科目。

六、以前已经卒业之初级师范生及已经检定之教员，定于某年月日补行国语检定。[①]

---

① 《全国初等小学均宜改用通俗文统一国语议》，刊于《吕思勉遗文集（上）》，第218、214页。此文原系吕思勉手稿，初认为是未刊稿，故收入《吕思勉遗文集》时，只注明大致的撰写年月。其实此文是1911年《东方杂志》的征文稿，征文获奖后刊于1911年《东方杂志》第8卷第3号。

他认为：如此方法苟能行之以实心，持之以实力，则宽其期以计之，三年而京师及各省会之国语传习所，可以毕业，至教员普及之时，即为国语统一之日矣。

在南通国专教书期间，吕思勉曾摘录了由崔聘臣所辑的许多民间谚语（南通的谚语与常州的相通），都按门类分别抄录，如：

【货币】：见钱眼开。 一钱如命。 有钱大十年。 有钱楼上楼，没钱楼下搬砖头。 有钱蛇死有人挑。 出了灯油钱，坐在暗处。 银子是白的，眼睛是黑的。 钱入穷人手，鱼落猫儿口。

【算法】：说一是一，说二是二。 四不拗六。 识不透他是九几。 八五也是他，五八也是他。 不管三七二十一，赊三千不如现八百。 养女儿没处算饭钱。 赚钱往前算，折本往后算。 千算万算，抵不过菩萨一算。

【轻重大小】：轻事重报。 说得轻，学得重。 八两配半斤。 四两拨千斤。 千个人抬不动个理字。 大有大难，小有小难。 大人有大量。 儿大不由爷。 做小服低。

【动物】：狮子大开口。 养虎成害。 虎毒不食儿。 山中无老虎，猴子称大王。 老虎不吃人，恶名在外。 拉了黄牛当马骑。 是马有三分龙骨。 瞎眼驴子往磨坊里撞。 新出猫儿狠似虎。 蚂蟥钉了鹭鸶脚。 龟饭好吃，龟气难受。

【植物】：赤豆里没油打。 杨树上开刀，柳树上出气。 吃了果子忘记树。 山中无大树，芳草也为尊。 牡丹虽好，还需绿叶扶持。 好吃的栋树果儿，等不到正月半。

【饮食】：不吃不馋，越吃越馋。 黄烧饼枕头，饿煞了。 公要馄饨婆要面。 羊肉馒头，难吃难舍。 办酒容易请客难。 吃了无钱酒，耽搁有钱的功夫。 锅里不争碗里争。①

这些谚语，有些现在还在说，有些已经很少有人知道了，然而这些八九十年前抄录的东西，现在读起来，仍然是幽默诙谐，妙趣横生。

与朝鲜志士的交往

1905年后，朝鲜沦为日本的"保护国"，许多爱国志士、文人学者流亡中国，积极活动，谋求祖国的光复。1908年，吕思勉在上海相识了朝鲜义士秋景球。他在日记中写道：

> 戊申四月初七，访秋景球上林春。十九日，来访。是岁卒。②

---

① 在吕氏遗稿中，有一册《里谚》，署名"王山人编"，吕思勉在上面写有按语：此系南通谚语，崔聘臣朝庆所辑。崔聘臣（1860—1932），字朝庆，江苏海门人，曾为南通江楚书局编译、上海商务印书馆"数学词典"编辑。
② 《吕思勉先生编年事辑》，第41页。

他称秋氏是"观其书,甚俊逸",然而,"未及读其文辞,而景球死"①。他十分痛惜这位朝鲜义士的死,并对其国家的再获重建,中朝两国共翼世远,期致大同,抱有坚定的信念。

在吕思勉的残存日记里,还记载着一段他在南通与流亡中国的朝鲜爱国学者金沧江的交往。

金沧江,名泽荣,字于霖,朝鲜花开人。曾仕宦于朝鲜,颇有地位。朝鲜亡国后,来到中国,投奔张謇,住在南通。时金氏已六十二岁,生活贫俭,节衣缩食,一心要为他祖国撰史刻书。金氏与屠寄颇熟,当时,屠寄正在撰写《蒙兀儿史》,金沧江也在撰写《韩国小史》,两人同约撰史而金氏先告完成。于是,屠寄便约吕思勉一起去翰墨林访问他。金氏不会说中国话,他的一个孩子还年幼,不能做翻译。最后,他们三人只能笔谈,虽如此,"然笔谈娓娓不倦也"。当谈到日本侵略者侵占朝鲜后,不惜摧毁文化,书籍被毁灭很多时,吕思勉问他:有何办法可以补救。金氏悲痛地摇摇头,写了"非至其地,不能搜其书"②九个字。

金氏很有学问,尤其擅长作诗。所作的诗文精妙而有意境,他所写的诗句"四面星辰鸡动野,一江风雪马登舟"③,吕思勉非常欣赏,称有唐诗意境,又夸他的文章是"其文辞渊懿醇雅,虽吾邦之耆宿弗逮也"。这次见面,临别时还互相赠送诗作。

金于霖赠屠寄诗云:

---

① 《柳树人〈中韩文化〉序》,刊于《中韩文化》,1945年12月版。
② 《到朝鲜去搜书》,刊于1945年11月6日上海《正言报》。
③ 《吕思勉先生编年事辑》,第45页。

>一梦常天外，相逢正菊边。
>我头衰愈白，君鬓亦非玄。
>寂寞千秋想，辛勤两史编。
>就中难易别，敢说拔鳌先。

屠寄的赠诗云：

>离合冯诗记，沧桑到酒边。
>相看两衰鬓，暂享共和年。
>野史亭同筑，胡元事半湮。
>无才勤补缀，愧尔杀青先。

吕思勉赠金沧江的诗云：

>有儿两眼如秋水，一老胸中绝点尘。
>道契虚舟能辟世，家藏野史未全贫。
>不言已备四时气，佳句况如三候醇（三候，朝鲜名酒）。
>倘许江南狎鸥鹭，浮家便与结比邻。[1]

这一次相见，给彼此都留下了很深的印象。其后，他们还有好几次书信往来，金氏于1927年去世，吕思勉在他的日记里一一

---

[1] 张耕华：《吕思勉与金泽荣》，刊于1997年12月12日《新民晚报》。

都作了记录。他后来撰写《白话本国史》，也引用了金氏《韩国小史》里的一些资料。

1945年8月抗战胜利以后，吕思勉在上海应朝鲜爱国志士、文史学者柳树人之请，为《中韩文化》作序。柳树人，朝鲜爱国志士，曾参加朝鲜革命党，日本侵占朝鲜后，流亡中国，与其他也是朝鲜爱国志士在上海某次集会上炸死炸伤若干日人，1949年后在苏州大学历史系任教，对朝鲜历史深有研究，曾编有朝鲜史一册，被用作全朝中学生的教材，1975年因患心脏病去世。在序文中，再一次表示了他对两国相将，共翼世远，期致大同的坚定信念：

> 文化不能无偏弊，受其利者，往往并其弊而亦袭之。中国文化之弊，在于文胜而失之弱。自宋以后，陈义弥高，在事情弥远，其人又气矜之隆，黠者乘之，遂植党以自利，此其弊，韩人亦皆袭之，观李氏之行事可知也，然文化之演进深者，虽有其弊，久之亦必有以自救。故中国虽迭扼于辽、金、元、清，至近世，又见侮于西方诸国及东方之倭，今也卒能却敌而中兴。韩国之获再建，亦其伦也。
>
> 人固有利不利时，惟国亦然。文化不能无偏弊，即不能无宜不宜。当其与所遇者宜，若甚发皇，时过境迁，则有转受其害者易。倭人以右武兴，亦以黩武仆，非其效欤？然则中韩之文化，安知其不一变而大契于今后之时势乎？
>
> 国家、民族之盛衰兴替，文化其本也，政事、兵力，

抑末矣。韩柳君树人，居华有年，日以复兴其国族为务。强寇既夷，国将复建，不汲汲于政事、兵力，而惟牖启文化是谋，可谓知本矣。中、韩相将，共翼世远，期致大同，跂予望之。①

"与政治卒无所与"

辛亥革命前夕，在政界的常州人士都很活跃。如，在南北和议中的高级幕僚赵凤昌，后来任江苏临时都督的庄蕴宽，江西都督吴介璋，共和党首领孟森，爱国学社成员、后任教育部秘书长的蒋维乔，国民党元老吴敬恒，还有赵椿年、董康、洪述祖，以及护法国会议员朱稚竹等②。其中于吕思勉关系最密切的是屠寄、屠元博父子俩以及蒋竹庄，为了筹划常州武进的光复，屠寄于1911年6月由南通回到常州，被邑人推举为常州农会会长。8月武昌起义后，他闻知陈其美在上海举兵，便与邑人密谋举事，招练民团，以响应上海。常州光复后，他又被推举为民政长，是辛亥常州光复的主要领导人。

1911年6月，吕思勉也由南通回到了常州。他后来回忆说：

辛亥革命起，予往来苏常宁沪者半年，此时为予入政界与否之关键，如欲入政界，觅一官职之机会甚多。若不乐作

---

① 《柳树人〈中韩文化〉序》。
② 陈吉龙：《史学家吕思勉》，刊于《常州文史资料》第7辑。

官，亦可以学者的资格，加入政党为政客。予本不能作官，当时政党之作风，予亦甚不以为然，遂与政治卒无所与。①

这一段话，自述了他早年最终不入政界而选择了学者道路的两个原因：一是他自忖自己的个性不适宜作官。他说："予自问，性最懒惰，因懒惰故，凡事皆立于旁观地位，止于表示赞否而已，不肯身当其任。生平不欲作官，亦不肯加入政党，此亦其大原因。"他又说："民国元年时，章行严君尝在《独立周报》中自道曰：'人之有才，如货物焉。货物当致之需用之处，人才亦宜自度所宜。有宜实行者，有宜以言论唱导者。予自审不能实行，故遂不躬与革命之役也。'此言予颇善之，故尝自期，与趋事赴功，宁以言论自见。设遇机会，可作幕僚而不可以作官。作幕僚或曰无机会，言论不能云无，而有所怀亦什之九不下笔，此当自咎，不可以咎当世也。"②

不入政界的另一个原因，是他对当时的政界风气很看不惯。他在给友人金松岑的信中说：

今也举朝皆侥幸之士，自郡县至乡曲皆侥幸之士，议论侥幸之士所唱也，事权侥幸之士所掌也。事有便其私图者，一人唱议于前，千百人附于后，不旋踵而见诸施行，则皆入

---

① 《"三反"及思想改造学习总结》，刊于《吕思勉遗文集（上）》，第437页。
② 《"三反"及思想改造学习总结》，刊于《吕思勉遗文集（上）》，第447、448页。

此曹之手。岂无真以为利国福民而赞其议者，及其为之，见可以自便其私图，则折而入之矣。有一二善者，亦无如之何矣。自变法以来，何一事非如此者耶？是以苞苴盛而政事益坏，朋党成而是非益淆。①

他又说：

舆论之不可恃也久矣。舆论之不可恃，自有朋党始，有朋党，则有意气而无是非，此党之所是者，彼党必力诋之，虽明知其是，弗恤也。彼党之所非者，此党必力赞之，虽明知其非，弗顾也。始以为可行者，及异党之人赞之，则忽以为不可行。始以为宜废者，闻异党之人诋之，则更以为不宜废。此不必证诸远也，就吾曹所身历之事观之可知矣。三四年前，立会结党之风大炽，一时异军苍头特起者，盖亦十数，而某某二党，相非为尤甚，问诸此党，则彼党之人，尽鬼蜮也，问诸彼党，则此党之人，尽虎狼也。其实世固有不在党内之人，自党外之人观之，此党之人，果尽虎狼乎？彼党之人，果尽鬼蜮乎？即不必党外，虽党中人，平旦之际，抚心自思，固亦有哑然失笑者矣。

虽然是非之不明，其在后世，犹无伤也。何则，所谓古之人者，其骨则已腐朽矣，虽誉桀纣以尧舜，何益？虽毁伯

---

① 《吕思勉先生编年事辑》，第63页。

夷以盗跖，庸何伤！独恨其在当世，使事之是者无由行，非者无以止，士之善者无以自见，恶者无所畏惮。数十百人，谋之帷幕之内，而百千万人为之奔走先后，若狗之受发踪指示于人，方自以为为国；而不知其皆为人谋私利也。①

他批评当时社会流俗，把做官进入政界当作一种混饭吃的工具或途径。他说，做官或进入政界应该效力于社会，不应该混饭吃，这也是他父亲对他的教导和希望。还在吕思勉十岁的时候，晚清捐例即将停止，有人对吕思勉父亲说：贤郎固能读书，然今世道艰难，为子弟计，当多备可走之路，如狡兔之有三窟。君应筹款，为贤郎捐一职，将来若不需用，自可弃之，多备无患也。吕父喟然曰：世变亟矣，予有子，不欲其做官也。并对吕思勉说：隐居不仕，教授乡里最佳。他后来回忆说：

> 予父所谓教授乡里，非如今日之所谓大学教授。如予之所为，自昔人之有德者观之，已为声华而非悃幅之士矣。然予父不欲予做官，亦非谓人不当自效于当世，特谓不当如流俗，以做官为啖饭之途径耳。使予能随才力地位而自靖，固亦予父所深喜。②

---

① 《本论·贬宋》，刊于《吕思勉诗文丛稿（上）》，上海古籍出版社2011年10月版，第284、285页。
② 《"三反"及思想改造学习总结》，刊于《吕思勉遗文集（上）》，第447页。

学问在空间　不在纸上

一个人可以不入政界不做官，但不可以不效力于社会。这是吕思勉的格言，也是他一生治学和为人处事的宗旨。他选择了教学与治学的道路，既不把教书当作是混饭吃的工具，也反对所谓为学问而研究学问。他说：

> "臣朔犹饥，侏儒自饱，毕竟儒冠误"，这种感慨，从前读书人，是常有的，我却生平没有这一种感慨。……我觉得奋斗就是生命，奋斗完了，生命也就完了。从前文人的多感慨，不过悲哀于不遇，奋斗是随时随地都有机会的，根本无所谓遇不遇。况且我觉得文人和学人的性质又有些不同。文人比较有闲，所以有功夫去胡思乱想，学人则比较繁忙，没有什么闲的功夫。[①]

对于研究学问，他有自己的看法，他说：

> 大凡一个读书的人，对于现社会，总是觉得不满足的，尤其是社会科学家，他必先对于现状，觉得不满，然后要求改革；要求改革，然后要想法子；要想法子，然后要研究学问。若其对于现状，本不知其为好为坏，因而没有改革的思

[①] 《蠹鱼自讼》，刊于《文艺春秋》1945年第1卷第3期。

想；又或明知其不好，而只想在现状之下，求个苟安，或者捞摸些好处，因而没有改革的志愿，那还讲学问干什么？所以对于现状的不满，乃是治学问者，尤其是社会科学者真正的动机。①

抱着这样的信念，他经常思索着社会上的各种问题，思索着改良的方法，即使在教学和治学的领域里，能够效力于社会的时机也是随时随地都存在的，问题是你有没有改革的志愿、热情，能不能做一个社会改革的有心人。

1911年，吕思勉应《东方杂志》社征文，又撰写了《禁止遏籴以抒农困议》一文，主张采用社会经济政策，来缓解农民生活的困难。文中写道：吾国农民操业至勤，而获利至彀，有史迄今，如出一辙，而每逢叔季，则其困苦尤甚。造成这种状况的原因是多方面的，但其中很主要的一个原因是政府施行的遏籴政策。遏籴政策即不许粮食买卖，各省、府、县乃至乡村，各自为界，邻省邻县遇饥荒，也不准去他省他县买粮食，坐视其灾荒而不顾，结果四海困穷，至于大乱而不可救之。他提议政府作出改进：

> 今者欲抒农民之困，则其事首在禁止遏籴。……宜请于农工商部或资政院，专摺具奏，请特降谕旨施行，能并出

---

① 《从我学习历史的经过说到现在的学习方法——社会科学是史学的根基》，刊于1941年3月21日上海《中美日报》。

洋之禁而弛之，上也。否则亦宜全弛内国遏籴之禁，自今以往，全国无论何省府厅州县，不论若何荒歉，止准设法赈济，不准提及遏籴一字，有创议者，以违旨论，从重治罪。如此，则一国中，此疆彼界之葛藤，倏焉消除，民生既抒，农业自振，行之数年，更弛出洋之禁，舆论翕然矣。①

这一年，他还写了《论文官考试之宜严》一文，认为共和政体初建，百废待兴，其中最重要的是设立一定的标准，选拔人才，担任国家行政官吏。他说：中国数千年来，吏治之所以腐败，而国家一切政务，皆堕坏于冥漠之中者，一是由于没有适当的机关，二是没有适当的司此机关的人，而后者更为主要。中国数千年来，有关人才问题，有一种言论，认为人才由于笃生，而非可以养成。用人之得当与否，由于君相之有无知人之明，而非可设一定之格以求之。苏轼的《议学校贡举状》，就是这种言论的代表。所谓"以文章而言之，则策论为有用，诗赋为无益。自政事言之，则诗赋策论，均为无用矣。虽知其无用，然自祖宗以

---

① 《禁止遏籴以抒农困议》，刊于《吕思勉诗文丛稿（下）》，第522页。《禁止遏籴以抒农困议》一文，原系吕思勉遗存的手稿，初以为是未刊稿，故2011年收入《吕思勉诗文丛稿》时，文末注明是未刊稿。其实，此文为《东方杂志》征文所作，获征文的乙等奖，于1911年刊登在《东方杂志》的第8卷第4号上。值得一提的是，此次征文，吕思勉共投寄了三篇文章，除了《禁止遏籴以抒农困议》外，还有《全国初等小学均宜改用通俗文以统一国语议》（甲等奖）和《中国货币小史》（奖酬杂志本年）二篇。参见张耕华：《吕博山是吕思勉的曾用名》，刊于《书城》2019年第1期。

来莫之废者,以为设法取士,不过如此"。这不是明目张胆地主张探筹取士吗?殊不知不可养而成者,为非常之才;可养而成者,为通常之才;故国家任用高级官吏这种"非常之才"者,初不必设一定之格以拘之;而其任用普通官吏,则必不可无一定之法。他说:

> 专制之世,不论拥如何庞大之土地,临莅如何多数之人民,所以防察监制一国之官吏者,皆为君主一人。自君主以外,皆欲诈欺君主,以营私舞弊者也。故其时之行政,只能以清静不扰为主义,否则利必不胜其弊,汉文帝、宋仁宗,皆以此获美名于后世者也;新皇帝、王荆公,皆以此获恶名于后世也。今者五洲大通,万国林立,为国家者,日生存于竞争之中,断不能仅如向者之清静不扰,以求苟安;又别有监督机关,以防止官吏之滥用其权力。则自今以后,国家之行政,当为积极的进行,而不当为消极的防弊,盖可知矣。夫欲为积极的进行,则如向者之官吏,但能机械地倚幕友胥吏以奉行故事者,必不足以集事。而其任用之初,必不能不考求其有此相当之学识与否,又可知矣。

他又告诫时人:

> 前清末造之仕途,可谓下流众恶之所归,使不能严加淘汰,则有才者必将以入仕途为耻,否亦不能安于其位,虽涣

汗大号以求贤，而贤人以卒不可得也。及其风气之既成，而思所以变之，则难矣。故当民国肇造之时，不可不慎也。[1]

这几篇文章，都是抱着谋求社会改革、推动社会进步的目的撰写的，也可看作他研究学问的归宿性指向。他认为，研究学问，看上去好像与社会改革无关，与效力社会隔膜，其实不然。我们要进行社会改革，"非徒有热情，便可济事"，还必须有适当的手段，而这适当的手段就是从学问研究中尤其是从社会科学的研究之中得来的。为什么不能光凭热情，还要讲究手段呢？因为，"社会的体段太大了，不像一件简单的物事，显豁呈露地摆在我们面前，其中深曲隐蔽之处很多，非经现代的科学家，用科学方法，仔细搜罗，我们根本还不知道有这回事，即使觉得有某项问题，亦不会知其症结之所在。因而我们想出来的对治方法，总像斯宾塞在《群学肄言》里所说的：看见一个铜盘，正面凹了，就想在反面凸出处打击一下，自以为对症发药，而不知其结果只有更坏"[2]。所以，吕先生说：

学问之事，原不限于读书。向者士夫埋头钻研，几谓天下之事，尽在书籍之中，其号称读书，而实不能读书者无论矣，即真能读书者，其学问亦多在纸上，而不在空间。能为

---

[1] 《论文官考试宜严》，刊于《吕思勉遗文集（上）》，第297、298页。
[2] 《从我学习历史的经过说到现在的学习方法——社会科学是史学的根基》。

古人作忠臣，而不能为当世效实用。①

他还告诫学生：

学问在空间，不在纸上，读书是要知道宇宙间的现象，就是书上所说的事情，而书上所说的事情，也要把他转化成眼前所见的事情。如此，则书本的记载，和阅历所得，合同而化，才是真正的学问。昔人所谓"世事洞明皆学问，人情练达即文章"，其中确有至理。知此理，则阅历所及，随处可与所治的学问相发明，正不必兢兢于故纸堆中讨生活了。②

---

① 《论国人读书力减退之原因》，刊于1918年3月15日《时事新报》。
② 《从我学习历史的经过说到现在的学习方法——职业青年的治学环境》，刊于1941年3月23日上海《中美日报》。

第四章　来往于沪、沈、苏、常

初来上海

1912年，吕思勉来到上海，应上海私立甲种商业学校校长杨秉诠的邀请去该校任教，教的课程有应用写作、商业经济、商业地理等。后二门课程，因为没有适用的教材，由吕思勉参考日文教科书教授。那时，社会上能够讲授这些课程的教员奇缺，所以，大多数学校都采用这样的办法来解决这一困难。吕思勉后来回忆说：

> 一九一二年，教授上海私立甲种商业学校，至一九一四年暑假前。所教者，除应用文字外，商业经济、商业地理因无人教，亦无教本，皆由予参考日文书教授。由今思之，甚为可笑，然在当时，固各校多数如此。因此时此等教师，几如凤毛麟角也。[①]

[①] 《"三反"及思想改造学习总结》，刊于《吕思勉遗文集（上）》，第437页。

在商业学校，与吕思勉同事的有平海澜（作者按：平海澜后任上海大同大学校长，20世纪50年代，曾任上海文史馆馆长）、赵敬谋等，他们课余经常在一起，作诗填词，互相酬唱，相处得十分融洽。该校由上海商业公会所办，至1914年，因会员"心力不齐"而告停办。

1914年3月27日（农历三月初一），吕思勉的女儿吕翼仁诞生。吕翼仁名讷（呐），号佚人，小名阿荣，笔名左海。1937年上海私立光华大学社会学系毕业，早年曾撰《二十四史户口考》《古婚姻考》等，先后在光华大学、南方中学、青云中学、博文中学、丽江中学、中西女校等学校任国文、历史、国画教员。1945年抗战胜利后，即专心攻读俄文，此后长期从事俄国文学及苏联文学的翻译工作，译作有《早年的欢乐》《活命的水》及马明-西比里亚克选集三种：《粮食》《普里瓦洛夫的百万家私》《矿山里的小朝廷》等。平生爱好书画，抗战初期，曾在上海租界从童书业教授学画，所作殊有高致，画家杭人唐云先生盛称她的画雅澹高远，有逸气，为元明文人画之余脉。晚年为父亲整理出版遗著，备极艰辛，深受学术界赞许。

是年7月，吕思勉经沈颐介绍，去上海中华书局任编辑。这期间，他写了许多通俗性的历史、地理读物。有《苏秦张仪》（1915年8月中华书局初版）、《关岳合传》（1916年2月中华书局初版）、《国耻小史》（1917年2月中华书局初版）、《中国地理大势》（1917年2月中华书局初版）。这些通俗读物，很受青年学生的欢迎，书局连续再版，至1928年，《苏秦张仪》已发行了九版，

《关岳合传》发行了十版,《中国地理大势》发行了七版,《国耻小史》发行了十二版。

《国耻小史》系中华书局通俗教育丛书之一,全书约三万字,作者在第一章《现在对外情形》的首段写道:

> 咳,诸君,我们中国人,现在受外国的欺侮,要算是受到极点了。你想和外国人交涉以来,款子一共赔掉多少?地方一共割掉几处?条约一共订结几次?有哪一次订结条约,不是我们吃亏的?这许多事情,我们平时候不留意,他要说起来,才可怕呢!诸君,现在不必从远处说,就把眼前的事情讲几件给诸位听听。明明是中国的地方,外国人要来通商,借给他住了,唤作租界,中国人就没有管理的权柄了,这个世界上别一国有么?外国人在中国,犯了罪,中国的官员不能审问他的,要归他们的领事,自行审问,这个世界上别一国有么?内河里头,准外国人来走船,这个世界上别一国有么?本国的铁路,请外国人来管理,一切要凭他作主,我们本国人反而无权过问,这个世界上别一国有么?外国的银元在市面上使用起来同本国的银元一样,而且还可以发钞票,有许多地方,本国的银元反而不能通行,这个世界上别一国有么?本国的军港,租借给外国,自己的兵船反没有停泊的地方,这个世界上别一国有么?和外国人订立条约,说是中国的某某等处地方,不准让给别国的。咳,诸君,这割地原不是件好事,我们作国民的,也决不希望把土地割让给

人家，然而要外国人来管这闲事做什么呢？譬如诸君家里，有了田地，有人来硬占诸君的，这个固然不行，要是有个人，要挟诸君说你这片土地，一定不准送给人家的。要送给人家，非得我应允不可。诸君肯受他这句话么？咳，诸君，现在有许多懵懵懂懂的人，还当我们中国是个完全无缺的大国。我们中国人，是个泱泱大风的国民，要是把对外的情形看起来，我们这国家，真是危险极了。我们中国的国民，离做人家奴才的时候，也不远了，还不要警醒警醒么？古人说得好，"前车之覆，后车之鉴"。我且把中国自和外国交涉以来，种种失败的历史，讲几件给诸君听听罢。[1]

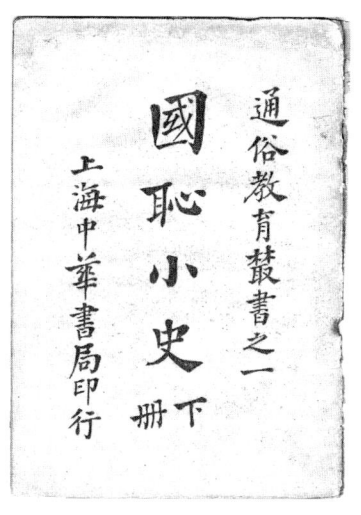

图7 《国耻小史》书影

---

[1] 《国耻小史（上）》，中华书局1917年2月版，第1—2页。

这本小书共十五章，分述欧洲各国之形势及其东来之历史、英国两次遣使、鸦片之输入、鸦片战争、广州之役、京师初陷、中俄伊犁交涉、法据安南、英灭缅甸及暹罗独立、中日之战、中俄密约及各国租借军港、京师再陷、日俄之战及朝鲜灭亡、英兵入西藏等，一一叙述了列强对中国的野蛮侵略，并检讨了清政府在对外交涉中的种种失误。

1914年前后，是吕思勉诗词创作的多产年代。他一生曾两次与友人结诗社，第一次是在1909年，主持者是陈雨农，参与者有吕思勉、王冠时、刘脊生、钱叔陵等五人，"半月一次，社友各命一题，以探筹之法取之"，作完后互相点评。1914年的春夏间，吕思勉和诗友管达如、汪千顷、赵敬谋、丁捷臣等都在上海，于是他们又一起共结诗社，也是每半月一集，后来又有常州宜兴友人庄通百、陈雨农、李涤云、周启贤、张芷亭等参加，社名取为"心社"，"凡二十七集而辍"。在吕思勉的诗稿中，这一年所存的诗作甚多，如：

怀人　甲寅

人生如燕雁，踪迹每相违。
接席情如昨，联床事已非。
遐思花发后，吟兴酒边希。
多少怀人意，泠泠寄玉徽。

·第四章　来往于沪、沈、苏、常·

月夜闻笛　甲寅

梅花零落尽，此曲岂堪听。

留得关山月，送人长短亭。

萤火　甲寅

熠耀宵飞腐草魂，当年曾是近长门。

汉宫恩怨原难尽，隋苑兴亡且莫论。

乍见繁星来隔院，又随明月过低垣。

更无绩女余光藉，多谢深宵照耀恩。

在这一年的存诗中，还有两首题名为"水烟"的诗，是这样写的：

谁切黄金作细丝，由来此物最相思。

清芬绝胜含离舌，酷酊何劳举鹤卮。

并世几人留醒眼，吾徒颇藉疗朝饥。

当年欲笑穷边叟，醉倒田间不自持。

深闺长日镇相怜，笑杀如兰总自煎。

星火更资杯水力，斜风疑袅瑑炉烟。

微波喜与樱唇近，锦字重劳玉腕镌。

试共从头追往事，遐方荒冢倍缠绵。[1]

---

[1]　以上引诗，见《吕思勉先生编年事辑》，第56、57—58页。

这一首诗，是吕思勉与夫人虞菱拉家常时一起唱吟而成的，吕思勉喜欢吸水烟，烟叶偏好福建产的皮丝烟，吸时需用"纸尺"引燃。他所用的"纸尺"是虞菱用一种黄色的裱心纸斜卷而成的，中心呈空心状，一头打成纸结。每次回家省亲，虞菱总是为他搓好许多"纸尺"。吕思勉身体单弱，外出或去上海时，随身所带的行李很少，但虞菱为他准备好的满满一藤篮的"纸尺"却是必不可少的。

这一时期，他用笔名驽牛、企等，撰写了不少杂文，刊登在家乡的《武进商报》《武进月报》上，其中有《主顾》五则、《论广告》二十则，写得很有特色：

主顾二

招徕主顾之法，第一在于诚实，劣货也，而混充好货，低价而诳称高价，所得几何？而一主顾之信用，自此失矣。卖物者不止一家，买物者亦必不止一次，岂有人焉，能终为我所欺者耶？

主顾买物之后，即时消费之者，惟饮食物为然，然饮食物固无从二价者也。此外如衣服，则常著于身。如器用，则常置室内，或常携手中，岂有终不为亲友所见之理。然则欺人于一时，遂谓可欺人于永久者，直自欺之谈耳。

主顾三

商店每于主顾之买物较多者，则殷勤接待。不然者，则施施之声颜色见焉。此大不可也。以百文之物而卖人百十文，以千文之物而卖人千一百文，交易之数虽殊，所得之利一也。

或曰交易之数大，则资本之流转速，资本之流转速，则商家之利息增矣。此趸发之所以贵于零售也。斯固然。然用物多少，略有定限。彼趸买多物者，未必皆自用之也。非转售，则代人购买者耳。如泉水然，其真正之上源，仍在于零买者也。故零买者，主顾之直接者也。趸买者，主顾之间接者也。不希望直接之主顾上门，而专欢迎间接之主顾耶？

广告五

凡顾客多半系外行，即曰内行，亦不过较全外行者少胜而已，求其能真知货物之美恶、价格之高低，足与营此业之商人等者无有也。

而商人之自炫其价廉物美，在顾客视之，亦恒以为虚伪之言。

故广告之最佳者，当将价廉物美之处，切实指出，有此服顾客之心。其心既服，则必以诚实目我，夫至顾客此诚实目我，而我之信用立矣。

要而言之，良好之广告，当指导读者，不当炫惑读者。而笼统虚伪之辞，在所必戒，不俟言矣。

广告十二

广告措词最贵简明，务使人不必有意诵读，而一览之余，业已完毕。即不然，亦须使人一览即能得其大要，故措词必须简而又简，必确为我货物所特有之优点而后举之，其他皆可从略。此项优点若罗列颇多，仍可举其最要者，而略其次要者，否则逐日变换可也。一时枚举，实为大忌。

何者？无论事冗之人，不暇阅也；即空闲之人，亦或不欲阅矣；即阅之，亦必不终者多矣。

广告二十一

某甲曰：常州无大自鸣钟，欲出城趁火车者，颇以时刻不准为苦。

某乙曰：若有钟表店，能悬一大钟于门首，将此钟之时刻与火车站之钟对准，乃张一广告曰：凡欲出城趁火车者，请到敝店门首对钟。如是则来者必多，该店又可利用此机会，张种种广告于店内矣。

予思某乙之言，颇为有理。于此见广告之术甚多，惟在商家之能用耳。时届夏令，饮食不洁，最碍卫生。设有一店焉，能极注意清洁，制作食物之处，可以任人观览，因而大张广告，常州人卫生程度虽低，度其生意，未必不有起色。然而竟无一店能念及此者，此可见中国商家同是蹈常习故，不求进步也。然而蹈常习故，不求进步，岂独商人也哉？[1]

---

[1] 《吕思勉先生年谱长编》，第186、188、189、191页。

图8 在上海中华书局任编辑时期的吕思勉(摄于1914年)

这几则杂文,颇像是现代经济学者或研究广告媒体学者所作,但它们却出自八九十年前的一位史学家的笔下。然而,从商家的"蹈常习故"进而论到社会的"蹈常习故",又反映了一个历史学家特有的眼光,当然,这可能与吕思勉此时从教于商业学校也有一定的关系。由此也可以看到作者对社会现象观察的精微和分析能力的深邃。倘若吕思勉早年受到西洋经济科学的严格训练,那么,在商务方面亦可能大有成就,一如他后来对史学的贡献。

进商务 编医史

初来上海,吕思勉的生活境况是很窘迫的,他曾写过一首题为"蜗庐"的小诗,记述了那时的生活状况:

>新来海上寄蜗庐,局促真如辕下驹。
>未必长身容鹤立,更堪短鬣效凫趋。
>飘零有剑空长铗,出入无车况八驺。
>差喜尚存容膝地,本来此外复何须。①

生活的窘迫最终导致他患上了胃病。1915年9月5日,吕思勉为了治胃疾而开始废止朝食,其后颇有成效。早年废止朝食,是为了治胃病,而后来终生不朝食,部分也是因为珍惜时间。他曾说:"……吾尝昼夜孜孜,以从事于钞书矣。祁寒盛暑,罔敢或缀,即有小病,亦曾不肯自休也。"②他一生刻苦勤学,专心著述,在学校任教时,住在学校的宿舍里,除了教学以外,从早到晚都在写作,中午就餐,也是一边就餐一边阅读书报。然而,饮食马虎,长期又不进早餐,必然减少营养,中年以后,他忽而多病,恐怕与此有一定的关系。

生活上的困苦尚可克服,而工作上的乏味则无法容忍。他后来回忆说:予本好弄笔,但在书局,所从事者,均系教科书、教授书、参考书之类,颇觉乏味。因此,很想远游,更换一下环境。1918年秋,政府在沈阳设立高等师范学校,吕思勉的内姊夫杨成能介绍他前去教授国文、历史。于是,他辞去了中华书局的职务。然而,沈阳高等师范学校因草创不久,人事关系纷纭不定,远游的计划没有实现。

---

① 《吕思勉先生编年事辑》,第59页。
② 《国体问题学理上之研究》,刊于《吕思勉遗文集(上)》,第309页。

第四章 来往于沪、沈、苏、常

1919年,经谢利恒的介绍,吕思勉进入上海商务印书馆任编辑。

谢利恒是谢钟英之子,谢家世代行医,在武进颇有名气。武进孟河多名医,谢利恒的祖父谢葆初便是其中之一。谢利恒继承祖业,自幼熟诵中国医学典籍,其时,正在商务印书馆筹划编写《中国医学词典》一书,而且又急于成书。于是,就邀请吕思勉入馆一起编纂。

吕思勉的禀赋与学养颇受其母亲及诸舅氏的影响,如他的文学、医学方面修养,与他舅家的熏陶与影响关系最为密切。舅家世业儒医,外祖父程柚谷为常州名医,舅舅程均甫"性孤介绝俗,诗文皆法魏晋,书法北魏,又善画。亦知医,光绪庚寅辛卯间,佐旅顺戎幕,其地无良医,活人尤多",另一位舅舅程少农,"亦工医,宦游所至,治验颇多"[①]。在他们的影响下,吕思勉耳濡目染,从小就阅读了许多医书典籍,对于中国医书的源流派别,主要医籍的内容、价值,都有相当的了解。这时,他为了完成《中国医学词典》(部分)的任务,又一次对中国医书进行了系统的研究,并充分利用涵芬楼(商务印书馆编译所附属的图书馆,后来成为扩大的东方图书馆的善本书藏的一部分)的丰富藏书,广泛地阅读了许多古典医籍,尤其是一些当时十分罕见的典籍,如针灸典籍《黄帝虾蟆经》。这是一部在国内早已失传的医学典籍,只是在日本还有传刻本,然而在1984年中医古籍出版社

---

① 《窖藏与文物》,刊于1940年《宇宙风》乙刊第23期。

影印日本传刻本之前，国内的学者是极少能见到的。又如《神农本草经》，辑本甚多；《政和经史证类备用本草》，版本复杂。他利用涵芬楼藏有的多种版本，比较异同，正本清源，对中国医籍资料系统地条理梳比，加以融会贯通。最后，他花了一个暑假的时间，完成了一部《医籍知津》的书稿。

在吕思勉的遗稿中，还有这部五万余字的手稿《医籍知津》。20世纪30年代，吕思勉曾在上海私立持志大学兼课，文史专家胡道静曾从业问学。1986年，胡道静在看了这部手稿后，对它的评价很高，他说：老师的这本书是以古典医籍为纲来论述祖国医药学的发生、发展和问题争议的全过程，所以，它是一部医籍史纲要，而贯穿在医籍中的，正是医学本身的发生、发展和演变，因而它也是一部中国医学史的缩影。一般的有关中国医籍的著述，都是按照目录学的规范来编撰的，具有文献资料的性质和作用。吕先生是一位史学家，他的这部书是按照历史学的规模撰写的，"尽医学史之能事来写医籍史，就使它跳出医书目录学的范畴而具有医书历史学的性质"。更重要的是他撰写此书，是凭借整个祖国文化形成和发展趋向的高度来观察医学和医籍的历程，因此得到许多特立独行的见解。这种"用广角镜来观测专业史，应当是治专业史者特别是科学技术专业史者所应采取的方法"[①]。

---

① 胡道静：《读吕诚之师〈医籍知津〉》，刊于《蒿庐问学记》，第90、91页。

·第四章 来往于沪、沈、苏、常·

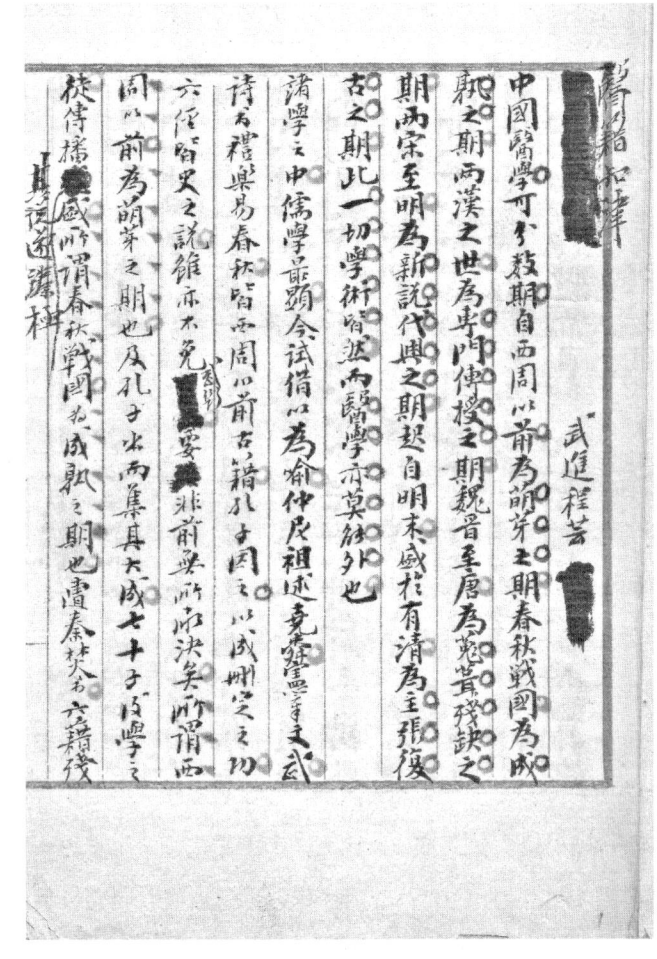

图9 《医籍知津》手稿

沈阳之行

1919年冬,沈阳高等师范学校仍来延聘,吕思勉"仍乐远行",遂于次年1月去沈阳任教。

时正值五四新文化运动开始,社会上除旧布新的改革思潮风起云涌。在沈阳任教期间,他在教学上做了不少改革。那时,他每周任课十小时,其中预科国文五小时,本科一年级文字学二小时、历史三小时。他提倡学生多自习,预科国文的教学,第一至第三周安排两小时讲解范文,第四周以二小时命题作文,其余三小时全由学生自行阅读。

吕思勉要求学生多读新出的杂志书籍,欲读何书,即读何书,如有意思自欲发表,即于此时间内作论文札记,教员不加干涉。他主张学生新旧并读,尤其是要多了解今日的社会、今人的思想。他认为:"文字自'情'的方面言之,宜取法古人;自'知'的方面言之,则后人总较前人为胜。""作文尤必先有思想,学生读古人文字,如隔云雾然,启发其思想之力极微,读今人文字,则思想上受其感动极大。"所以,"生今之世,总不容不了解今人之思想"[①]。他上的国文课,也与他人不同,自编的国文讲义,在每篇选文之后,附有文体、分段、文字研究三项。在吕思勉的讲稿中,还留有一份他在沈阳教书时编写的《国立沈阳高等师范国文史地部国文讲义》,从中可以看到,国文讲义的编

[①] 《吕思勉先生年谱长编(上)》,第227页。

写都融入了他的研究成果。例如,姚姬传《复鲁絜非书》的文字研究是这样写的:

> 桐城门径少嫌狭隘,此派中人功力多有可观,根柢或嫌浅薄,然此篇论文之语则甚精。
>
> 论文者每谓文之美在神理、气味、声色之间,而鄙言文法。论者或疑此等说法,于教授为不宜。全不言文法固非,然若但求定法,而于神理、气味、声色方面不能领会,则其人之学文,必无入处;不但所作之文决无能佳之理,即读他人之文,亦决不能真了解。何者?譬如听人说话,决非但听其话而已,种种说话时之姿态,如声音之高低快慢,容貌之和平激烈等,必能一一领会,然后能知其人之真意思。文字之所谓神理、气味、声色,即说话时此等达意之辅佐条件也。所异者,听人说话时此等条件可兼用耳目等官领略,读文字则全靠以想象之力得之耳。此作文所以较说话为难,亦了解他人文字,所以较了解他人之言语为难也。故"观其文,讽其音,则为文者之性情形状举以殊焉"。实为学文之概要语。①

在沈阳高师任教时,吕思勉还为国文史地部编写了一份《中国历史讲义》,在该讲义的绪论里,他列出了治史的四个要点:

---

① 《吕思勉先生编年事辑》,第83—84页。

一宜有科学的眼光……将可以独立成一专门科学之事实析出，以待专门学者之研究……而史学之研究，即以得他科学之辅助而益精……

二宜考据精详。治史学所最贵者为正确之事实，盖史学既为归纳之学，其根本在于观众事之会通，以求其公例，若所根据之事实先不正确，则其所求得之公例，亦必谬误故也……

三宜兼通经、子。经、史、子、集之分，本至后代始然，在古代则既无所谓集，亦无所谓史，史皆存于经、子之中。而经、子之学极为难治，非详加疏证，则触处荆棘。经、子之学，以清儒为最精，故不通清代之所谓"汉学"者，其所谈之古史，必误谬百出。即如今日东晋晚出之《古文尚书》人孰不知其伪？而各书肆各学校之编讲历史者，尚多据之以为史实，岂不可笑。

四宜参考外国史。中国历史于四裔一门，记载最多疏略，此自闭关时代，势所不免，即如朝鲜、安南……与我往还最密，然史所记二国之事，犹多不可据，其他更无论矣。又有其部族业已入据中国，然其史实仍非求外国史书以资参证，不能明了者……

此外应注意之处尚多，而此四端，则其尤要者，又师范生之习历史，宜时时为教授他人之豫备，此又与寻常学者之治史不同者也。①

---

① 《吕思勉先生编年事辑》，第82—83页。

1920年，他利用国庆假日，与友人同游朝鲜义州，并写了一篇《义州游记》：

> 十月初八日，为旧历八月二十七孔子生日假期，初九、初十、十一三日，为国庆假期，程君伯商、郭君西农相约同游义州，一观朝鲜风俗，并历五龙背、安东、新义州三处，所至并无详细考查，不过游览而已。姑志所见闻，以供同人阅览。

当时，朝鲜还处于日本的统治，吕思勉于所见所闻，触景生情，感怀甚多。在这篇游记里，记录了他在游义州途中所写的诗六章以及同行程伯商的一首新诗，新诗名为《鸭绿江》曰：

> 鸭绿江，鸭绿江，你是分开自由与不自由的江。在你一边的自由，已经被驱逐了，强权当道，压力横施，凄惨情形，不堪言状。在那一边的自由，还算将亡未亡。鸭绿江，你何不卷起很大的风浪，把那强权，一齐扫荡。

吕思勉作旧诗六章，其中有两首是这么写的：

其 五

两山被红叶，车行一径间。
下有细河流，并毂鸣潺潺。

十里见一邑，五里见一村。

妇稚各自得，鸡犬静不喧。

每怀避世意，窃爱山景闲。

所恨渔人多，破此秦桃园。

其 六

不耐悬车后，何人霸此州。

山川销王气，风雨入边愁。

放虎知谁咎，嗷鸿况未休。

殷忧那向好，且上酒家楼。

他感叹地说："予弃诗文几二十年，平时偶有所感，得一二劲句，亦恒不足成一章，良不欲用心于此也。近忽三日而作诗六章，诚近年来罕有之事。"在游记的最后一段，吕思勉深情地写道：

> 朝鲜为东方君子之国，亚洲诸国，濡染中国之文化，无如朝鲜之深者……其尚道义，耻诈谖，贱争攘，无一不与我同。……虽一时见诎于人乎？然有小诎必有大信，天道好还，武力其可终恃哉！朝鲜与吾，感情尤洽……吾有朝鲜之友二人，皆言朝鲜中国，犹一家也。[1]

---

[1] 《义州游记》，刊于《沈阳高师周刊》1920年第20、21号。

散布革新之种子

20世纪20年代的沈阳社会,民生穷蹙,盗贼横行,而且社会风气陈腐不堪。最为吕思勉看不惯的是当地社会上一夫多妻制盛行。1920年,他在常州《月刊》杂志上连续发表了《沈游通信》五篇,谈到当时沈阳的社会情况,他写道:

> 一夫多妻之俗,公然曰大太太、二太太、三太太……女之父母,则曰大亲家、二亲家、三亲家……往来酬酢,不以为奇,此乃真一夫多妻也。妇人不妒忌,有妒忌者,其夫可鞭挞施之,人不以为怪……女子师范毕业生,为二太太、三太太……者颇多,人亦不以为异也……

> 北方家长之权,大于南方,官权大于南方。一言蔽之,专制甚于南方而已。凡生活程度愈低之社会,专制愈甚,愈高则愈平等,文明程度亦然……

> 此间生计穷蹙,月息二分,可以放债于富翁。富翁恃其信用,吸收此等款项,转放于贫民,又可坐致其利,盖以个人为金融机关矣。奉天财政,现实有款一千万元,以后年年可得此数,不以之整理纸币,又不以之活动金融,乃以置之无用之地,存储不动,而人尤称理财者曰好度支郎,固知今世且无一计臣也。地广人稀,行辄数十里无人,比而居者,

不过十余家而已。盗贼横行,官兵固不能治,亦实无从分布保卫。守望相助之策,势亦不能行。然盗匪出劫必归老巢,则亦必奔驰数百里,势有所不可,而往往强入人家,赠以物而借宿焉。不受其物,则为表示与之对敌,不能也。受之,则盗不能获,而捕盗者即指此等人为盗。

他说:

> 吾若居沈阳久,必说女学校中人立一会,女学生有作妾者干涉之。若之何而干涉之乎!曰:告诸检察厅,请其提起公诉是也。①

他在给友人刘脊生的信中写道:

> 此间社会空气顽固太甚,高等师范究为三省最高之学校,弟颇愿散布革新之种子于数十青年之心中,展转流布,必有数人受其影响者。②

他把社会改革的希望寄托在青年学生身上,寄托在学者身上。1922年,他应《沈阳高师周刊》之请,写了一篇《对于本周

---

① 《沈游通信》,刊于常州《月刊》,见《吕思勉先生编年事辑》,第87—88、89、90页。
② 《吕思勉先生年谱长编(上)》,第227页。

刊两年纪念的感想和希望》一文，对社会上流行的认为学问无用、学者无用的流俗进行了批评，他说：现在的中国，我很觉得有研究高深学问的必要，什么事情，都觉得人才缺乏，因而浅见者流，就提倡浅薄的应用主义，反过来却认为学者无用，只能说话，不会办事，我要替学者抱屈的：

天下的事，几曾照学者的意见处置过来？……向使照着学者的意见处置，或者成绩比较的要好些。原来学者所以受人排斥：

（一）由普通人的眼光，都囿于浅近；学者的眼光，总要比较的深远些，对于普通人的措置，就不免不以为然，不免没有好评。从专门知识来的议论，原不是立谈之间，可以了解的。普通人不能了解学者的意思，只觉得他对于普通人的措置，横又以为不是，竖又以为不是，然则如何才是呢？学者的主张，又不是顷刻之间，可以说得清楚的，就以为不切于事实。

（二）凡学者，总是比较的有良心的，因为研究学问的动机，就是处于良心好。天下有许多事情，昧着良心措置，就容易过去；摸着良心措置，就难于过去的。譬如有个土豪欺压无势力的，你帮着土豪欺压无势力的，事情就容易过去。要是帮着无势力的反抗土豪，可就易发难收了。学者往往不肯昧着良心措置事情，而普通人评论处置事情的好坏，大抵只问其了结与否，不问其了结的方法如何？就觉得学者多不能办事。

（三）钻营奔竞，倾轧排挤，这许多事，自然学者所不能做的。因为物莫能两大，学者的工夫，既然用在了正当的方面，在这不正当的方面，自然就不如人家，而且是学者所不肯做的。然而有等人，简直就以对于这种方面的能否，评论人的好坏。这竟是昧着良心的评论，不足说的了，然而学者也就因此而蒙着无用的名称。

可怜！从有史以来，学者就蒙着无用的名称。齐宣王就说孟子是迂阔了，空抱着一腔热血，想研究天下事情改良进步的方法，只因气类太孤，力量太薄，到处受人排斥。所提出的方案，十分中的一二，未见采用。固然学者的意见，未必全是。然而天下事本无绝对的是非，有些研究的办法，总比毫无研究乱撞的行为好些。天下的事情，一任毫无研究的人去乱撞，这未必不是人类社会进步迟缓的一个大原因。我很希望以后的人们，有很深切的觉悟。

对于学者，勿以为迂阔而无用。

对于一切事情，勿以粗心浮气的措置为得当。而尊重学者的意见。[①]

在沈阳任教期间，吕思勉的思想相当活跃，学术活动也丰富多彩，先后撰写过游记、通讯、序跋、学术论文等多篇，范围涉及哲学、宗教、史学、地理、文学、语言、医学等方面。在《沈游通信》《南归杂记》《一个不幸娘们的跋语》等文章中，他反对

[①] 《对于本周刊两周年纪念的感想和希望》，刊于《沈阳高师周刊》，见《吕思勉先生年谱长编》，第276、277页。

迷信，提倡科学，抨击封建家族制度，反对封建势力。为学生做过好几次学术讲演，有《士之阶级》《历史上的军阀》《整理旧籍的方法》《中国古代哲学与道德的关系》《中国医学的变迁》《乙部举要》等。在《士之阶级》中，他认为：欲救中国，首当去军阀，军阀不去，他事皆无可言。又预言，军阀之在中国，并无深根固柢之道，不久必将自仆。然军阀仆后，国民之失望，必将继之而起，此则予今日之所敢断言也。他说，凡"敌"，宜攻其最后者；凡"害"，当观察其里面，而勿徒观察其表面。根本的为中国之患者，是中国的"治者阶级"。对此，他提出了根本的救济法和一时的救济法：根本的救济法，就是非"铲除阶级"不可；一时的救济法，则"法家之言，仍不可不用，且有至大之价值"①。在《沈游通信》中，他也强调：

> 中国今日几无一人以法律为当遵守者，无一人知背公党私之为非者。欲救其弊，必大昌商君韩公子之学，必式民以直躬之徒。②

他还协助编辑刊物，翻译外国的著述，他自谓于外文仅能和文汉读，曾翻译一篇《勿吉考》，系日本学者津田左右吉所撰，译自《满鲜地理历史研究报告》第一册，并加有译者的识语。

---

① 《士之阶级》，刊于《沈阳高师周刊》1920年第18、21、22、23号。
② 《沈游通信》，刊于常州《月刊》，见《吕思勉先生编年事辑》，第88—89页。

这一时期，他写了不少时论性的文章，都是从社会民生出发，倡议社会改革，去除种种弊端。在《救济米荒之一策》一文里，他倡议社会公众多吃杂粮，以杂粮代米，以解米荒之急。他说：

> 凡事当彻底考求，立根本救治之法。不当以眼前浮浅之办法为已足。
>
> 故予之意，今后米之出洋，不徒不当绝对禁止，且当为相对的开放。但南方之民，皆以米为食，米贵太甚，则贫民口实不给，治安且将不保，不可不预筹救济之法。而救济之法，则用各种杂粮以代米，亦其中重要之意也。
>
> 予则谓提倡当具二义。其一，米者，谷之一种，可谓主食品，然非主食品必须米也。此义今日之人，不明者甚多，当广为演说劝导，此其责，当由公共团体，及地方明达人士，合力谋之。其二，现在人民之不能兼食杂粮者，非不欲食杂粮，而不能食杂粮也。盖煮米为饭，人人能之。而制杂粮为食，则非人人所能。且为多数人所不能。故今日最要要意，为有制杂粮为食品之机关。然后以杂粮代米之事，乃能见诸实行。非空言提倡，所能有济也。此事当由医生，精通科学之士，及公团商界，协力图之。

他又从设"制杂粮为食品之机关"而主张社会办公厨，将妇女从繁重的家务中解放出来，以从事社会工作：

家家自制食品，本为不经济之事。以今后经济界之情形论之，即妇女亦需做工。一日三餐之炊爨，原亦为正当之工作。然家家自炊而食，则工作中最不经济之法也。主要食品，赖公共机关之制造，则可腾出妇女炊爨之时间，使作更为有益之工。即谓今日之经济界，妇女虽不能炊爨，亦无他项工作可得，然腾出此项时间，俾得当心保育儿童，于幼童之体育上，亦必有益。今日贫家之儿童，其父母照管之时间实甚少，又以公共机关制造之食品，较之家家自制者，谋卫生上之进步亦较易。此公厨之先声也。又此项制造食品之机关，拟可全用女工，予认为今后社会，凡烹饪、裁缝、理发……轻便之职业，须转移之妇女，则以为妇女辟以劳动之途矣。[1]

这一篇文章，后来刊登于1920年8月8日的《武进商报》上，在该文的结尾处，作者希望"此事若能由吾邑始行之，他邑必有仿效者，则可充主要食品之谷物骤增。农田之面积，可以扩张。灾荒之害，可以减杀，而米禁可为相对的开放矣"。

世风与学风

中年以后，随着生活阅历的增加，吕思勉希望借助法家学说来推进社会改革的愿望也越来越强烈。他认为：

---

[1] 《救济米荒之一策》，刊于1920年8月8日《武进商报》。

中国九流之学，明治国之道者，法家与儒家而已。道家明体而未尝言其用，其余皆施之于一事者也。数千年来，支危局则经法以固强，处平世则崇儒以兴化。虽于儒法二家之学，用之未及十一，然大体固莫能外此；今之坏，在承儒学之极弊，而法家之义滋益晦蒙，是以靡靡不可终日。若有能者用法以修政，崇儒以善俗，庶几百年之计乎？而急则治标，法尤当务之急也。故常攘袂大言，欲治中国，信赏必罚，开功名之路，绝徼幸之门，三言而已。①

他曾以自己家乡的赋税征收为例来说明法家学说在社会政治生活中的实际效用：

吾乡赋税，率由乡民自行议定完纳日期，及期，则交给按田产派充之地保；尽旧历除夕，完纳于官。乡民及期而税不完者，罚之重，数十倍于其所纳之税。地保于旧历除夕破晓以前，不能以税已交官之据，归报其乡人者，罚之重亦如此。乡民无论如何贫苦，地保上下城乡，无论如何困难，无敢稍逭缓者。自吾大父之所睹记，迄于今，几百年矣，常如是也。此法家所谓罚重而必，则可徒设者耶？儒家谓任德可致刑错，徒闻其语；法家之所主张，则吾见其事矣。②

---

① 《吕思勉致金松岑信》，刊于《吕思勉先生编年事辑》，第63页。
② 《考试论》，刊于《光华期刊》1928年第2期。

然而，社会上的种种情形，又使他非常失望。1919年，吕思勉到苏州。友人金松岑来访，出示所拟呈稿两件，言治江南水利及论江南田赋过重。金松岑，字天翮，江苏吴江人，生平于农田水利最为究心，对江南水利尤为熟悉，曾任江苏省议会议员、省水利协会会员。读了金氏的两份稿件，吕思勉感慨万分，金氏所论，"均有关国计民生，且其事与吾乡颇有关系，亦乡人士所宜知也"，遂撮其大要，写成《弩牛通信》一文，刊于常州的报端。在该文的末段，作者批评了当时的选举及社会风气：

一则中国之选举，江河日下，即如前届省会选举，尚有如金君其人者当选，至去年，则并此无有矣。读者诸君试就常州之情形思之，由今日以望前清末造谘议局之选举，其淳朴之风，岂不如末俗之望三代邪！夫卖票者之甘于卖票，徇情者之甘于徇情，放弃者之甘于放弃，不过谓此乃公务利害，于我不切耳。殊不知无论何项政治，其利害皆至切于民。且如前届省会议员，苟皆得如金君其人，即学识不必皆如金君，而良心皆不丧尽，皆能稍重视公务，不至终日营营，终日戚戚，惟其身之私及其私党之知，则江苏治水之计划，可以早立，此次千余万元之损失，可以无有，因此损失而陷于寒饿之人，可以不至于此。然则是一不徇情不卖钱之投票，可以赈救数百万人也，苟能于此等玩法之举动，加以遏止，亦可以赈救数百万人也，其功德校诸灾象既成，然后竭资赈济者何如？且或自己亦在所赈救之中也。然则躬为玩法之举,与夫坐视人之玩法而漠然无动于中者,是操刀以自杀也。

一则感夫近今之人才,于道德方面日以堕落,是以虽有才而不得其用,且如水利,以言乎实施,可以萃从前数十百殚心研究之人,不如今日工程科毕业之学生,以言乎技能,诚进步也。然昔日留心经济之人,往往有己饥己溺之怀,强聒不舍之概,今之人则何有焉。纵有技能,彼其为人,则皆所谓洋气十足者也。夫所谓洋气者,非外国人之风气之谓也,洋行买办之流,俗所谓吃外国饭之人之风气之谓也。此等风气,就其内容剖析之,则惟含有自私自利,自夸技能之两元素耳。善夫,吾友陈君研因之言曰:"人之成事德为上,而才次之。此语看似极迂,然欲成事,多半必得他人之助力,有德者得他人之助力易,有才无德者不徒人莫之助,且必有人故意与之为难,此实自私自利与意气陵人之所感召,非他人之咎也。"今之有一材一技,而瓢落无所容于社会者,请三复斯言,今之有教育之责者,请三复斯言,勿更奉狭义之功利主义为圣典也。[①]

1918年4月,上海《时事新报》刊登了一篇《学风小言》的文章,作者说:"前清光宣之际,学生以革命为学风,其失固多,其益亦不可一概抹杀。荒功课,喜高谈,轻生命,此其弊

[①] 《弩牛通信》,刊于常州报端,见《吕思勉先生编年事辑》,第71—72页。

也。然而有国家之责任，有牺牲之思想，有勇往之气概，又其所长也。降至今日，此种活泼之客气，已一再消耗，遂至零点。所余者，死气耳，暮气耳。今之学生界已遍为惰气所袭。悲哉！"读了这一段文字，吕思勉深有感慨，遂写了一篇《学风变迁之原因》，寄于《时事新报》。他认为：学风的变迁"由来已久，至深且远"，其根本的原因，一是中国的士大夫素来有好名利的习气，二是与儒家学说偏重政治有关。他说：

中国士夫气习，非偏于好名，即偏于好利……好名与好利，其形式虽异，其精神则同，其表面虽异，其内幕则同也……有清一代，本为好利之世，士夫之厉廉隅讲气节者绝少。虽后学问文章名满海内，究其实，则十之九，皆借此作稻粱谋。此等风气，积之既久，其根底之深固，断非一朝一夕，所能挽回。往者兴学之初，学生之好谈政治，特皆年少气盛，激于一时之客气耳。夫激于一时之客气者，则安足与积久已成之风气抗，久之久之，其必为此等已成之风气所同化，无待言也。且向之好谈政治者，其一部分，固为激于意气之徒，其又一部分，则本思藉此以图利，言政治，特其假面具耳……此近二十年来之学风，所以由浮嚣而入于沈寂之原因一也。

又中国之士大夫，向多被服儒术。夫儒家之学说，侧重政治之学说也……此等学说，其为是为非，姑置弗论，而要其结果，足以养成学者对于政治之兴味，使之视政治为社会之最大事业……职是故，言其善果，则足以养成志趣远大之人物，不忧其身，而忧家国天下；语其弊，则亦足以养成虚憍之气，高谈阔论，而实则一无所知。向者之学生，类多读四书五经之人，故其对于政治上之兴味较为浓厚，今则受此等儒术之教育者日以少，此亦学风自浮嚣而趋于沈寂之一原因也。①

吕思勉又说，好名或好利，本无所谓利害问题，其为利为害，全在于人们如何引导它，"好名之人，善用之则足以为治；不善用之，则足以为害，好利之士亦然"。所以，"吾所希望者，上有综核名实之政府，而不容人之龂法以取利，下有综核名实之舆论，而不容人之枉道以求名。使虚憍任气之士，皆渐趋于沈寂焉，此则中国之福也"②。

稍后，他又撰写《三十年来之出版界（一八九四——一九二三）》一文，以自己的亲身经历，回顾了三十年来中国出版界的变化，认为书报杂志对于改变人心思想、动撼社会风气有着巨大的作用。他说：

> 三十年来动撼社会之力，必推杂志为最巨。凡风气将转迤时，必有一两种杂志为之唱率；而是时变动之方向，即惟

---

① 《学风变迁之原因》，刊于1918年《时事新报》，见《吕思勉先生年谱长编》第195—196页。
② 《学风变迁之原因》，《吕思勉先生年谱长编》，第196页。

此一、二种杂志之马前是瞻。[1]

书报杂志的巨大作用,也使他深切地体会到出版界、学术界对于监督社会、指导社会舆论负有相当的责任。因此,他对出版界、学术界的风气演变非常留心,在这篇文章中,他对这三十年前后学界风气做了比较,对当时学界风气每况愈下的状况颇为感叹:

戊戌以前,新书新报初出,执笔者皆一时之俊,诚有救国牖民之热忱。既非以邀名,亦非以牟利;故其言论,能为薄海所信仰。即其时从事日报者,亦多秉公审慎,不敢妄肆雌黄。故热心公益之士,以得报纸之称誉为荣;而束身自好之流,以受报纸之讥弹为辱。庚子以前,盖犹如此。辛丑以后,新机大启,书报日出,然率尔操觚之作转多。或则曲学阿世,不顾是非。或则务伸己说,淆乱黑白。甚有造作谰语,诬蔑异己者。于是报纸始为海内所齿冷,受其誉者不足为荣,为所毁者不足为辱。其监督社会,指导舆论之力,一落千丈矣……则前此非真有学问之士,不敢执笔;后此则弱冠之子,浅学之徒,亦皆伸纸握笔,俨然著论矣……学术之研究。诚以集思广益而愈明,然亦必确有所见,方可出其所怀,以与大众商榷。若事实尚未明了,即以借箸代筹;读书初未终篇,亦欲斐然有作,而亦长篇累牍,登诸报端;或则

---

[1] 《三十年来之出版界(1894—1923)》,刊于《吕思勉遗文集》上,第379页。

旗鼓相当，辩争无已。此则徒耗读者之日力耳。[①]

他告诫说：

> 合三十年来之出版界观之，学问智识，诚觉后胜于前；然道德则似反不逮，信用亦较前为弱，此则著述界中人，所亟宜自警者也。[②]

这些议论，对今天仍有相当的现实意义。

《白话本国史》

随着新文化运动的展开，在史学界里，也掀起了一场推翻旧经学、批判旧史学的斗争，并引出了一些重大史学问题的讨论。

1920年初，在《建设》杂志上展开了一次有关中国古代有无井田制的辩论。当时有好几种观点：胡适提出了否定井田制度的观点，他认为井田制度只是孟子的"托古改制"，是战国时代的乌托邦思想；胡汉民认为这是土地私有权未发生前的公产制度；廖仲恺则认为，井田制是土地由公有转变为私有之后的一种残余

[①] 《三十年来之出版界（1894—1923）》，刊于《吕思勉遗文集》上，第381—382页。
[②] 《三十年来之出版界（1894—1923）》，刊于《吕思勉遗文集》上，第381页。

形态，相当于欧洲中古时期封建之领地内实行的均田受地的方法。这是我国近代以来第一次采用新观点、新方法对古代史展开的辩论。吕思勉也参与了这场辩论。

这一年，他在《建设》杂志上发表了《论货币与井田（给廖仲恺、朱执信的公开信）》，支持廖仲恺的意见，并从方法论上进一步反驳了胡适的观点。他认为：史学研究应注意研究方法的科学性，不能持全盘怀疑的态度，不能全盘怀疑古代的历史记载。有关井田制是否存在的问题，只需要在考核史料的基础上，依照社会历史变迁进化的观点，做出合理的新解释，就符合历史的真实[1]。这一篇公开信，长达七千余字，是吕思勉第一次以史学家的立场参加的学术讨论。

在沈阳期间，他在历年教学讲稿和史学研究的基础上，写成了我国第一部白话本的通史著作：《白话本国史》。20世纪初，在社会上较有影响的历史著作有日人那珂通世的《支那通史》、曾鲲化的《中国历史》、夏曾佑的《中学中国历史教科书》和刘师培的《中国历史教科书》。这几部历史著作，虽然以通史或中国历史命名，但实际上都是未完成的通史。《支那通史》原是为日本读者而写，下限只写到南宋；刘师培的书只写到西周，实在只是上古史；夏曾佑的书写到隋朝，只能说是半部通史。这既难以适合学校教学的要求，也难以满足一般读者的需要。

《白话本国史》是当时最完整的一部通史著作，全书约

---

[1] 《论货币与井田》，刊于《建设》1920年第2卷第6号。

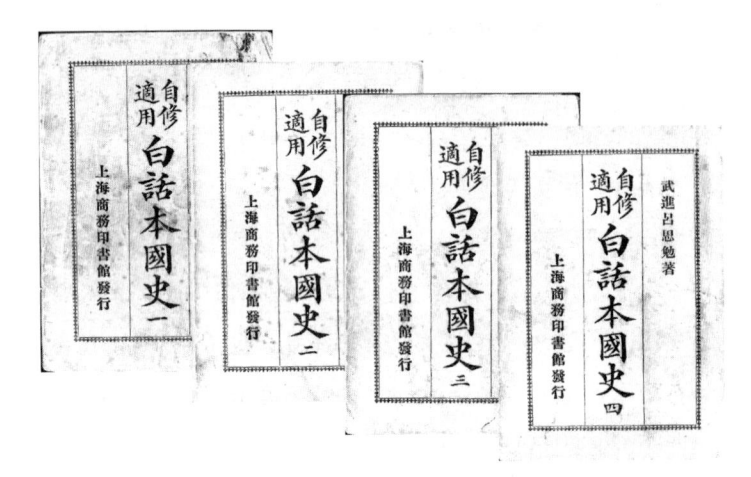

图10　吕思勉著作之一：《自修适用白话本国史》

六十万字，分四册，上起远古时代，下至民国十一年华盛顿会议。1923年9月由商务印书馆初版发行，其后不断再版，仅1933年4月至1935年4月的两年间，《白话本国史》就修订重版四次，是二三十年代发行量最大的一部中国通史。长期以来被用作大学的教本，并作为青年"自修适用"的读物，对当时的史学界有着广泛而深远的影响。

《白话本国史》之所以能成为当时发行量最大、最受读者欢迎的读物，也与该书的内容、体例和写法的新颖有很大的关系。在该书的《序例》里，作者说到了编写这部书的目的和方法：

> 我很想做一部新史钞，把中国历史上重要的事情，钞出来给大家看看，其原因如下：

中国历史是很繁的。要想博览，很不容易。专看其一部分，则知识偏而不全。前人因求简要，钞出的书，亦都偏于一方面。如《通鉴》专记"理乱兴衰"，《通考》专详"典章经制"等。且其去取的眼光，多和现在不同。近来所出的书，简是很简的了。但又有两种毛病：（1）其所谓简，是在全部历史里头，随意摘取几条。并不是真有研究，知道所摘出的事情，都是有关紧要的。（2）措词的时候，随意下笔，不但把自己主观羼入，失掉古代事实的真相；甚至错误到全不可据。

因有这种原因，所以我想做部书，把中国的历史，就个人眼光所及，认认真真的，将他紧要之处摘出来；而有用极谨严的法子，都把原文钞录（有删节而无改易），自己的意见，只注明于后。但是这种书已经不大容易做了。就做成了，也不大容易刻。

这一部书，是我历年在学校里教授所豫备的一点稿子，联缀起来的。虽然和新史钞的体例，相去尚远。然而其中也不无可取之处。给现在的学生看了，或者可以做研究国史的"门径之门径，阶梯之阶梯"。

…………

我这一部书，和以前出版的书，重要的异点如下：

（一）颇有用新方法整理旧国故的精神。其中上古史一篇，似乎以前出版的书，都没有用这种研究法的。此外特别的考据，特别的议论，也还有数十百条。即如中国的各种民族（例如南族，近人所通称为高地族的），似乎自此以前，也没有像我这么分析得清楚的。

（二）读书自然不重在呆记事实，而重在得一种方法。我这部书，除掉出于愚见的考据议论外，所引他人的考据议论，也都足以开示门径；可称是研究史学的人必要的一种常识。

（三）这一部书，卷帙虽然不多；然关于参考的书，我都切实指出（且多指明篇名卷第），若能一一翻检，这部书虽不过三十多万言，而读者不啻得到二三百万言的参考书。且不啻替要想读书的人，亲切指示门径。

（四）现在读史，自然和从前眼光不同；总得在社会进化方面着想。但是随意摘取几条事实（甚且是在不可据的书上摘的），毫无条理系统，再加上些凭虚臆度之词，硬说是社会进化的现象，却实在不敢赞成。我这部书，似乎也没这种毛病。[1]

由于使用了新方法、新观点，这一部中国通史著作确实呈现出一种全新的面貌。作者先在该书的《绪论》里阐述了社会历史进化变迁的观点。他说：宇宙间的一切事物，都是常动不息的，都是变迁不已的，进化又有其因果关系，明白了它的原因，就可以预测它的结果，进而可以谋改良补救。作为历史的社会现象也

---

[1] 《自修适用白话本国史》（序例），上海商务印书馆1923年9月版，第1—2页。

是宇宙现象之一，它的变迁，也脱不了因果关系，因此，历史之学，就是要研究人类社会之沿革，而认识其变迁进化之因果关系者也，这是应该在读史之前预先知道的第一要义。

在这一部书中，作者把中国历史划分为六个时期来叙述，即：

上古史：秦以前

中古：秦汉至唐朝全盛

近古：唐朝安史之乱至南宋

近世：元朝至清朝中期

最近世：西力东渐至清朝灭亡

现代：辛亥革命以后

这样的历史划分，是依据于他对中国历史变迁进化的新理解。他认为，春秋战国是社会经济、阶级关系大变迁的时期，是三代以前和秦汉以后社会变革的一大界限。而秦汉以后直到清朝海禁大开之前，中国社会的经济组织没有根本性的变化，长期处于停滞状态而不能前进，其根本的原因是生产方式和生产的社会组织始终没有根本的变化。这一些观点，被称为是中国古代历史研究中抓住关键的创新见解，对以后的史学界有着深远的影响。[1]

作者还十分强调中国是一个多民族的国家，在各个历史

---

[1] 杨宽：《吕思勉先生的史学研究》，《中国史研究》1982年第3期。

时段，都设有专门的章节，讲"汉族以外诸族"，或王朝与周边少数民族的关系，对于少数民族建立的王朝，也同样称之为"朝"，与汉王朝同等对待，如"宋辽金元四朝的政治与社会"一章，将宋辽金元同列一章，一起叙述，这在当时也具创新性，为以后的中国通史的编写开创了一个新体例。此外，这本书不但在语言文字，而且在编撰体制，如行文注释、参考书目、记年记地的方式上，也作了许多新尝试。历史学家顾颉刚在《当代中国史学》一书中对吕思勉的这部通史的评价极高，他说：

> 编著中国通史的人，最易犯的毛病，是条列史实，缺乏见解，其书无异为变相的《纲鉴辑览》或《纲鉴易知录》之类，极为枯燥，及吕思勉先生出，有鉴于此，乃以丰富的史识与流畅的笔调来写通史，方为通史写作开一个新的纪元。①

这期间，吕思勉还写了好几种历史教科书，有《更新初中本国史》（1924年上海商务印书馆出版）②、《新学制高中本国史教科书》（1924年上海商务印书馆出版）。他一生非常重视历史教育，主张教学与学术研究并重齐进。一方面是教学上的需要促进了他的研究工作；另一方面是研究上的成就推动了他的教学工

---

① 顾颉刚：《当代中国史学》，胜利出版社1947年1月版，第85页。
② 此书见之于《吕思勉先生编年事辑》（第119页），然未找到原书，疑有误。

作。所以，他编写的教科书，都凝结了他的研究成果和教学思想。这些书，现在已经很少有人知道了，有些甚至成了绝版，即使在图书馆里也很难再能找到了，但它们是吕思勉的早期精心之作。①

回苏州教书

1923年，张作霖对中央政府闹独立，派人接管了沈阳高等师范学校，并改为东北大学，教职员中有不少人视为"不顺"而离去，吕思勉也是其中之一。这一年，他辞去了沈阳高等师范学校的教职，回到了常州。

当时，江苏省立的师范学校，有好几所正在试办专修科，招中等师范的毕业生，肄业两年，后再延长半年，毕业后教授中学。省立第一师范学校亦在试办专修科，校长王饮鹤得知吕思勉辞职南归，便邀请他到该校新设立的培养高等师资的专修科任教，教授国文、历史。于是，吕思勉去苏州县立师范学校任教，直到1925年夏专修科学生毕业，前后约三年的时间。

在江苏省立第一师范学校的期间，吕思勉写了许多文史方面的论文，有《辨梁任公阴阳五行说之来历》《群经概论》《文学史选文》《诗论》《拟中等学校熟诵文及选读书目》等。

1923年，梁启超发表《阴阳五行说之来历》一文（《东方杂

---

① 黄永年：《回忆我的老师吕诚之先生》，刊于《蒿庐问学记》，第146页。

志》20卷第10号），认为阴阳五行说起于战国时代燕齐方士，由邹衍首先传播。吕思勉读了以后，认为梁启超的这一论断"颇伤武断"，而其误"在过信经而疑传"。遂写了《辨梁任公阴阳五行说之来历》一文，刊于1923年《东方杂志》第20卷第20号上。吕思勉对梁启超是极为敬重的，目之为思想上的导师。因此，在该文的结尾处，有这样一段令人感动的文字：

> 予年十三，始读梁先生所著之《时务报》。嗣后除《清议报》以当时禁递甚严，未得全读外，梁先生之著述殆无不寓目者。粗知问学，实由梁先生牖之，虽亲炙之师友不逮也。念西儒吾爱吾师，尤爱真理之言。王仲任亦以孔子之论多有可疑，责时人之不知问。敢贡所疑，以求进益。倘梁先生不弃而辱教之，则幸甚矣。至于阴阳五行之说，自愧所见甚浅。欲粗陈之，而其说颇长。今也未暇，请俟异日。①

阴阳五行说来历的辨正，得力于吕思勉对先秦文献的研究，其中尤其是先秦诸子文献的研究。在沈阳高师任教期间，他曾写有《论经学今古文之别》一文，讨论了今文经与古文经的真伪以及史料价值问题。他认为，今文经与古文经"予谓皆可信也，皆不可信也。皆可信者，以托古改制之人，亦必有往昔之事实，以为蓝本，不能凭空臆造；皆不可信者，以其皆为改制之人所托，

---

① 《辨梁任公阴阳五行说之来历》，刊于《东方杂志》第20卷20号。

而非复古代之信史也"。因此,他认为:

> (一)欲考见孔子学说之真相者,当以今文家言为主;欲考见王莽、刘歆之政见者,当以古文经为主。
>
> (二)欲考见古代之事实者,则今古文价值相等。其中皆有古代之事实,皆有改制者之理想。吾辈紧要之手段,则当判明其"孰为事实,孰为理想"而已。但虽如此说,毕竟今文之价值,较大于古文。其中有两层理由:一则人之思想,为时代所限,此无可如何之事,孔子与刘歆、王莽虽同为改制托古之人,然孔子早于刘歆、王莽数百年,其思想与古代较接近;由之以推求古代之真事实较容易。二则造假话骗人之事,愈至后世而愈难,故王莽、刘歆后于孔子数百年,而其所造作之言,反较孔子为荒怪,谶纬之书是也(因骗人难,故不得不索性出于荒怪,使人易于眩惑)。此等怪说,其中虽亦含有几分神话,为治古史者最可宝贵的材料,然出于有意造作者多,大抵足以迷惑古代事实之真相。①

1923年,吕思勉为师范专修科的学生开设《群经概要》一课,系统而简明地向学生介绍了经学的研究历史,其中融入了许多他独具的研究心得。现今,在吕思勉的文稿中,还有一份由吕思勉讲,学生汤焕文笔记的《群经概要》油印稿。其时,吕思勉

---

① 《答程鹭于书》,刊于《沈阳高师周刊》1921年5月第38号。

还撰写了一篇《读诸子之法》,可惜原稿已经散佚,其内容只能在以后写成的《经子解题》和《先秦学术概论》中略知大概。

《论诗》是吕思勉早年的一篇讨论诗体演变及其规律的论文,有很多独到的见解,如言古诗与乐府之别,在其内容而不在其形式,大抵古诗和平而乐府激壮,乐府设想贵奇而古诗贵平正,古诗只能抒情而乐府则长叙事;又乐府之词较古诗为质,似可解不可解处亦较多,因其去谣辞更近皆是。他对我国诗体的演变作了这样的概说:

> 诗与乐相连带,故恒随乐为变迁。论诗之起源,本先有人口中之谣,乃因其音节以作乐。然乐之既成,则因其本与诗相依倚,故乐律音节之改变,自以足致诗体之改变,诗固乐曲之歌词也。然人类歌唱之音节,非有新分子自外加入,恒只能渐变而不能骤变。故吾国历代,每当诗体改变之际,必为乐律改变之时,而音乐改变之时,又必承外国乐输入之后,殆千载如一辙也。①

《论诗》一文的原稿已失,家中留存的油印本也残缺不全。20世纪80年代初,吕思勉的学生陈祖源②将他珍藏的苏州第一师

---

① 《论诗》,原为《中国文学史选文》的"韵文"部分,刊于《吕思勉遗文集(上)》,第700—701页。
② 陈祖源,字其可,早年留学法国,曾在武汉大学任教。20世纪50年代初,由吕思勉介绍进入华东师范大学历史系任教。1988年在苏州去世。

范学校的油印本讲稿交给吕翼仁,《论诗》一文才得以补全,现已收入《吕思勉遗文集(上册)》。

文字学研究与著述

在苏州第一师范学校任教的几年,吕思勉除了教授多种文史课程以外,还开设了一门小学——文字学。课余,他将自己历年积累的有关文字学的若干讲义,作了进一步的系统整理、研究,初步写成了《中国文字变迁考》《字例略说》《章句论》和《〈说文解字〉文考》。

吕思勉的文字学研究,始于十七岁时,作者在《〈说文解字〉文考》的"序言"中回忆了早年跟随丁桂徵学习小学的经过:

> 年十七,始识同邑丁桂徵(讳绍),先生之妻,予母之从姊也。……予以文字请益,先生始诏以近世浅薄之文不足效,欲求学问,必多读书,欲读古书必先识字,勖以精研训诂,植为学之基。予既受教,乃取《段注〈说文〉》读之一过。自是三四年间,于小学之书,稍稍浏览。二十以后,好谭经世之学,考求历代典章制度,自度终不能为纯儒,于经小学又搁置之矣。方予读小学书时,信南海康氏新学伪经之说方笃,于许书辄喜加以攻击。观其所谓独体字者,实多合二三名而成;又其字多经转变,非复依类象形之旧也,则摘

而出之，以为许书所谓古文者不足信之徵。此外致疑许书及汉代古学，暨他有所见，随手记录者，积之久亦盈箧。既废斯业，久置不省。①

直到1923年秋，吕思勉将历年的"旧稿复阅之，其浅陋可笑武断不足据者，盖十五六；而可采者十三四，乃就今日所见，加以补正"。1925年8月至1926年7月，吕思勉在上海沪江大学任教，讲授中国文字学，遂将这四部文字学方面的研究手稿写成专著。其中，《中国文字变迁考》《字例略说》《章句论》三部，分别于1926、1927年由上海商务印书馆编入《国学小丛书》出版单行本。书出版后，吕思勉曾对《中国文字变迁考》和《字例略说》作过较大的修订增补。《〈说文解字〉文考》因印刷上的困难，一直未能刊印，1983年夏，上海教育出版社编辑庄葳建议用影印的方式出版，由吕翼仁花了数月时间，以墨水笔将父亲的遗稿全文抄写誊清，用以影印制版。1985年6月，上海教育出版社将这四种修订增补后的专著汇编成《文字学四种》刊印出版。

《中国文字变迁考》论述了中国文字变迁之理，文字的创造，以及古文籀篆、隶书、正书、行草等字体的发生和演变的经过，并提出了很多看法。作者认为：文字变迁的途径有音、义、形三个方面，研究"文字变迁之理，必合形、音、义三者观之。一字也，博考其古今构造之不同，音、义之各异；以及旧字之

---

① 《〈说文解字〉文考》，刊于《文字学四种》，上海教育出版社1985年6月版，第239—240页。

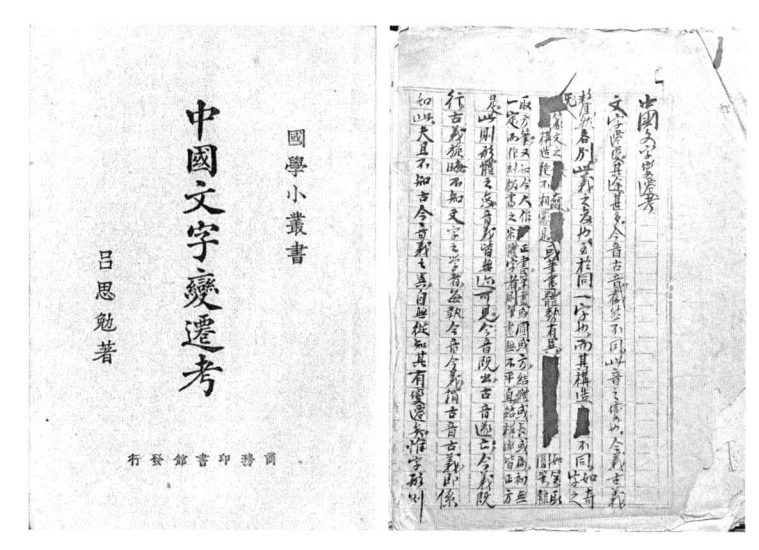

图11 《中国文字变迁考》书影与手稿

废、新字之增者；及因笔画形状之不同，积久而成为两体者，乃得谓之该备"。由于"音义皆无迹可见"，研究者遂专论形体，实"未足尽文字变迁之理也"，而且还产生了种种"附会谬误之说"。

《中国文字变迁考》着重于文字的"史"的阐述，《字例略说》则侧重于"条例"的分析。文字条例，即所谓六书，分象形、指事、会意、形声、转注、假借、引申。吕思勉认为，旧书"论六书之说，为汉代研究文字之学者所创。字例实当别立。六书中惟象形为文，指事为字"。作者自谓"及整理旧说，辅以新得材料，论文字之增减变迁，自问亦足观览"。

《〈说文解字〉文考》考释《说文解字》中的一些文字，通过文字"象形之迹"的考索，阐述文字的源流。

《章句论》论述的是古书的句法符号和篇章编次。作者在《序》中写道：

> 少时读书，不知有所谓章句也。遇有疑义，则求之诂训而已。昔人论诂训，多仅及一字及一成语，或则间及句法，及于篇章者盖罕。然予窃疑古书编次之错乱，行款之混淆，有非加以是正，则其义不明者。遇古书此等处，后人妄为之说；世俗论文之家，反谓古人有意为之，可见其文字之妙；心窃非之，而未敢发也。中岁以后，用力稍深，益觉向说之不可易。并觉如画段点句等，后世所用符号，古代实皆有之，后乃亡失。颇思专作一书，以明其说。惜乎迫于人事，读书已不能如少日之专精。不能偏读古书，一一搜集证据，亦遂搁置之矣。近七八岁来，世之言新符号者日益众。其法多取诸西籍，实亦未能尽善；浅者顾嚣然以是为吾国人所不知，心窃悼之。[1]

作者认为，通常所说的古人所谓"章句"，即类似后世的传注，这实际上还不是"章句"一词的本意，"章句二字之本义，盖即今之画段点句。引而申之，则凡今所谓符号者，亦皆谓之章句，盖以偏名为全名"。只是中国旧有的符号，多经抄写、印刷时逐渐遗失，结果使古书意义隐晦不明。对于现行的标点符号，

---

[1]《文字学四种》，第3页。

作者也一一作了评析，尤其推崇旧式双行夹注之法，他说：

> 夹注之法：近人于两端加一直，或加括弧。或于有注之处，加注一注二等字，而注则并写于后。实不如旧式双行书写，即写在加注之处为得。以两直及括弧易夺；双行与大字难伪。夹注及正文相随，读书不劳翻检；另书于后者则不然。若欲先读正文，后读注语，双行大字，眉目亦极清晰；括弧两直及旁注小字，均较难寻觅也。[①]

对于这方面的研究，吕思勉颇为自信，他说"前人虽略引端倪，从未畅论。拙作出版后，亦未见有续论者；至少值得一览也"[②]。晚年，他又着手《章句论》的修订增补，已搜集摘录了一大包材料，可惜未能完成。

"三燕渠"与熟诵法

1911年，吕思勉的家庭遭受了一次重大的不幸。吕思勉夫妇婚后六年间，曾连得两个儿子，一子叫阿健，生于1908年；一子叫阿强，生于1910年。1911年，两个都因打预防针不当而夭亡。打针前，两个孩子还在院子里嬉戏，十分活泼，一针打下去以

---

① 《文字学四种》，第51—52页。
② 《"三反"及思想改造学习总结》，刊于《吕思勉遗文集（上）》，第450页。

后，顷刻就气绝了。当时，常州城里只有一个西医。这次事故，究竟是由于打针手术的失误，还是因为针药过期变质，始终搞不明白。一天里连失两子，给吕思勉夫妇的打击之大，是常人难以想象的，妻子虞菱大病一场。在吕思勉的遗诗中，有一首《归装》，就写那时的情景：

> 收拾归装去，无衣但有书。
> 几年违社燕，半世困蟫鱼。
> 竹马尘生日，奔牛酿熟初。
> 相怜椎髻妇，病发不盈梳。
> （是年余连失二子，妇亦大病）[①]

好在到1914年（甲寅三月初一），女儿吕翼仁诞生；1915年（乙卯九月二十三日），儿子吕正民诞生，姐弟俩的诞生又给吕家带来了新的欢乐。

吕家故居的房屋共有四进，进与进之间都有小园或天井，里面种了些花草，还有一口又清又深的水井。于是，园子和天井便成姐弟俩游戏的好地方。小时候，姐弟俩喜欢养鱼，起先把鱼养在书桌的抽屉里，这当然不是个好办法，每每养不到第二天鱼便死了。几次失败以后，姐弟俩便想出了一个新办法，即在天井的水井边开沟养鱼，他们叫来了一个与他们年龄差不多的二宝——

---

① 《吕思勉先生编年事辑》，第46页。

家中帮佣的小女儿一起，踏勘地方，开沟养鱼。吕翼仁在《回忆我的童年》中写道：

> 我家的井是口好井，又清又深，倒在井边的水也不会回到井里去，所以淘米缸、捣衣石都放在井边，淘过米，洗过衣服的水也就倒在近旁，日积月累成了一块不到一公尺见方的洼地。我们决定沟从洼地开始，一直通到淡竹丛里，大约两丈多长。一经决定，就立即动手，那一块地方，因为平日人们走不到，所以特别芜秽，乱草从没有人去拔，而且石子泥块特别多。所以我们三个拔草的拔草，捡泥块石块的捡泥块石块。我们放学以后，只到上房去兜一圈，和大人打个照面，立即到园里劳动。二宝自然也不落后，见我们一走，一溜烟地跟出来了。完工那天，我们劳动得特别晚。母亲找我们吃点心，一个也找不到，她说："这三个燕坯（编者按："燕"，常州方言，意思略同顽皮淘气），不知在胡闹些什么，还不回来。"父亲就到园里来看看，只见我们衣上脸上手上全是泥浆，二宝满脸通红，我们满头大汗。父亲说："快回去，母亲在等你们哩！"我说："我们已经完工了，请你给这条沟起个名字吧！"父亲笑了笑说："叫它三燕渠吧！"我拉着他不依，说："你为什么说我们'燕'？"父亲又笑笑说："燕有什么不好？你们不是刚读过吗？'子之燕居'……"

三个人花了近二十天，挖了一条三燕渠，但渠里从来

图12 吕思勉与家人合影。右起：吕思勉、子吕正民、妻虞菱、外甥女巢心北、女儿吕翼仁（1929年摄于常州）

不能积水，不论多少水下去，都给底部和两壁的泥土吸干，养鱼自然更不用谈了……三燕渠不多时就被泥土石子填没，谁也没有胃口再去开了，但是那个地方（不是沟）却得了美名，不但三个"燕坯"称它三燕渠，连父亲也称它三燕渠了。一次他说："今天我到园里走走，在三燕渠看到一只野猫。"这时母亲便会取笑他："你和他们三燕，三燕，我看要成四燕了。"①

吕家的生活重新又充满着和谐的气氛，夫妇俩相敬如宾，对

---

① 吕翼仁:《回忆我的童年》，刊于《吕思勉先生年谱长编（下）》，第1174页。

子女也总是正面诱导，从不斥责。吕翼仁的绘画、书法都颇有天赋，幼年时，她用墨笔在蚊帐上乱涂乱抹，吕思勉知道后，也不加斥责，只是耐心教育，引导她学习书法和绘画。吕翼仁在没进私塾前，先由母亲和四姑吕瑞之教她识字，她后来回忆说：

> 我没有进私塾之前，是母亲和瑞之四姑教我识方字的。我现在还记得母亲在我们书桌上挂一块小石板，上面用粉笔写一个"羞"字。第二天我们哪个认不得前一天教的方字，就得对着石板默坐。奇怪，这方法居然很有效，我和弟弟从来没有受罚过。方字排成一行，用一根木戒尺压着，始而顺着次序读过若干遍以后，就更换方字排列的次序，看我们能不能认得。字数不多，大约八个或十个。识得若干方块字以后，就教我们读当时的小学教科书，直到我八岁那年和弟弟进私塾。①

大约1920年前后，吕思勉夫妇商量，请一位先生到家里来教吕翼仁和吕正民读书。姐弟俩听到父母的商量，总是要求他们慢一点请先生。吕思勉诧异地问：我小时候听到请先生就高兴，为什么你们这样怕读书？其实，姐弟俩怕的不是读书，而是陌生的先生。不久，请来了一位叫袁其乐的先生来做姐弟俩的私塾教师：

---

① 吕翼仁：《回忆我的童年》，刊于《吕思勉先生年谱长编（下）》，第1168—1169页。

我的第一个私塾先生姓袁名其乐,是我舅舅介绍的。条件是供膳宿,每月八元修敬,后来加成十元。老师来的第一天,礼节十分隆重。父亲到馆子里去叫了一席菜,请厨子到家里来下锅。另外还有四位陪先生的,一个是舅舅,一个可能是我表舅,其余两个是我父亲和叔父。下边设了炉台。所谓炉台,就是香炉和烛台。这是宴请贵客的礼节,我小时候常州还十分通行。如请先生,请媒人,男方及其亲属宴请新娘,女方及其亲属宴请新婿等,都要用炉台。在这样隆重的筵席上,特客南面而坐,四名陪宾左右相陪,下边不坐人,就放上香炉和烛台,而且当真焚香点烛,在这种场合,特客要向主人道谢,要求撤去炉台,然后才肯入席。舅舅结婚不久,我家宴请舅母,也用炉台,当时舅母的"陪房阿姨",就把带来的红呢毡毯铺在地上,舅母要行大礼相谢,给我们拦住了,我们也撤去炉台,大家入席。可是袁先生是乡下人,他所以要住在我家,就是因为离家远。他不懂这个规矩,他就在摆着炉台的桌上坐下,先生一就坐,佣人就在地上放下红毡毯,我和弟弟就跪下对他叩了头,然后站起来,侍立在旁边。先生吃了些酒菜,指指炉台,对父亲说:"把这些东西拿开,让孩子坐下吧!"父亲当然遵命,于是下边设了两个座位,让我姐弟俩就坐。[1]

---

[1] 吕翼仁:《回忆我的童年》,刊于《吕思勉先生年谱长编(下)》,第1169页。

第四章　来往于沪、沈、苏、常

那时，吕思勉正在外地上课，假期回来省亲，很关心子女的教育。一次，他看到姐弟俩在家学画地图，画的不是中国的分省地图，而是常州三十六市乡图，他便向袁先生提出改画中国分省地图。他还教儿女们读书，只是不要求他们背书，而采用一种熟诵的方法。女儿在回忆早年父亲教她读书时说：

> 《论语》、《孟子》是老师教的，《中庸》、《大学》和部分《礼记》是父亲暑假中教我的。父亲除寒暑假外都不在常州。寒假太短，加上他白天晚上都要工作，根本没有时间教我们，暑假长一点，而且天气热，在工作间歇的时候，就教我们读《大学》、《中庸》。他教书不要通背，甚至不要背书。每天教的新课，他要我们读五十遍，再将昨天教的课文读三十遍，前天教的读二十遍。这样，每天都读一百遍书，而且每天教的课文，也都能读到一百遍，只是分三天读罢了。事实上，几十行课文，读到一百遍，决没有背不出来的，而且分作三天读，就更便于记忆而不会遗忘。[①]

对于有些篇目，如《礼记·文王世子》等，吕思勉只要求他们读得"上口"，只要能读顺，就可以"派司"了。他也教他们读古文、读诗，要求吟诵，目的是让他们在吟诵中懂得平仄声。选的读本是《乐毅报燕惠王书》《太史公报任少卿书》和白居易

[①] 吕翼仁：《回忆我的童年》，刊于《吕思勉先生年谱长编（下）》，第1171页。

的乐府、《长恨歌》、《琵琶行》等。教的时候,总是由他先读一句,学生跟读一句,然后学生和他一同读。但即使同读,学生读错平仄时,他仍能听出了,纠正他们。吟诵讲究音调,而且要求读四书用一种调子,读古文用另一种调子,吕翼仁回忆说:

> 父亲选择课文的标准,我当时并不理解,我当时体会到的,就是父亲不论吟诗读书,音调都很美。……读四书是一种调子,读古文又是一种调子……父亲吟诗、读书音调所以能美,据我看,一半由于读音准,一半由于能充分体会诗文中的感情。所以调子高低疾徐,轻重缓急,听上去没有一点做作而能激动人心。我每次听他读"君子交绝,不出恶声。忠臣去国,不洁其名"这两句时,总是感到非常激动。
> …………
> 父亲还特地给我们作了书签,每张书签上写两句五言诗,夹在书里,每读一遍,就抽出一个字,读满十遍,就把另一张十位数的书签抽出一个字。这样读书,实在一点也不苦。[①]

对于这种熟诵的方法,吕思勉是很自信的。他后来在指导青年学生学习国文时,总是向他们介绍这种熟诵学习法,他对学生说:

[①] 吕翼仁:《回忆我的童年》,刊于《吕思勉先生年谱长编(下)》,第1172、1171页。

予幼时诵四子书时，日授十行，行十七字，每一分钟而诵一遍，以一小时计之，则可诵万又二百字矣。朗诵较阅读为迟。吾诵四子书时，其程度尚不及今日之中等学校生徒，而生徒读书渐多，其阅读亦必渐速。今即皆弗论，即以予诵四子书所需时间为标准计之，每小时至少亦可读万字，年以三百日计，即可得三百万言，四年可得千二百万言。所熟诵者既得五万言以外，所涉猎者，至少又得千二百万言，如是而谓中等学校卒业之生徒，其国文尚不能通顺，吾不信也。[①]

[①] 《拟中等学校熟诵文及选读书目》，刊于《吕思勉遗文集（上）》，第726—744页。

第五章　初入光华

任教光华大学

1925年，上海发生了"五卅"惨案，圣约翰大学暨附属中学爱国师生为悼念被害的工人，举行罢课，并在校内下半旗示哀。美籍校长卜舫济从中阻挠，又毁我国旗，激起师生义愤。师生五百七十余人愤而离校，筹谋自办学校，得到社会各界人士的同情和支持。王省三捐出沪西大西路地皮九十余亩，张寿镛、朱经农等积极筹划，成立了私立光华大学。

当时，吕思勉正在沪江大学执教，沪江的风气远胜于从前的东吴大学，但在教会学校中，"总觉气味不甚相投"。常州府中学堂的同事童伯章，时任光华大学国文系主任，再三请吕思勉去光华大学。他看到"光华大学初办时，气象甚佳，确有反对帝国主义之意"。于是便决定在沪江任职期满后，赴光华大学任教[①]。

当沪江任期将满时，南京东南大学也来延请。东南大学是当

---

① 《"三反"及思想改造学习总结》，刊于《吕思勉遗文集（上）》，第438页。

时全国仅有的两所国立大学之一（另一所为北京大学），有"东南最高学府"之称。当时也积极延揽国内外著名的学者来校任教讲学。如美国的杜威、孟禄，德国的杜里舒以及国内的著名学者胡适、梁启超、张君劢、张东荪等。1926年5月，东南大学校长蒋竹庄写信给吕思勉，恳请他去东南大学任教，信中写道：

> 诚之先生台鉴：前奉惠书，词意恳挚，读之令人钦佩。足下之信义，弟亦何敢再强，惟敝校情形确有非借重不可者，缘此间历史系教授缺人为各系最，环顾国中能真胜历史教授者又至寥寥。故敝校此系之不得人等于虚设，学生向来纯良，虽对教员不满意，亦不反对，祗依理要求校中改聘，敝校对之亦十分抱歉。至对于先生，不但弟之夙昔主张，即学生亦一致景仰，有非先生来不可之势。况且东南学府当推东大，吾辈为文化前途计，似亦应同负是责。惠然肯来，以振此坠绪。若以伯章兄之要约为嫌，则伯章亦系至好，当能谅解。兹特附上一缄，祈求转交，总之，此番请求，先生如不允，弟当亲自登门叩求，为校求贤与为国求贤无异。至于主任一职可勿勉强，即专任教授亦可。①

蒋信词意恳切，但吕思勉未为所动，一是因为他与童伯章有约在先而不肯失信，二是由于他总不愿去公立学校任教（关于这

---

① 《吕思勉先生编年事辑》，第126页。

一点，详见本书"人何以为人　曰人相偶耳"一节），便复信婉言谢之，遂于1926年9月进入光华大学国文系任教，从此他与光华大学终身厮守，直到1951年全国高等学校院系调整，光华并入华东师范大学，又转入华东师范大学任教。

光华大学初创之时，没有历史系，吕思勉即在国文系任教，所教的也多是历史学的课程。不久学校设立历史系，他任系主任，主持系里的教学工作。他曾拟定一份历史系课程教学计划书，在计划书的首段，阐述了课程设置的宗旨：

> 吾国史学夙称发达，惟现今学问观点不同，一切旧籍均应用新方法整理，而非略知旧时史学门径，则整理之工作，亦无从施。至于通知外国史事大概，明了现今世变之所由来，进而精研西籍，更求深造，亦今日学者所应有事也。本系之设，虽未敢侈言高深，要必先立平实之基，为进求高深之渐，求精确而勿流于琐碎，务创获而勿涉奇邪，凡我同学宜共勉焉。

计划书列出历史系的课程共分七类：（一）通史：中国通史、东洋通史、西洋通史等。（二）文化史：中国文化史、世界文化史等。（三）断代史：中国上古史（周以前）、中国中古史（秦至唐中叶以前）、中国近古史（唐中叶至明）、中国近世史（自西力东渐至清末）、中国现代史（自清末改革至现在）、西洋上古史（罗马以前）、西洋中古史（罗马之亡及日尔曼人兴起)、西洋近古史(文艺复兴时代)、西洋近世史(自法国革命至帝国主义完成)、西洋现代史(欧战以后)等。(四)国别史:朝鲜史、日本史、后印度半岛及南洋诸国史、印度史、西域史、东西交通史、希腊史、罗马史、俄罗斯史、法兰西史、德意志史、意大利史、英吉利史、近东史、远东史、美利坚史、拉丁美洲史等。(五)专史:中国民族史、中国政体史、中国官制史、中国教育史、中国选举制度史、中国法律史、中国兵制史、中国财政史、中国赋税制度史、中国币制史、中国外交史、中国政治思想史、中国族制史、中国人口问题史、中国阶级制度史、中国风俗史、中国农业史、中国工业史、中国商业史、中国衣食住史、中国交通通信史、中国经济制度史、中国经济思想史、先秦学术史、两汉学术史、魏晋学术史、中国佛学史、理学史、考证学史、经学史、中国文学史、中国美术史、中国物质科学史、中国医学史、中国宗教史、世界民族史、文艺复兴史、宗教改革史、西洋经济发展史、西洋政治思想史、西洋经济思想史、西洋哲学史、近世欧洲政治史、西洋科学发达史、近世欧洲思想史、法国革命史、欧人殖民史、欧洲产业革命史、近世欧洲政治史、近世欧洲外交史、美利坚外交史等。(六)史学理论与史学史:史学通论、历史研究法、历史哲学、中国史学史、西洋史学史、中国史部目录学、西洋史部目录学、考古学、年代学、历史地理等。(七)史籍研究(就中西史部专书加以研究,其书目临时定之)。该计划书规定,上述课目中的中国通史、东洋通史、西洋通史、中国文化史、世界文化史、中国近世史、中国现代史、历史研究法为本系必修科目，其余科目，临时酌开。①

对于历史课程的设置，吕思勉一直抱有一种独特的看法。他认为，历史的教授和学习，不在于死记硬背一些史事，也不在于记住史事的多少，他说：

> 史学是说明社会之所以然的，即说明现在的社会，为什么成为这个样子。对于现在社会的成因，既然明白，据以猜测未来，自然可有几分用处了。社会的方面很多，从事于观察的，便是各种社会科学。前人的记载，只是一大堆材料。我们必先知观察之法，然后对于其事，乃觉有意义，所以各种社会科学，实在是史学的根基，而尤其社会学。因为社会是整个的，所以分为各种社会科学，不过因一人的能力有限，分从各方面观察，并非其事各不相干，所以不可不有一个综合的观察。综合的观察，就是社会学了。②

因此，他认为："中学以下的讲授历史，并无多大用处。历史的可贵，并不在于其记得许多事实，而在其能据此事实，以说明社会进化的真相。根据于事实，以说明社会进化的真相，非中学生所能；若其结论系由教师授与，则与不授历史何异？所以我颇主张中等学校以下的历史，改授社会学，而以历史为其注脚，

---

① 《吕思勉先生年谱长编（上）》，第368—369页。
② 《从我学习历史的经过说到现在的学习方法——社会科学是史学的根基》。

到大学以上，再行讲授历史。"[1] 至于大学里的历史教学，虽不敢一定说是以历史事实为社会学的注脚，然历史教授，必须以社会学所说的社会进化作骨干，给学生一个清楚的社会进化观念。所以，最好是史学与社会学相辅而行，否则一部十七史，从何说起？至于社会学，当指定为文法理工农商各学院的共同必修科。[2]

在光华大学，吕思勉先后开设的课程有：中国文化史、中国社会史、文字学、中国政治思想史、中国历史研究法、孔子大同释义、史通选读、文史通义研究、《史记》研究、《汉书》研究等。吕思勉的学生、古典文学专家叶百丰在《忆诚之先生》一文中，回忆到他早年在光华大学听老师讲课的情景：

> 先生讲课也颇具特色，有一种别人甚难做到的风格，他所讲授的课程，几乎都写成讲义，印发给学生，而自己上堂讲授时，却从来不照讲义讲解，而是按照自己最新的见解讲授。每到上课时，就从口袋里掏出一节粉笔，用浅近明白的文言文在黑板上写一二段提纲，字迹端正而有骨力，然后徐徐而谈，时有鸿论创见，为同学所敬佩。先生引证《尚书》《左传》《礼记》等书的时候，几乎都是脱口而出，他不仅对经文这样熟悉，他讲史籍研究法的时候，一学期讲《史

---

[1] 《从我学习历史的经过说到现在的学习方法——社会科学是史学的根基》。
[2] 《为什么成人的指导不为青年所接受》，刊于《青年》1940年第8期。

记》，一学期讲《汉书》，对班马二史不仅是熟悉，还不时提出个人独到的见解，这些见解都是在《史记》三家注、《汉书》颜师古注、王先谦补注上所见不到的。开讲文化史课程时，讲到历代文化的演变和发展，上下古今，每引用到某种史书的志书时，也是同样的熟悉，先生读书的功力，真是不可及。①

吕思勉的备课是极其认真的，对于所授课程的内容，都作过深入的研究，写下详细的讲稿。他的大多数历史著作，都是在历年讲稿的基础上编撰而成的。而对于自己没有研究或研究不充分的课目，他不肯轻易开设，更不肯滥竽充数，敷衍塞责。光华大学国文系设有文字学课程，原来是由系主任童伯章主讲，1931年童氏去世以后，继任系主任钱子泉（基博）就请吕思勉来主讲。当时，在中国文字学方面，吕思勉已有相当的研究，他的三本专著也都写成并刊印出版（即《中国文字变迁考》《章句论》《字例略说》），但他认为，就开设理想的文字学课程而言，这些研究还不够。为此，他向学校提议，延请一位这方面的专家来开设文字学课。因为，理想的文字学课应包括（一）文字形声、（二）声音、（三）训诂、（四）古书义例大略以及校勘方法等内容，并兼顾事实和理论，才算完备。他在给文学院长蒋竹庄的信中说："晚于音韵非所知，年年开班略授文字变迁、六书义例及训诂大

---

① 叶百丰：《忆诚之先生》，刊于《蒿庐问学记》，第180—181页。

图13 1936年,光华大学学生课外学术研究组织中国语文学会师生合影。前排右四:吕思勉;右五:张寿镛;右六:蒋竹庄;右七:钱基博(摄于1936年代上海大西路光华大学内)

略而已,以(一)说文段注或王菉友句读,(二)拙撰《中国文字变迁考》,(三)《字例略说》为课本。""现在如能得一小学专家任课最好,晚愿将所任文字学让出,另开他科,如一时找不到人,晚可暂仍旧贯敷衍,以便徐图。"①

他不仅课讲得好,考试命题也别具一格。他批评当时流行的考试题目,太注重记忆,而忽视分析说理:

---

① 《吕思勉先生年谱长编(上)》,第539—540页。

今日各种试题，大之文官考试，小之学校毕业，多偏责其记忆，甚者非熟诵其文，即不能对。此唐人试帖经墨义之法。焚香看进士，嗔目待明经，昔日早讥其无所取材矣。故试题宜以理为主。然理亦不能离事而明，今日所试科目，视昔为繁，一一记忆大要，以属不易。常见中学生徒，预备毕业试验者矣，举数年之所学，而悉温习之于一时，几于废寝忘食，究其所得，数学背诵公式，历史、地理强记人名地名而已。于学识乎何益？况强记之，亦未有不历时而忘者也。[1]

基于这样的认识，他拟定的考题，大都偏重于说理分析，而不要求学生死记硬背。如他拟的中国社会史试题：

1. 问或谓我国古代人口较后世为得实，其说如何。
2. 问历代户口，迄无近实之数，其最大的原因何在？
3. 闻近代调查户口，初由编审，继凭保甲。或谓编审初非调查户口之政，保甲亦非调查户口之司，真正之户口调查，我国久无其事，其说然欤？

中国政治思想史试题：

---

[1] 《宦学篇》，刊于《中国青年》1938年第1卷第6期。

1. 法家之学，细别之又有法、术两派，在今日，二者之用，孰为尤切。

2. 或云秦人之失，乃由将一切异己之论皆视为朋党，而忘却民间有真正之舆论应当采取，其说如何？

3. 翼奉谓汉都长安，其制度已趋奢侈，不足以为治，因欲迁都洛阳，果如其说，则今日之首都舍弃南京等旧都会，而别图营建，甚至各省省会等亦皆如此，遂足以整饬政界之风纪，而增加其效率欤？试以意言之。

4. 桑弘羊论。

中国通史（丙组）试题：

1. 封建时代之阶级，其根源为以力相君；资本社会之阶级，则其根源以财相尚，试述其转变之由。

2. 论历史者，皆以周秦之间为古今之界，或谓此以政治言耳，如以经济言，则当以新汉之间为古今之界，其说如何？试评之。

3. 晋之户调、魏之均田、唐之租庸调皆欲以缓和之法，逐渐平均地权，然均未能有成，其故在何欤？

4. 试述历代相职之变迁。

5. 亲民之官莫如县令，或谓其地位实只能指挥监督，其欲兴利除弊，非藉地方自治之力不为功，其故何欤？

试卷答题的格式，也有一定的要求。每次考试，随试卷一同发下的，还有一份试题抄写格式及答题要求，一共列有七项内容：

1. 题目首行低两格。次行以下，均低三格。
2. 文字或全顶格，或每段之首行空二格，均可。
3. 必须点句。（此条所以养成每作文毕，随即自行复看之习惯，最为要紧。）
4. 字以真行两体为限。考卷有格子者，不得写出格外。
5. 笔。限用毛笔及墨水笔，不得用铅笔书写。
6. 违犯以上格式者。扣去分数百分之五。（不论违犯一款或多款。）
7. 题目作一题即可完卷，全作亦无不可，总之多少不拘。能勿抄讲义原文最佳。见解与讲义不同，或相反背，均无不可。①

他曾向学校领导提议推行他的办法，以统一和规范考试的书写格式。

试题的评分，一般都能及格，但高分难得，要能正确运用史料，并有自己的创见，才能得到高分。对于舞弊的行为，他从不姑息。当时，光华大学的考试纪律是很严格的，作弊者一经发现，调查核实，名单送到校长室，立即批准除名。

---

① 《吕思勉先生年谱长编（上）》，第452、451、454页。

对于学生的论文习作和毕业论文，吕思勉认为不能采取那种由老师单方面统一命题的方式，他说：

> 最要不得的，是现在学校中普遍做论文的方法，随意找一个题目，甚而至于是人家所出的题目。自己对于这个题目，本无兴趣，自亦不知其意义，材料究在何处，亦茫然不知，于是乎请教先生，而先生或亦是一知半解的，好的还会举出几部书名来，差的则不过以类书或近人的著作塞责而已。（以类书为线索，原未始不可，若径据类书撰述，就是笑话了。）不该不备，既无特见，亦无体例，聚集钞撮，不过做一次高等的钞胥工作。做出来的论文，既不成其为一物，而做过一次，于研究方法，亦毫无所得，小之则浪费笔墨，大之则误以为所谓学问，所谓著述，就是如此而已，则其贻害之巨，有不忍言者已。[1]

对于学生所写的文字，他认为"当主批评而不主改削。盖批评乃指出其不合处，如说明这样表达不可，其余可表达之法甚多，则其途宽，而学生之心思活泼，易于自寻门径，自行思索。若由教员为之改作，则学生必以为'如我所作则不可，如教员所作则可'，可与不可只剩两条路矣"[2]。他曾与光华大学国文系主任钱子泉谈论过学生的毕业论文的事，并写成了一篇《思乡

---

[1] 《从我学习历史的经过说到现在的学习方法——我学习历史的经过》。
[2] 《答程鹭于书》，刊于《沈阳高师周刊》1921年4月第37号。

原》，专论这一问题：

> 往尝与钱子泉论学生作毕业论文等，予素不以为然，以其实无所得，而徒教人以剿袭也。子泉曰："不独中国，即外国亦必如此，何者？人之才性，古今中外相同，谓甫当大学毕业之年，即能斐然有作，此必不可得之数。其所谓论文者，固不待阅，徒以理度之，而可知其程度如何者也。"予闻其言而韪之……昔尝读《明夷待访录》。其《学校篇》曰："凡郡县书籍，不论行世藏家，博搜重购。每书钞印三册：上册上秘府，一册送大学，一册存本学。时人文集，古文非有师法，语录非有心得，奏议无裨实用，序事无补史学者，不许传刻。其时文、小说、词曲、应酬、代笔、已刻者皆追版烧之。士子选场屋之文及私试义策，蛊惑坊市者，弟子员黜革，见任官落职，致仕官夺告身。"……苟以是为准，今之者，其当拉杂摧烧之者几何？夫人之精力，当用之于有用之地。今合天下别有所为而著书者计之，其精力之妄耗者，宁可胜计？此非徒无益，而又有害者也。……道人以研求之法；一当拓其才识，一当勉其功力。学问原有二途，有以才识胜，会稽章氏所谓入识最初，而终身不可变焉者也。此不必其证据之周详，亦不必其议论之无病，要视其有无独至之处，深入之思而已。有以功力胜者，以则铢积寸累而后成，当观其所积累者是否不误谬，有归宿。与其抄集前人之成说百条，不如能刺取一二条也，要之既立一题，乃取

前人已成之作而观之，集众说以为己有，是为绝物。而今之所谓论文者，大率如此，安得不令人齿冷邪？

他还引录了周太玄《欧游通信》的话来分析造成这种状况的原因：

> 今之求学，多为谋生。欲谋生，必得业，欲得业，须有成绩，又或可以得奖金，或可以易稿费。人至二三十岁时，有研究报告数十种，于其地位，极为有益。故一人研究数题者，往往彼此各不相干，不过就取材之便，或则偶然兴到耳。其天分高者，积久或能融会贯通，有所心得；低者终身沉溺于破碎之中而已，于学既茫无所知，己亦绝无乐趣，此学术之大弊也。学术如此，文章亦然，不过取说他人而已。然以读者所好之卑下，亦足邀一时之名。此社会之组织为之，非生于其间者所能尸其咎也。[①]

弈棋

1926年，吕思勉校订的清代王再越著《象棋梅花谱》，由上海文明书店出版。

吕思勉从小就喜欢下棋，七八岁时就非常喜欢看棋谱，

---

① 《思乡原》，刊于《文哲》1938年第2卷第1期。

十二三岁时，父亲与姑丈下棋，在旁观看已能略知"死活"，但是，"先君及二姑丈棋皆极劣，不能教予。时先母课予读书颇严，亦不许予下棋也"①。二十岁到南京参加乡试，每次出场后，不马上返回寓所，而去夫子庙，茶肆观人弈棋，必至晚而归。在那里，弈界前辈汪叙诗和束云峰的对局，给他留下了很深的印象。

中年以后，他的棋艺大有长进，与常州家乡的象棋爱好者都有交往。1925年，在上海沪江大学任教时，结识了弈界"棋王"谢侠逊，以通信的方式，与他一同研讨过棋艺。两人的通信都刊登在当时《上海时报》的"象棋质疑栏"上，以期"海内外高明共同研究"（谢侠逊语）。进光华大学后，光华的一些学生喜欢下棋，吕思勉便邀请谢侠逊来学校为学生讲解棋局，指导下棋。平时工作读书之余，他或是与朋友对局，或是自己一个人读谱。他的棋友，既有文人学士、弈界高手，也有不少是普通的劳动人民。1928年，他还为谢侠逊的《象棋秘诀》写序。这种对棋艺的爱好一直保持到晚年，在他七十一岁的日记里，记着这么一件事：

> 十一月二十二日晴。……至大庙弄人民银行交电费，拥挤，至顺兴，拟小坐复往，与浦寿观围棋两局，遂逾银行办事时矣。②

---

① 《吕思勉先生编年事辑》，第353页。
② 《吕思勉先生编年事辑》，第336页。

吕思勉不仅喜欢下棋，而且对棋局、棋谱乃至弈史都深有研究。《梅花谱》与《橘中秘》被称为中国象棋谱中的两大经典之作。《橘中秘》流传较广，《梅花谱》的作者王再越"性刚直，家贫力学，不求闻达，一生坎坷"，因而《梅花谱》没有刻本，仅赖少数手抄本流传，而藏谱家视为珍宝，又不肯轻易示人，所以流传反不及《橘中秘》广。对于《橘中秘》与象棋古谱《金鹏》的关系，吕思勉曾作过一番考证，他认为：成书于明崇祯年间的《橘中秘》实是删略象棋古谱《金鹏》而成的。他根据《橘中秘》卷首的歌诀，查考出"有歌诀而无着法，有着法而无歌诀"的情况，推测在《橘中秘》之前，除了《金鹏》外，还有多种象棋古谱在社会上流行。"此尤足见象艺起源之早，象谱散佚之多矣。"他建议收集、汇刊尚未散失的孤本、珍本棋谱，既为"前此精于艺事者昭悬万古，亦足为国家艺术增光也"。正是抱着这样的观念，他早在1918年，就已经完成了对《梅花谱》的校订、整理工作。当时，拟付诸刊印，得知上海三友书屋有石印本行世，便设法找来研读，发现它"讹谬几不可读"，就把自己的校订本交给文明书店出版。这本棋谱于1926年初版，到1936年已刊印了六版，可见这本棋谱在当时是很受大众欢迎的。吕思勉一生收集了很多棋谱，他自言所收棋谱"只缺三种"，可惜大多数都在抗战期间焚毁了，现在所剩无几。

在《象棋梅花谱》的识语中，他叙述了自己在这方面的研究心得：首先，纠正以往轻视象棋的观念，他说，"世多视围棋为士夫游艺之事，而鄙象棋为樵夫牧竖所为"，"多谓象棋浅薄，不如围棋之精深"，这是不正确的看法，"物各有理，理自无穷，初不以其大小繁简而异"。所以"象棋之性质与围棋略同，故并以棋称"。接着他又分析了象棋与围棋的差异，说"围棋以占地多少为胜负，而其数又奇而不耦，欲成和局极难；象棋则决胜之法较粗，但使杀伤相当，便可不分胜负，其成和局又较易也"。虽然"今日象棋之著法，实不如围棋之精"，"然大辂椎轮，先河后海，不有粗者，奚所籍以成其精？况今象棋谱诸著法虽未尽善，已断非但凭私智者所能至矣。语曰：'为高必因邱陵，为下必因川泽。'此以见一艺之微，其精善亦必由于积累也"。这一识见，已为今日象棋的高度发展所证实。

对于象棋全局著法的演进，他作了这样的概括：

> 现今象棋全局著法，合《橘中秘》《梅花谱》两书观之，可一言以蔽之，曰：以当头炮破各种著法，以屏风马破当头炮而已……推想象棋著法之演进，似乎起初由士角炮、飞炮、象局等诸法杂用，逮当头炮一出，而诸法悉为所破。大有东征西讨、所向无敌之概，最后，乃又得屏风马以破之也。象戏进攻，贵乎迅捷，以当头炮与士角炮、象局等比（飞炮有歌诀而无谱，未知著法究竟若何？故未敢妄论）诚有破釜沉舟、擒贼擒王之势，而屏风马著法深细严密，善于乘虚而入，深得以静制动，以柔克刚之妙。演进之步骤，固当如是矣。①

---

① 《吕思勉先生年谱长编》，第339页。

第五章　初入光华

吕思勉也花了不少的时间，研究过象棋的开局。他推崇象棋开局中的当头炮著法，认为以当头炮对抗屏风马，是今后象棋开局发展的主流。他说：屏风马之著法，今尚未有以破之，鄙意著法最善者，当刚柔并用而得其中，此境今日尚未能至。拙撰《梅花谱》识语中已及之，今日所可致力者，非以刚克柔，则以柔克刚耳。屏风马之破当头炮也，为以柔克刚，当远以猛进之法破之。鄙意似可采用破象局之法而出之以变化。他提出以过河车进中兵夹马炮的布阵来破屏风马：

> 照今《梅花谱》之著法，炮八平五，马二进三，马八进七，卒七进一，车九平八，车一平二，车八进六，马八进七，受先者即可兵五进一，直攻中路，让先者必象七进五，以防其兵之过界，受先者即马七进五，继以兵五进一，或兵三进一等，以图进取，似有制胜之方……[1]

他把具体的著法一一记录下来，致信谢侠逊请教，又与扬州"棋孟尝"张毓英作过一番推敲。这一对局的著法也为今日象棋开局的发展所证实[2]。

吕思勉喜欢弈棋，不仅是因为它是一种娱乐性的消遣，更是一项比赛智力的技艺活动。他说，弈棋的兴味在于斗智，并非斤

---

[1] 《吕思勉先生年谱长编》，第340页。
[2] 唐家安、杨明忠:《史学家吕思勉论象棋》，刊于《象棋报》1983年10月16日。

斤计较胜负，胜和负同样可以长进智慧。吕思勉学生王玉祥曾有一段文字，回忆他与老师下棋的事：

  有一次，仍是在东宅中廉厢房，诚之老师在观谱下棋消遣。他问我：你会下棋吗？我回答说：会下象棋，但棋艺不高。他老人家当场邀我连下三局。我哪里是对手？三局全输。我早有自知之明，但妄图出奇冒险，侥幸不败。也许正是我的几步"奇"棋"险"着，诚之老师认为是"孺子可教"吧，弈后赠我一本他老人家自己校订，由文明书店印行的《象棋梅花谱》。

  关于下棋，我有过一种非非之想：能否用数学方法，计算出棋盘上运子的所有变化？苟能如此，则一谱在手，岂不稳操胜券！诚之老师听罢，莞尔一笑，略为沉思，然后说道："目前，怕办不到，盖运子千变万化，棋路错综复杂。但说不定将来会有一种计算的机械，得以解决这样的难题。要是当真如此，以机械代替技艺，弈棋的兴味将大大减低。弈棋的兴味，在乎斗智，并非斤斤计较胜负。胜和负，同样可以长进智慧。"[①]

在他的诗稿中，还有一首有关弈棋的小诗：

---

① 王玉祥：《怀念吕诚之老师》，刊于《蒿庐问学记》，第154页。

> 静思世事与棋同，负局支持苦到终。
> 一着偶差千劫定，输赢毕竟太匆匆。①

以棋局及其胜负来喻人间世事，正反映了他历史学家的特有的眼光。

一个足兵足食的计划

1927年4月，即吕思勉进入光华大学的第二年，他向学校领导呈交了一封《致光华大学行政会书》，提出了学校改革的几项建议。

在这封《致光华大学行政会书》中，吕思勉首先指出：

> 国于天地，必有与立，所与立者，则人民之能自卫也，又非徒自卫而已。进而主持正义，抑强扶弱，进世界于大同，皆将于是乎基之。

何以能达到人民的自立自卫呢？他说：

> 战以民为本，民非食则无以维其生。有食矣，足以维其生矣，然无械器，则亦无以与强暴抗，制梃以挞坚甲利兵，

---

① 《吕思勉先生编年事辑》，第52页。

乃孟子极言仁政之效，非谓血肉之躯，真可以冒白刃也。孔子言战，首重能战之民，次维民生之食，次御强敌之械，其序秩然而不紊，其言即千载而如新也。

概括地说，就是"足兵足食"四个字。接着，他又从历史的角度来论证"足兵足食"的必要性：

秦汉而后，中国一统，外无强敌，而专制君主，又恒忌民力之强，遂以销兵为务。承平之时，举国几无一兵（虽有名为兵之人，其实非兵，不过取备兵之名目而已）。兵且无有，而军食与军械，更无论矣。……今欲奋起自卫，进而主持正义，抑强扶弱，以臻世运于大同，则守御与征讨之力，皆不可以不豫。守御与征讨之力维何，亦曰：造成能战之民，充足维持民生之食，抵御敌人之械而已。

为此，他提出三项建议：

第一：建议将本校的学生军推行于校外。他说：要造成能战之民，"使人民皆有当兵之技，平时即豫为成军之备而已。欲使人民皆有当兵之技，必先使之练习。今本校有学生军之设，欲使闲于文治之人，兼资武备，意固甚善，然能当兵之人，而仅限于学生，究尚嫌其不足，必扩充之，及于全国之民而后可"。并以"美国参加欧战，仓卒造成大军之事"为例，说明"平时豫为成军之备"的必要性。

第二：建议在学校附近创办社仓。他认为"今世作战固困难在兵卒之多，尤难在兵费之巨，此后战役，曼地必广，阅时必久，度支筹划，尤苦为难。窃尝反复思维，谓必有一策焉，能使费用虽多，而使国家财政，人民生计，均不受巨大之影响"。为此，他提出了两个"足食"之策：一是提倡社仓，平时可借贷于民，具农业银行之用；至战时，则举国社仓之积，可由国家借为兵粮。"本校地处法华镇，亦可设法试办焉。"二是提倡人们多食杂粮及寒食。他说："今日瘠土之民，固有以杂粮为食者，而沿江一带，几无不专恃稻米。……今以数千万方里之地，而专恃一谷以为食，宜其荒歉之易逢也。专食稻米，以养生言，以适口言，皆无特胜之处，不过乏人提倡，习惯难变耳。"他认为提倡多食杂粮与寒食"宜由本校始"，可以"立一会，推举会员数人专研究以他谷为主食，制成多种食品，校中人各随所嗜，食之以代稻米饭焉。研究既有头绪，便可推广于校外"。并认为"家家自炊，本极劳费，故欧洲战后，公厨勃兴。中国若能提倡公厨，则妇女炊爨之时间，可以大省"。

第三：建议奖励人民多藏军械。他说：今日战争，实恃械利。然当日本提出二十一条件之时，政府尝密令全国兵工厂料拣军械，会其数不足供一年之用，军械缺乏至此，宁不可叹。补救的方法，就是鼓励人民多藏军械。"夫居今之世，不兼习打靶等有裨战陈之技，而徒练习枪棒，此如亡清之世，战陈久用枪炮，而武科犹仅试弓刀石矣。然此非练习者之咎，政府禁藏军械为之也。"又如："关东胡匪之炽，原因甚多，政府禁良民购械自卫，亦其一也。"因此,"今者欲求军械充足,政府于良民及地方团体之买军火以自卫者,不徒不当禁止之,且当奖励之,辅助之。如是,民间藏械日多,一旦有事,皆国家之用也"。虽然"此非本校所及,然本校学生军,苟能请得军械者,宜亦勿以自私,当订立规则,与近地愿习之人共之"。

"以上三端,皆造端弘大,实国家百年之大计,而其始,皆可自本校唱之"。他希望学校提倡,学生带头,"造成能战之民和充足维持民生之食",若能做到这点,"吾国能与人大战十年,而无粮食匮乏之患"。

1928年12月,吕思勉又第二次上书光华大学行政会,除再次重申将学生军推行校外、倡办社仓外,并特别强调要加强战备。他认为:中国同日本的战争是必然要发生的,只是时间的迟早问题,而中国人也只有打胜这一战,才能立足于世界,他写道:"以今日中国处境之窘,迟早总不免与陵我者一战……以今后战争规模之大,中国疆域之广,一朝启衅,断无全线可以处处得胜之理。就军略言,必有弃而不顾之地,乃能并力以制胜于要害之处。然暂弃不顾之地,必遭敌兵之蹂躏,室庐器用,所损既多,恢复不易。"所以"在此等区域之内,其室庐器用,必极简易,俾迁徙便利,即毁之亦所损不多"。因此,学校或社会的各项举措,都应从这种实际情况出发。其时,学校正拟扩建学生宿舍,吕思勉就提出把当时的男生宿舍让给女生居住,而在乡间另造男生宿舍,地区不必集中,建筑不必讲究,土墙茅屋就可以了,一旦发生战争,这些建筑物,就不会被敌人利用了。

第一次致光华大学行政会书，刊于《光华大学周刊》第1卷第5、6期上[1]，第二次上书则未刊出。1930年，两信合刊于光华大学同学创办的《小雅》杂志上，改题为《一个足食足兵的计划》，编者在前言中说：

> 书中所言情形，与今日已有不同，然其原理之可采则一，抑各地方、各团体，皆可师其意而行之，不独光华，并不独学校也。书中计划，眼光远大而切近易行，无锡钱君宾四，叹为西京贾晁之论，良非过誉。前书曾在本校周刊发表，校外见者尚少，后书则从未刊布，特揭载之，以与留心时事者共同商榷焉。[2]

服膺马列主义[3]

1930年吕思勉遭受了第二次丧子之痛。十五岁的爱子吕正民患上了伤寒症，吕思勉守护了他三十七个日夜，至7月11日，终因医治无效而病殁。中年失子，悲痛万分，他作挽联曰：

---

[1] 刊出时改题为《光华大学与国民自卫》。
[2] 《吕思勉先生编年事辑》，第134—141、144—148页。
[3] "马列主义"四字，出自《"三反"及思想改造学习总结》(《吕思勉遗文集》上，第440页)，应是20世纪50年代初的习惯说法，在吕思勉的著述中，所论的都是马克思的学说，未见论及列宁等学说。故确切地说，应该是服膺马克思或服膺唯物史观。

> 三世单传，自兹而斩。
> 将衰二老，何以为情。①

寥寥十六字，读来仍可感到他当年深切的悲痛之情。在吕思勉抄录的诗稿中，有一首吕正民在武进县立中学读初一时写的《梅花》诗：

> 前山一片雪，隔杂（偷放）数枝梅。
> 香气清（侵）茅舍，寒光动酒杯。②

这是吕正民幼年学写诗时的一篇习作，吕思勉把它抄录在自己的诗稿中，以寄托自己的哀思。

1930年前后，即吕思勉四十七岁时，他的思想又发生了新的变化，这也就是他自己所说的思想的第三期变化：服膺马克思。

早在20世纪20年代，吕思勉对马克思及其学说已有接触。当时，有不少报刊和新出书籍都对马克思及其学说有所介绍，他通过这些书报杂志的阅读，对马克思其人及其学说有了初步的了解，在1920年所写的《沈游通信》中，他写道：

> 古圣贤所想望平天下之平字，数千年求之而不得者，将因物质文明之发达而得之。而昧者固拒之，谓将以破固有之

---

① 《吕思勉先生编年事辑》，第152页。
② 《吕思勉先生年谱长编》，第367页。

平夷之美（太炎即持此论），何其持论之浅也。马克思其圣矣乎？以其所言，推诸万事而皆准，匪独经济家也。（马克思学说，以《太平洋杂志》所载，最简而扼要。）俾斯麦尝多方以贿马克思，马克思不可。马克思食不饱，寒不能具温火，身多病而又丧其妻，知年寿不可永，卧榻上，犹强自力著书，终未成而死，以敝衣殓，而俾斯麦不能夺其志。知之明，故守之坚也。竹箭有筠，松柏有心，则贯四时而不改柯易叶。国无道，至死不变，强哉矫。不亦富贵不淫，贫贱不移，威武不屈之大丈夫乎？何期于百世之下遇之。[①]

同年所写的《南归杂记》以及在沈阳高等师范学校所作的题为《士之阶级》的讲演会上，都提到了唯物史观的"非意识决定生活，实生活决定意识"的观点。对于当时某些对唯物史观的非难，吕思勉有自己的分析，他说："非难唯物史观者，谓其但取经济的原因，而置他原因于不顾，非也。社会现象，本唯一而不可分，曰某某现象云者，特为研究之方便，强画其一部分而为之名云耳。……但能研究深切，皆足以见其全体，所谓'一多相容'也。""非意识决定生活，实生活决定意识"的观点，"原非谓人之行动，物质而外，别无支配之力。然物质之力终甚大，且更语其精微，则物质与精神，原系一物而两面，谓物质而外，别有所谓精神，其说先已不立。则谓物质变动，而精神可不蒙其影

[①] 《沈游通信》，刊于常州《月刊》，见《吕思勉先生编年事辑》，第89—90页。

响，更无是处也。"所以，这一观点，"无论若何之非难，然终含有甚多之真理者也"①。

他后来回忆说："马列主义初入中国，予即略有接触，但未深究。年四十七，偶与在苏州时之旧同学马精武君会晤，马君劝予读马列主义之书，余乃读之稍多。于此主义，深为服膺，盖予夙抱大同之愿，然于其可致之道，及其致之之道，未有明确见解，至此乃如获指针也。"

图14 吕思勉先生

20世纪30年代以后，吕思勉读马克思的书渐多，对马克思的思想了解也更深入，逐渐解决了他以往思想上的困难问题。他说：

> 予之将马列主义与予旧见解相结合融化，其重要之点如下：（一）旧说皆以为智巧日开，则诈欺愈甚。智巧不开，无以战胜自然，诈欺日甚，亦将无法防治，此为旧日言大同终可致者根本上最难解决之问题。得今社会学家之说，乃知诈欺之甚，实由于社会组织之变坏，非由于知识之进步；而知识之进步，且于社会之改善，大有裨益，将根本之难题解决。（二）超阶级之观点，希望有一个或一群贤明之人，其

---

① 《南归杂记》《士之阶级》。

人不可必得；即得之，而以少数人统治多数人，两力相持，其所能改革者，亦终有一定之限度；此限度且甚小，只及于表面之一层；即其本意所求者，亦不过两阶级可以勉强相安，非真能彻底改革，求底于平；而即此区区，仍有人亡政息之惧。今知社会改进之关键，在于阶级斗争，则只要有此觉悟，善之力量，随时具足；且其改革可以彻底；世界乃真能走向大同。（三）国家民族之危机，非全体动员，不能挽救，而阶级矛盾存在，即无从全体动员。（四）目前非爱国爱民族不可，而旧时之见解，爱国爱民族，易于大同之义相龃龉，得马列主义，乃可以平行而不悖。（五）求诸中国历史，则自王巨公以前，言政治者本重改革制度。尔时政治所包甚广，改革政治，亦即改革社会也。自巨公失败后，言改革者，不敢作根本之图，乃皆欲从改良个人入手。玄学时代已然，承之以佛学而益甚。宋儒虽辟佛，于此见解，亦未改变。然历史事实，证明此路实为绝路。故今日之社会主义，实使人类之行动，转变一新方向也。[①]

这一思想的转变，对他的史学研究影响很大。1940年出版的《吕著中国通史》，其编次先社会经济制度，次政治制度，最后是学术文化。次年出版的《先秦史》，以及后来的《秦汉史》《两晋南北朝史》《隋唐五代史》等，也是这种编制次序。在他

---

① 《"三反"及思想改造学习总结》，刊于《吕思勉遗文集（上）》，第440—441页。

写的读史札记中，社会经济方面的条目相当多，这在没有政治色彩的前辈史学家中是比较特别的[①]。

1943年，吕思勉六十岁，女儿吕翼仁也已三十岁了，他写了一首长诗给她，题为《再示荣女》：

> 束发受诗书，颇闻大同义。
> 膝前惟汝存，喜能继吾志。
> 人生贵壮烈，龊龊安足齿。
> 壮烈亦殊途，轻侠非所几。
> 嗟嗞天生民，阨穷亦久矣。
> 蒿目岂无人，百虑难一致。
> 圣哉马克思，观变识终始。
> 臧往以知来，远瞩若数计。
> 乌飞足准绳，周道俯如砥。
> 愚夫执偏端，诤诘若梦寐。
> 庶几竭吾才，靖献思利济。
> 太平为世开，绝业为圣继。
> 人何以为人，曰相人偶耳。
> 行吾心所安，屋漏庶无愧。
> 任重道复远，成功安可冀。

[①] 严耕望：《通贯的断代史家——吕思勉》，刊于《大陆杂志》1984年第68卷第1期。

> 毋忘子舆言，强为善而已。①

荣女，即吕翼仁的小名。当时正是抗日战争之际，吕思勉隐居故乡常州，著书自活。这一首长诗，既表达了他对马克思的敬仰，也倾诉了自己的志向抱负和为社会作贡献的愿望。

赴安徽大学讲学

1932年4—6月，吕思勉向光华大学请假，往安庆省立安徽大学作短期的讲学，至8月返回光华大学。这一次的短期讲学，是由光华大学的旧同事孔肖云所介绍，他后来回忆说：

> 一九三二年，日人犯上海，光华延未开学者数月。其时光华欠薪甚多，予实难支持。适安徽大学开办，光华旧同事孔肖云任职其中，该校介之来相延，言明决不欠薪。予向光华辞职，光华相留，改为请假，由陈守实君代课。予赴安徽，凡三个月。其欠薪亦与光华无异。予尝有丈夫子四，女子子二，多夭折，存者一女而已②，暑假后将读书上海，予

---

① 《吕思勉先生编年事辑》，第254页。
② 吕思勉的子嗣除了前文提到的阿健、阿强、吕正民、吕翼仁之外，还有一子、一女，大约在生育前后即夭折，未留下文字记录。吕翼仁曾回忆说：母亲说自己有过一个姐姐，但早已去世了。

乃去安徽，复返光华。①

在安大任教期间，吕思勉曾为学校的师生作过一次演讲，题目是："来皖后的两点感想"：其一是讲安徽古代的地理和文化；另一点是讲现在的大学应负的社会责任。演讲中讲道：

> 我初到安徽，却有一种感想。……便是我觉得安徽是接收北方文化最早的区域。
>
> 谁都知道中国的文化，是起于黄河流域的。但是文化的起源，虽在黄河流域，后来发扬光大，却靠着长江流域。……长江下流，为全流域中接收北方文化最早之地，而淮水流域，又为其媒介，似无疑义。……然则以开化的早晚，传播文化的功绩而论，安徽人在历史上，也颇足自豪了。

他又说：

> 我觉得，人类最大的缺陷，就是不能利用理性。在生物进化上，灵长二字，是人类所无愧的。这并非夸大之词，事实确系如此，人类之所以能如此，就是靠着理性。但是人类，较之其他动物，固然很有进步，而人类所希望达到的境界，则还不及千百分之一。人类的进化，所以去期望如此之

---

① 《"三反"及思想改造学习总结》，刊于《吕思勉遗文集（上）》，第438页。

远，是因为人类的活动，大半是盲目的。假若人类的行为，能事事经过考虑，其效果决不如此之小。自然，人类的行为，有一部分是先思而后行的。不过瞎撞的总居多数，因此进步不快，甚至有进两步退三步的时候。我们如果希望今后得到更多的进步，以更少的劳力得更大的效果，那么，只有遵从我们的理性。人人运用理性，目前自不可能，我们只希望有少数人，能运用理性，去研究决定进行的方向及方法。大多数人依著指导进行。一面进行，一面研究，一面改善。纵然不能无错误，但既非盲人瞎马，终会收事半功倍之效。然则这个运用理性的责任，应当让什么人，什么机关，担负起来呢？我们可不假思索地回答，就是学校。

…………

大抵要改造社会，决非少数人所能肩其责任，以少数肩其责任，必至于举鼎绝膑，本来的目的未达，反生出种种祸害。所以我常说，能改造社会的，只有社会。这句话的意思，是说要改造社会，必须社会全体。至少大多数人，有此愿望，能够了解。然而现在的社会，是盲目的，因袭的，我们如何能使人人有改革的志愿，了解改革的意义呢？这个便是教育。教育不但施于少数人，要使其影响扩大而及于全社会。所以古人不大说教育，而多说教化。教化便是看出当时社会的需要，决定其进行的方向与方法，而扩大宣传，使大家了解其意义，而愿意遵行的。古代的学校，确能负起这责任，亦曾收几分效果。……此等责任，我以为一切学校，都应负起。而在历史上曾经负过传播文化责任的安徽，其大学，便更有负起这责任的可能，亦更有负起这责任的责任。[1]

1932年，上海"一·二八"事变发生时，女儿吕翼仁正在上海大夏大学预科一年级读书，因中日战事，未能去开学。她停学在家，读《饮冰室文集》，学作诗词。她将所作的诗词寄往安徽大学，请父亲批阅。吕思勉批阅以后，再寄回常州。这些由父亲用朱笔批改过的诗词习作，吕翼仁一直珍藏着：

华年心事两相催，凭到栏干第几回？
为惜春光易零落，转愁花在雨中开。
后两句极佳，惟春光不可云零落，或改韶光容易过。花在改花向较活。

剪剪轻风浅浅寒，百无聊赖又春残。
多情只有双飞蝶，犹逐飞花绕画栏。

几声布谷过清明，客里怀家倍怅情。
最是新来连日雨，倚楼听彻卖花声。
怀家两字不甚连，思家思归怀归均可。

---

[1] 《来皖后两点感想》，刊于《安大周刊》1932年第87期。

荼蘼无力草萋萋，香径低徊旧迹迷。

付与营巢双燕子，十分红紫九成泥。

无力似不甚安，然一时想不出可改之字。

江树阴阴带夕晖，江头花落傍人飞。

年年行客送春尽，春尽行人归未归。

第三句应改行人惯逐春风去。①

吃饭的革命

  吕思勉一贯提倡社会改革，并认为社会的改革，不仅应施行于社会上种种政治、经济等措施，还应该施行于我们的日常生活。所以，在他的许多时论文章中，既有有关国计民生的大事，也有涉及日常生活的小事。在沈阳高等师范学校任教时，吕思勉就积极主张办公共食堂，提倡多吃杂粮和寒食。他认为，这一项改革如能实行，不仅能使妇女从繁重的家务劳动中解放出来，而且也使我们的生活能更符合现代的经济状况与生活节奏。他的这种思想，后来愈益成熟。每到一所自己工作的学校，他必劝说学校领导能采纳他的主张，进行这方面的改革实验，并在报刊上不断地写文章，宣传他的主张。

  1936年前后，光华大学的学生人数大增，一时"学校的饭

---

① 《吕思勉先生编年事辑》，第155页。

堂,既不足以容。合校门内外的饭店,亦仍患人满"。在9月18日的校务会议上,光华附中部主任廖茂如提出再添建一所厨房。吕思勉提议,如再建一所厨房,"不该再照老样子,而当带一点公厨的性质"。25日,校务会议又议此事,吕思勉把自己的主张,作了讲演式的说明。会上,朱公谨副校长、廖茂如都很赞成,其他诸位议员,"亦皆以为然"。朱、廖又说,"这种理由,须先向大众说明,看赞成的人多不多,方好决定办不办",希望吕思勉能写成文章,让大家议论。廖茂如还为这篇文章拟了一个题目,为《吃饭的哲学》,吕思勉则将它改为《吃饭的革命》,刊登在《光华半月刊》上。他说:

我现在改为吃饭的革命。因为我自愧哲学的知识,很为浅薄。而我们无论何时何事,都应当怀抱革命的志愿,拟具革命的方案,而且奋勇去实行。《宋史·张方平传》说:守东都日,富弼自亳移汝,遇见之日:人固难知也。方平曰:谓王安石乎?亦岂难知者。方平顷知皇祐贡举,或称其文学,辟以考校。既入院,凡院中之事,皆欲纷更。方平恶其人,檄使出,自是未尝与语也。弼有愧色,盖弼素亦善安石云。《宋史》这一段话,是诋毁王安石的,而无意中正写出一个有革命精神的贤相。昔人说,狮子搏兔,亦用全力,是狮子之愚。我说,正惟到处肯用全力,所以成其为狮子,否则是懒眠的猪了。

接着，他提出建立公厨性质的厨房，最重要的有三项原则：一是要注意卫生，不仅要杜绝蚊蝇，而洗菜做菜洗涤碗箸等事均应符合卫生要求。二是要注意训练和改变饮食习惯。他认为，中国人的吃饭太讲究。菜要吃热的，于是非现炒不可；既要油，又有汤，则无法带在身边吃。这种饮食习惯，于军旅生活殊不相宜。现在办公厨，就不能再按老办法行事，要想出种种吃法来，以训练和改变我们的饮食习惯。三是改变食物的材料。他说，人们以稻麦为主食，非稻麦不食的饮食习惯很不合理。因为稻麦难免会有歉收的年月，按照这种习惯，稻麦歉收，民食就会发生问题。我们应该多吃杂粮，多用几种谷类做主食，那么，稻麦的歉收对民食的影响就可以减轻。

对于办公厨，他还具体地设计了几项洗碗做菜的改进方法，如洗涤碗箸要用煮沸的方法：

> 凡用过的碗箸，先放在清水中略涤，次即投入特制的釜中，加以煮沸。再放入沸水中涤一过，取出任其自干。而不必用布揩拭。因为布反或不洁，揩拭的人的手，也容或不洁。

菜的预定预做的方法：

> 我们吃饭，每天只有几种菜。譬如今天所吃的是（一）牛肉，（二）猪肉，（三）鸡卵，（四）青菜，（五）豆腐。那就只有这五种。或者这五种原料所配合而成的菜，不

但原料限定，就做法也是一定的。今天只有猪肉青菜的合制品，就没有猪肉豆腐的合制品。如此，菜可以预先做成，免得临时做起来。

蒸煮米饭的方法：

现在吃稻米饭的人，是先将米放在釜中煮熟了，然后取出来，放在饭筒里。要吃时，再一碗一碗盛出来，在五口八口之家，这自然是个好法子。但是到数十百人，甚而至于数百千人合食，这是否还是好法子呢？我们可否照广东人，将米放在碗里，加之以水，放在特制的釜中蒸熟，取出来就吃，省得一次次的搬弄呢！

学校办厨房，并不为了谋利，但也应该达到经济上的收支平衡。一方面要求学校的饭价订得要比一般饭店便宜；另一方面，建造房屋、添置器具、雇佣做菜的司务员工等开支甚大。学校虽不以赚钱为目的，但也不能为此而经常补助，或时时支出特别的经费。如何做到收支上的平衡，这是颇为费神的事。对此，吕思勉主张节省开支，他说：

现在饭店中最大的支出，为做菜的司务。此等人非较厚的工资，不能顾用，而其人多有习气。——所谓习气，乃系（一）由于专业……养成了固定的心思，（二）又由社会压迫，减少了对于工作的兴趣，于是凡事都只肯敷衍塞责。要敷衍塞责，那最好是照老样子做。你要劝他改一个样儿试试，他无论如何也不肯了。现在社会上一切事情，都只会蹈常习故，隔了数十数百年，还是毫无改变，其大原因实在于此。——所以现社会的组织，实在是阻滞进步的。——这正不独做菜司务为然。……我们理想食堂的设置，意在乎提倡公厨，实在是替社会服务的性质，并不是什么庖丁。如有志愿服务社会的人，肯牺牲劳力报酬，以办此事，那就更好了。

对于学校，吕思勉始终认为它应负有传播文化的责任。学校就它的教育而言，总是施于少数人的，而教育的影响应该扩大到全社会。它应该看出社会的需要，决定其进行的方向和方法，广为宣传，使社会全体成员了解其意义，一同参与改革。所以，他提倡的办公厨，也寓有借此提倡而能渐次普及于社会的目的。他说：

我所以竭力提倡，设立新式厨房，并不是单替一个学校计算，而是想借此提倡分厨，使其渐次普及于社会。我总觉得现在社会进步最大的障碍，是家族制度。……所谓人性，总是在社会组织中养成的。……我认为人类的行为，有许多所以和动物相像，那是人类的力量，还未能战胜环境，所以未能实现其异于禽兽之性。人类的力量，扩而愈大，则其战胜环境的成绩愈优，而其所实现的异于禽兽之性即愈多。且如教，在高等动物，大概都是限于家庭之中的，到人类，就可以易子而教，而且有学校和师傅徒弟等制度。养，在动物中，责任更是专于母的，到高等动物，父才略负些责任。人类则有托儿所幼稚园等组织了（生物学上的父母不必一定是社会学上的父母。所谓不独亲其亲，不独子其子）。这正是人之所以异于禽兽者。……人类组织，从氏族进而为部落，从部落进而为国家，至今日，有许多方面，实已超越国界，这是进化的。同时，因氏族组织崩溃，而家族组织，渐次抬头，这实在是退化的。宗族百口，九世同居，人无不知为氏族的遗迹。昔人以为美谈，今人则以为诟病了。其实从此等组织，分化而为五口八口之家，也是有利有弊的。此等组织，往往带有自给自足的意味，所以和社会相倚赖之程度不深。而且因其实力较强，社会也不容易干涉他。所以此等组织，能使个个基于血族关系而结合的集团，分争角立，而不易融化为一，这是其弊。然而人类的分裂，在氏族时代，实不如家族时代之甚。……同时私产制度的病态，亦更形深刻。且以八口五口之家，每家有一个人做饭。如此，每百人，便有十二半人做饭。如其行合食之制，岂有每百人要十二个半人做饭的？只这一端，劳力的浪费，已是可惊了。

以具体问题而论。妇女解放，儿童教养，都是大家认为切不可缓的，然而不能提倡公厨，再休谈妇女解放，儿童教养,也休想改良。

现在的国家社会,岂不要求其分子以公共之心,然而件件事都以家族为限,在一家之外,便患难不相同,灾害不相恤了。然则社会的组织,使之同利害的,不过五口八口,分争角立的尖锐,至于如此。公共之心,能存于此环境之下者几何?我们的改革是有耐性的,有硬性的。我们希望从耐性而至于硬性,进化到相当的程度,一举而完成革命。我们现在只能从事于提倡公厨,希望将来有能够禁绝私厨的一日……假如我们学校里提倡公厨而失败了,不过是公厨的大门关闭……然而受这一件事的影响的,直接间接,奚翅二三千人。此如种子散布在土中,一时看不见什么?达到相当的时期,终有勃然而兴之一日。[①]

20世纪40年代初,他又写了《疏食》《公厨》《民生简易食堂》等文章,呼吁建公厨、办食堂,他以当时的两所民生简易食堂(一为西门唐家湾小菜场,一为陆家邦路利沙小菜场)为例,说明公厨食堂的兴办,不仅可以使我们的日常生活更趋方便合理,也可以使妇女能走出厨房,从事更有意义的社会工作。甚至于社会风气的改革也大有帮助。他呼吁有心人进行饮食方面的改革,他说:

[①] 以上引文均见《吃饭的革命》,刊于《光华半月刊》第5卷第2期。

我曾试用米皮粉和了米吃，味道确不甚高明，有些人吃不来。后有人劝我改吃麸皮，我吃之乃大乐。以等量的面粉麸皮相和而食，其味乃较之纯吃面粉者远胜。面粉不发酵，是不能吃的，而酵要发得好甚难，以为一般人不能以麦代米的一个大原因。然以面粉和麸皮相和，则不待发酵，自然松爽可口，且易消化。我相信：现在一切饼干之类，如用麸皮面粉混合制成，其味必较纯用面粉者更美，而麸皮之价，仅及面粉之半，价格已打了一个七五折了，而又获得滋养，何乐而不为。①

他还用程芸的笔名，写了《上海人的饮食一：辟谷》《上海人的饮食二：烹调》两篇文章，刊于期刊上。在后一篇文章里，他说到他晚年想做的事情是研究做菜，他说："到时局清明之后，我所要做的事，也大略做成了，我一定来研究做菜。我来研究做菜，一定大有发明……我这种试验而逐渐成功，厨房中的奴隶，就逐渐解放了。"②可惜的是，他所说的"所要做的事"，未能完成——计划中的《宋辽金元史》和《明清史》都没有能够写成，"研究做菜"也就无从谈起了。

---

① 《向慈善家进一言》，刊于《青年月刊》1941年第3卷第9/10期。
② 《上海人的饮食一：辟谷》《上海人的饮食二：烹调》，刊于《上海生活》1944年第1、2期。

《白话本国史》讼案

20世纪的20—30年代，在我国史学界曾发生了两起因学术问题而引起的诉讼案，而卷入这两场诉讼案的，是两位著名的史学家，一位是顾颉刚，一位就是吕思勉。

顾颉刚（1893—1980），江苏苏州人，现代史学家。20年代初，他提出了"层累地造成的古史观"的观点，认为历代相传的"三皇五帝"的古史体系完全是后人代代垒造起来的，并非客观真实的历史。他在为商务印书馆编写《中学用本国史教科书》时，按自己的研究，把"三皇五帝"列于传说时代，结果在史学界引起了一场轩然大波。1929年，有山东一位当过教育厅长的官员向国民党政府提出弹劾案，以"非圣无法"为理由，请查禁顾颉刚所编的《中学用本国史教科书》。国民党高级官僚戴季陶甚至说"中国所以能团结一体，全由于人民共信自己为出于一个祖先；如今说没有三皇五帝，就是把全国人民团结一体的要求解散了"，"民族问题是一个大问题，学者们随意讨论是许可的，至于书店出版教科书，大量发行，那就是犯罪，应该严办"。于是国务会议提出处罚商务印书馆160万元。商务印书馆出不起这么大的一笔钱，总经理张元济赶到南京请吴稚晖出面说情，才免去罚款，但书禁止发行[①]。顾颉刚后来说："这是我为讨论古史在商务

---

① 刘起釪：《顾颉刚先生学述》，中华书局1986年5月版，第279页。

印书馆所撞出的祸，也是'中华民国'的一件文字狱。"①

吕思勉是因为《自修适用白话本国史》（下文简称《白话本国史》）对宋金和战及岳飞事迹的考证而卷入了一场诉讼案。《白话本国史》是1923年由商务印书馆初版发行的，初版的《白话本国史》"南宋和金朝的和战"一章认为：宋金的和议在当时，本是件必不能免的事。然而主持和议的秦桧却因此而大负恶名，真是冤枉极了。而和议之所以不能避免，那是因为当时并无一支可靠的军队：

> 宋朝南渡之初，情形是很危险的，其原因：
> 这时并无一支可靠的兵。当徽宗时候，蔡京等利用诸军缺额，"封桩其饷，以备上供"。北宋的兵力，本靠不住；这一来，便连靠不住的兵力，也没有了（靖康时入援，以陕西兵多之地，竭力搜括，只得万五千人）。南北宋之际，大将如宗泽及韩、岳、张、刘等，都是招群盗而用之，既未训练，又无纪律，全靠不住。而中央政府又无权力，诸将就自然骄横起来，其结果，反弄成将骄卒惰的样子。

他引用了《文献通考》的史料说：

> "建炎中兴之后，兵弱敌强，动辄败北，以致王业偏安

---

① 顾颉刚：《我是怎样编写〈古史辨〉的？》，《古史辨》（一），上海古籍出版社1982年版，第19页。

・第五章 初入光华・

者，将骄卒惰，军政不肃所致。""张韩刘岳之徒……究其勋庸，亦多是削平内难，抚定东南耳，一遇女真，非败即遁；纵有小胜，不能补过。"……这种兵，好靠着他谋恢复否？①

这一番史论，虽然是随着1923年《白话本国史》的出版而第一次发表，但有关宋金和议及南宋初年诸将史迹的考证，最早见之于1914年他所写的《本论十二》之四《砭宋》之中，《本论》十二篇没有发表，而《白话本国史》出版后又不断地再版，因此，这一言论也就随着书的传阅而在社会上广为流传。曹聚仁有一篇《湖上杂忆》，曾谈到当年读《白话本国史》的感受：

> 那时踏出我们的寓所，便是岳王坟，我又是在西湖图书馆做事，弄弄史学的，但对于岳王的生平说法，也一直不曾摆脱流俗的传统观点。当年吕思勉先生的《白话本国史》（商务）刚出版，对于岳飞生平，说得更近事实。……假使岳飞不死，痛饮黄龙之愿能成功乎？看来也未必成功的，这一点，王船山《宋论》上已概乎言之。最重要的，是他们的部队不行，军风纪很坏（朱熹、王船山都是这么说的）。②

---

① 《白话本国史》（三），第三篇近古史下，商务印书馆1923年9月版，第2、7—8页。
② 《湖上杂忆》，刊于《曹聚仁散文集》，天津百花文艺出版社1991年6月版，第118页。有关秦桧岳飞的评介，历代学者都有类似的看法，除了朱熹、王船山外，还有明代的丘濬、清代的赵翼，均认为秦桧是宋代第一人物。参见蔡尚思：《中国近现代学术思想史论》，广东人民出版社1986年12月版，第509—511页。

187

《白话本国史》于1923年初版，数年内又不断再版。"九一八"后，因国家形势有变化，也有报纸或私人议论《白话本国史》宋金和战的论述不妥当，商务印书馆便要求作者对这一节文字作了修改和删节，改褒秦桧贬岳飞为贬秦桧褒岳飞，作为国难后的修订版继续发行。至1935年，修订本已发行到第四版，但市场上各种旧版本仍在流行。

1935年3月，上海市国民党党部亦命令商务印书馆修改该书，并指明必须修改的要点。中国国民党上海特别市执行委员会训令（执字一五八四号）称："中央宣传委员会密函第787号内开准南京市政府密函，开查商务印书馆发行之吕思勉著《自修适用白话本国史》第三编近古史下第一章南宋和金朝的和战第一节南宋初期的战争……"该训令说："武穆之精忠，与秦桧之奸邪，早为千古定论。该书上述各节摭拾浮词，妄陈瞽说，于武穆极丑诋之能，于秦桧尽推崇之致，是何居心。殊不解际此国势衰弱，外侮凭陵，凡所以鼓励精忠报国之精神，激扬不屈不挠之意志，在学术界方当交相劝勉，一致努力。乃该书持论竟大反常理，影响所及，何堪设想，拟请贵会严饬该书著作人及商务印书馆，限期将上述各节迅即删除改正。在未改正以前，禁止该书发售，以正视听而免淆惑。除令本市社会局严禁该书在本市销售并通饬各级学校禁止学生阅读外，相应函请查照核办"①。

于是，商务印书馆按命令又进行第二次修改。3月13日，上

---

① 《吕思勉先生年谱长编》，第458页。

海《新闻报》以《白话本国史之怪论：岳飞是军阀秦桧爱国》为标题，支持政府查禁《白话本国史》，并称该书的持论是有害民族性。一时报刊，评论其事者甚多，有攻击的，也有辩解的，有些报刊甚至借以勒索贿赂，如不应允，便要发表污蔑性文字，吕思勉均置之不理，亦不辩答。南京《朝报》主笔赵超构因见南京市政府禁止该书，即于《朝报》上发表《从秦桧说起》一文，为吕思勉辩解。

5月，《救国日报》报人龚德柏以吕著《白话本国史》中宋金和战一节的议论为由，向法院控告商务印书馆以及著作人吕思勉、《朝报》经理王公弢，主笔赵超构等犯外患罪及出版法。

龚德柏，湖南泸溪人，字次筼，笔名陆齐，外号"龚大炮"。早年留学日本，曾任中日通讯社编辑，天津《泰晤士报》驻东京记者，上海《商报》东京通讯员。1921年，任华盛顿会议中国代表团随员。后在北京主编《国民外交杂志》等刊物。1927年，任《革命军日报》总编，并加入国民党。翌年任《申报》总编，国民政府外交部特派湖南交涉员、内政部参事。1931年，在南京创办《救国日报》，后受聘为军事委员会参议、国民党第五次全国代表大会代表。抗战爆发后，任唐生智部军宪警首都军法执行监。1949年去台湾，1980年病逝于台北[①]。

这一年（即1935年），吕思勉在日记中写道："白话本国史讼案，廿四年五月十二与李伯嘉、徐百齐入都，十三日午后到

[①] 徐友春：《民国人物大辞典》"龚德柏"条，河北人民出版社1991年5月版，第1685页。

庭。"[①]李伯嘉是商务印书馆代表人,徐百齐是商务聘请的律师。

5月20日,江苏上海地方法院检察官宣布判决,不予起诉。判决书称:

> 吕思勉所著《自修适用本国史》不依据确定正史推崇岳飞等,乃称根据《宋史·本纪》、《金史》、《文献通考》、赵翼《廿二史札记》以褒秦桧而贬岳飞等,其持论固属不当,无怪人多指摘。但在民国十二年初版及十五年、二十二年、二十三年各续版皆然,有初版及各续版书可证其间未曾修改,其就古人之臧否加以评论与以现代事实推想古代事实之说,虽未适当,要皆在我国东北之地未失以前,与现在情形不同,自非别有作用,既系个人研究历史之评论与见解。以法律言,即非破坏我国三民主义,损害国家利益,妨害善良风俗,不构成出版法第十九条第三十五条之罪。商务印书馆印刷人发行人李伯嘉自亦同无犯行可言。……王公弢、赵超构见南京市政府禁止该书,即于《朝报》发表《从秦桧说起》一文,为吕思勉辩者,亦不过系私人之见解,谓盖棺定论之难,岳飞秦桧等之毁誉难定,并有同时誉此人同时毁此人者,有意弄文,非藉抗令,均不成立违反出版法第十九条罪刑,应依刑事诉讼法第二百四十四条第二款为不起

[①] 《吕思勉先生编年事辑》,第175页。

诉处分。①

不予起诉的判决书公布之后，龚德柏不服，遂向江苏高等法院申请再议。6月4日，江苏高等法院首席检察官胡诒谷签署《再议处分书》，称"声请再议于法不合，应予驳回"②。

这一场诉讼案，最后虽然以"不予处分"而告终，但对吕思勉的刺激是极大的。1946年，他写了一篇题为《从章太炎说到康长素梁任公》的长文，其中有一段这么写道：

> ……然而梁任公的可以佩服之处，倒不在于其天分的绝人，而在其侃侃直节……他最服膺亚里斯多德"吾爱吾师，吾尤爱真理"之言。早年唯康长素的马首是瞻，后来也不恤与之立异了。他并为拥护真理之故，不恤以今日之我，与昨日之我挑战，护前之见，他可谓丝毫没有的，这种光明俊伟的态度，可谓自甲午之后，清议兴起以来，五十年中，言论界之所仅见。他虽与人辩论，绝不肯作人身攻击。人家对他作人身攻击者却不少，他从不肯作一次的报复，只是晓示人家以辩论不当如此而已。在这一点上，他的道德，实超过了中国从来的辩论者，而开示人以西洋辩论的美风。惜乎中国现在的言论界，对于这一种良好的模范，又渐渐的遗忘了。他为拥护真理起见，从不肯作歪曲之论，……《民报》

---

① 《吕思勉先生年谱长编》，第463页。
② 《吕思勉先生年谱长编（上）》，第458—464页。

> 有一次，把君主立宪不利于满人之处畅发了，他以为这个问题不可再辩论下去了，若硬说于满人有利，则将流于歪曲，若畅说于满人不利，则将增加君主立宪的阻力，于是缄口不言了。既不肯歪曲真理，又不妨害大局，这真是言论界的模范。①

这一段文字，虽然说的是梁启超，实际上也是吕思勉的自况。宋辽和战和岳飞、秦桧问题的辩论，很难不超出学术考证的范围，他既不肯抹杀史实，也不愿意妨碍大局，便修改了书稿，对于他人的攻击，也就缄口不言了。

1952年，吕思勉在《"三反"及思想改造学习总结》中，检讨了这一件事，他写道：

> 此书（编者按：即《白话本国史》）系将予在中学时之讲义及所参考之材料，加以增补而成，印行于一九二一年或一九二二年，今已不省记矣。此书在当时，有一部分有参考之价值，今则予说亦多改变矣。此书曾为龚德柏君所讼，谓予诋毁岳飞，乃系危害民国。其实书中仅引《文献通考·兵考》耳。龚君之意，亦以与商务印书馆不快，借此与商务为难耳。然至今，尚有以此事诋予者。其实欲言民族主义，欲言反抗侵略，不当重在崇拜战将，即欲表扬战将，亦当详考

---

① 《从章太炎说到康长素梁任公》，刊于《月刊》1946年第1卷第3期。

史实，求其真相，不当禁遏考证也。①

瑞之讼案

在吕思勉的剪报资料中，有两包他自己包扎好的讼案材料，分别用旧报纸包扎，上面写有"龚案"和"瑞案"数字。这是吕思勉一生所涉及的两场诉讼案，前一场就是"《白话本国史》诉讼案"，后一场是他的堂妹吕瑞之的离婚诉讼案。

吕瑞之，生于1893年，与吕思勉同为高祖吕子珊的后代，从世系关系上说，已经是处于"五服"的边缘，算来是很疏远的。然而，这两家的关系却特别亲。瑞之的父亲朗山君死后，留下妻子董夫人、侧室包夫人和一子四女七口人，都由吕思勉的父亲把他们接来常州一起居住。那时，瑞之只有两岁。吕家的境况本不宽裕，如今要维持这样一个大家庭，是极其为难的：一大群学龄儿童，个个要读书受教育，而且吕家的传统是男孩女孩同样受教育，接下来是男婚女嫁，还有两位老人的生养死葬。所以，待瑞之到了学龄的时候，吕家已经请不起家庭教师了，只能由吕思勉的母亲教她识字读书。

瑞之比吕思勉小八岁，吕思勉成家时，她才十二岁，还是个

---

① 《"三反"及思想改造学习总结》，刊于《吕思勉遗文集（上）》，第450页。《白话本国史》中有关秦桧岳飞的议论，在1962年，又"旧事重提"。可参见《略论对历史人物的翻案》（刊于《文汇报》1962年12月2日）、《重要更正》（刊于《文汇报》1963年1月16日）及《关于〈白话本国史〉的两点说明》（刊于《文汇报》1963年11月26日）。

孩子。虞菱二十岁时嫁到吕家,刚来时生活上很不习惯,瑞之因为好奇,成天钻在新房里玩。就这样,一个十二岁的孩子,一个二十岁的少妇,结下了亲密的友谊。后来,虞菱有了子女,瑞之也帮助抚育,所以,她与吕思勉夫妇及子女的关系特别亲。虞菱一生辛劳,瑞之是她的好帮手;瑞之一生多苦多难,虞菱是她的有力支柱[1]。

1915年3月,瑞之二十三岁,经人介绍,与同邑大族盛绶臣结婚。婚后,居住在常州青果巷的盛宅故居。吕家、虞家(即吕思勉的妻家)与盛家是世交,媒人之一的虞树荪是虞菱的父亲。吕思勉夫妇原希望瑞之婚后能过上幸福和睦的生活,然而事与愿违,婚后不久,夫妻即关系不睦。约半年,盛绶臣的父亲盛藕龄去世,盛绶臣便肆无忌惮,对瑞之频加凌辱。1917年,瑞之因受虐待,大病一场,几至不起,不得已只能奔回吕家。其后,盛绶臣不别而行,秘密来到上海,从此渺无音讯,瑞之遂被遗弃在吕家。

1936年初,有亲戚出示1928年9月6日的上海《新闻报》,上面刊登了一则盛绶臣委托律师登报宣布他与张若虞(又名红雪春)结婚的启事。瑞之原指望丈夫回心转意,夫妻能重归于好,闻此消息,几乎痛不欲生。吕思勉夫妇一面婉言相劝,一面又托人多方了解,设法解决。

4月,瑞之到上海寻盛氏论理。其时,上海正处于敌伪统治

---

[1] 《回忆我的童年》,刊于《吕思勉先生年谱长编(上)》,第1161、1163—1164页。

之下，盛氏在沪出任苏浙皖统税局第一科科长，与张若虞同居于上海慕尔鸣路升平街。他先是自己不出面，托人敷衍搪塞，不久又干脆置之不理。瑞之彷徨数月，终不得要领，只得返回常州。8月，瑞之延请律师恽魁耀向地方检察处状诉盛绶臣、张若虞重婚罪，盛兄盛勋臣以家长之名为其主婚系犯帮助重婚罪，请求咨提到案。同时向法院呈交了《新闻报》上所刊登的结婚启事及盛张两人的合影照片备案。8月11日，常州的《武进商报》刊登了有关这一场讼案的消息：

> 常州望族石皮场盛绶臣遗弃糟糠，另结新欢。盛吕瑞之受尽虐待，幸母家顾女有心，投奔母家。夫也不良，秘密赴沪，登报宣布结婚启事。廿年夫妻将公庭对簿。

10月21日，武进地方法院正式宣判：盛绶臣有配偶而重为婚姻，处有期徒刑一年。10月31日，盛绶臣不服武进地方法院的判决，上诉江苏高等法院。12月24日，江苏高等法院判决原判撤销，改处有期徒刑六月缓刑二年。该判决书称：

> 本案上诉人因与吕瑞之结婚后，并未离异，乃于民国十七年九月六日又与张若虞结婚，当时……登有启事一则……结婚时并有两人合摄之照片……验明是重婚证据，已极明确。且经吕瑞之告诉以后，上诉人又委托董俞、成正平两律师，在本年八月九日《新闻报》登载证明盛绶臣与张若

虞两愿离婚之通告，内称当事人因意见不洽，难堪偕老，爰协议两愿离婚云云。该上诉人果无与张若虞结婚事实，何致有此协议离婚之声明，是希图卸责而罪情弥彰。原审依上证据认定上诉人犯刑法第二百三十七条之罪，自无不当。上诉意旨谓周中浩律师代为登报，本人初未知悉，对于照片始称系照馆拿别的女人剪下来同我摄在一起，继又称女子是我前妻杨氏并非张若虞云云，主张既不近情，前后又相歧异，显系饰词抵塞。又据称吕瑞之嫁我之后一去十多年，未与我见过一次，而我向媒人说话，媒人对我说作为他已死亡，你另娶好了，我因其有此脱离关系之表示，所以才另娶的云云。然查上诉人所述之媒人瞿萼馨、虞纫荃均早经死亡，究竟是否确有此言，已属无凭认定，纵令属实，无非出自媒人所言，亦不能证明系由吕瑞之所表示，抗辩均难以为有理由。惟查犯罪事实既发生在民国十七年，原审未依大赦条例减刑，已有未合。且经吕瑞之告诉以后，上诉人迭次托人调解，并自愿赔偿抚慰金一千六百元，和解契约业经成立，足见犯罪后，已有悔悟之心，查其以前未曾受有期徒刑以上刑之宣告，自以暂不执行为适当，应予谕知缓刑。[1]

此案最后以协议离婚的方式了结。其后，吕瑞之仍一直在吕思勉家生活。1941年她因患癌症，来上海第二红万字医院治疗，

---

[1]《吕思勉先生年谱长编（上）》，第500、501、502页。

终因手术无效卒于医院中。吕思勉在日记中记道:

> 四妹卅年三月二十八日丑刻卒,卅二年七月十二日葬敦化公墓。

又作联挽之:

> 毕生情若同胞,百有五日重逢,讵意抚膺成一恸?
> 入世备尝诸苦,四十九年中事,于今回首复何言![1]

1941年3月15日上海《正言报》以《盛绶臣弹中要害》为题,报道了在沪任苏浙皖统税总局第一科科长的盛绶臣,于"十四日上午十时许,在其所居沪西愚园路和村弄口遭人暗杀身亡"的消息。

"瑞之讼案"历时一年,当事人虽然是吕瑞之,而实际上,从延请上海名律师沙彦楷、拟写讼状,到上法院、诉案情,都由吕思勉为之操办。这一讼案,花费了他大量的时间、精力,乃至金钱,然而,他始终抱着一种强烈的责任感和"知其不可为而为之"的精神,为的是讨回一个公道。这既是他的性格,也是他为人处事的宗旨。吕翼仁在晚年,曾写了不少回忆她父亲的文章,其中有一段是这么写的:

---

[1] 《吕思勉先生年谱长编(上)》,第618页。

父亲在亲子之间、夫妇之间、昆弟之间、师生朋友之间、姻戚之间，感情都极深厚真挚。我总觉得他有一种强烈的责任感和一种知其不可为而为之的精神。这种性格，从好的方面说，精神生活比较丰满，极少悔憾，但受骗上当，被人拖累的事，也在所难免。举个例，光华大学初办的时候，大西路比较冷静，晚上常有路劫的事发生。一个严冬的夜晚，有一个学生穿着单衣去见我父亲，说在路上被劫了。父亲住在学校宿舍里，当然没有多余的寒衣，就脱下身上的皮袍给了他。几天以后，父亲在注册处遇见那个学生。那学生说，先生，我欺骗你了。那天晚上我是赌输了钱，不是遇劫。这件事，父亲始终没有对我谈起，是事后多年母亲对我讲的。母亲检点行装时，发现少了一件皮袍，问了父亲才知道的。父亲遇到这类事，总是说：当时情况下，我不得不这样，这样做才心安理得。还有一次，也是抗战之前，父亲介绍一个亲戚丁君到福建中国银行做缮写工作，但父亲没有资格作保，就转恳当时常州农民银行行长蒋君作保。丁君在银行业务方面是个熟手，所以银行里主动叫他做出纳工作。不多时，他在银钱上出了毛病。当时懂法律的人，都说既是银行里调他当出纳，我父亲可不负责任，但我父亲怕连累保人，不但代他赔偿银行里的钱，还寄给川资让他回乡，又代他还清在家乡的欠款，并力求保全他的产业。父亲本无积蓄，因此负了一大笔债，好几年才还清。事后父亲写信给他的姨表兄管君，谈起这件事，说："总是娘面上的亲戚……"我想起父亲这些事情，不期而然地联想到一句话，列夫·托尔斯泰带走整整一个时代，我记不得这话是谁说的了。我也许不该把父亲去比一个伟大的文学家，但总觉得父亲带走一种道德标准。①

专史的撰述

自1926年吕思勉任教光华大学到1936年的十年间，是吕思勉史学写作的大丰收时期，主要的著作有：《经子解题》《中国国体制度小史》《中国政体制度小史》《中国宗族制度小史》《中国阶级制度小史》《中国婚姻制度小史》《理学纲要》《先秦学术概论》《宋代文学》《史通评》《中国民族史》《中国民族演进史》等。

《经子解题》是一本论述先秦史料的著作，1926年由上海商务印书馆初版发行。我国先秦的文献特殊而复杂，以经书为例，既有今文经与古文经的区别，又有汉学与宋学的两大流派，还有真伪的问题，读者如果不通晓其源流家派，不辨其真伪而随便采来用作史料，就会"触处都成错误"。再加上文字古奥，错脱很多，读者如不知前人的注释校勘，阅读上就会有困难。吕思勉的这部书就是为了解决这些问题而写的，也是他历年来指导青年学生阅读先秦史料的总结。吕思勉在《自序》中说：

---

① 《回忆我的父亲——吕思勉先生》，刊于《吕思勉先生年谱长编（下）》，第1186—1187页。

本书皆予讲学时所论，及门或笔录之，予亦稍加补正。群经及先秦诸子之真者，略具于是矣。所积既多，或谓其有益初学，乃加以编次，裒为一帙，印以问世焉。此书又益初学之处凡三：切实举出应读之书，及其读之之先后，与泛论大要，失之肤廓，及广罗参考之书，失之浩博，令人无从下手者不同，一也。从前书籍解题，多仅论全书大概，此多分篇论列，二也。论治学方法及书籍之作，亦颇浩繁；初学读之，苦不知孰为可据，此所举皆最后最确之说，且皆持平之论，三也。然学问之道，贵自得之，欲求自得，必先有悟入处。而悟入之处，恒在单词只义，人所不经意之处，此则会心各有不同，父师不能以喻之子弟者也。昔人读书之弊，在于不甚讲门径，今人则又失之太讲门径，而不甚下切实工夫：二者皆弊也。愿与承学之士共勉之。[①]

全书分"经""子"两部分，先总论读经书或读子书的方法，作者认为治经必先知历代经学的变迁大势，在方法上，应切忌偏重主观，应从汉人之书入手。读子书宜留意求其大义，宜深思而求其会通，宜严别真伪。既不能信古过甚，不敢轻疑；也不能一概吐弃，而不求其故。至于诸子之年代事迹，虽可知其大略，而亦不容凿求。他告诫青年学生，读书时，宜随时札记，以备他日之精研，那种"读书尚未终卷，即已下笔千言；诋排先

---

① 《经子解题·自序》，上海商务印书馆"国学小丛书"1926年4月版，第1页。

儒，创立异说。此乃时人习气，殊背大器晚成之道，深愿学者勿效之也"。

《经子解题》涉及的经子古籍二十九种，作者又分列各书，概论每部书的大略，列举应读的注释以及阅读的先后次序。其中有许多是他自己研究的心得，如认为《逸周书》应列入子部兵家，"全书中涉及哲理及论治道治制之处，皆与他古书相类。文字除数篇外，皆朴茂渊雅，决非汉后人所能为。所述史迹，尤多为他书所不见，实先秦旧籍中之瑰宝矣"。《管子》"盖齐地学者之言，后人汇辑成书者耳"，其中以道家、法家言最多，亦有兵家、纵横家、儒家、阴阳家、农家之言。其论轻重诸篇是战国时代的作品。《鹖冠子》，近人多认为是伪书，没有一部思想史引用过，但吕思勉认为此书义精文古，决非后世所能伪造，而且"所言明堂阴阳之遗，儒道名法之书，皆资参证，实为子部瑰宝"[1]。

《史通评》于1934年9月由上海商务印书馆初版发行。此书是用现代史学观点对《史通》各篇加以评议、推论，并附有考据辨证。虽是论述刘知几的史学观，但也包含了作者对这一领域的研究心得，如对史事或历史人物的评价褒贬问题，吕思勉认为：

> 史所以记事而已，事之善恶，非所问也。若以表言行、昭法式，为史之用，则史成为训诫之书矣。其谬误不待言。然昔人多存此等见解。

---

[1] 《经子解题》，第143、186、187页。

近人多谓史家不宜以彰善瘅恶为宗旨，但当记述事实，悉得其真，以昭后人耳。此固然，然因欲彰善瘅恶，而所记之事，遂偏于可为法戒者，几于劝善惩恶之书，则诚失作史之意。若其不然，则虽以己意扬榷是非，示后人以去就，固亦未为失当也。何者？事实具在，所论而误，固与人人以共见，而未尝强人人以必从也。彰善瘅恶，诚非史家本旨，亦不失为作史之一义；但恶以此害事实耳，无害于事，又何病焉？

对于史书的编撰，吕思勉很推重长编在保存史料方面的价值：

史文无论如何详赡，断不能将所有之事，悉数网罗，则必有所去取；去取必有标准……此等标准，随世而异，难以今人之见评议古人……予意莫如史成之后，仍保存其长编。长编者，举所有事实，悉数网罗，无或遗弃者也。则后人去取标准设或有异前人；更事搜罗，不患无所取材矣。即去取标准不异，而编撰之际，百密必不免一疏；存其长篇，亦令考证者得所藉手也。[1]

书中还有许多对中国古代史书编撰体例的比较、官修私修的

---

[1] 《史通评》，商务印书馆1934年9月版，第41、47、48页。

利弊分析、古代史学发展的大势等方面的论述，另对史书编撰中的断限、编次、称谓、采撰、补注、序传等问题，也都有很精辟的见解。

中国制度史是吕思勉用力最多的一个研究领域，早年的研究成果主要集中在他的五本制度小史中。

《中国国体制度小史》论述国体制度的变迁，着重说明由部落制、分封制到郡县制的演变过程。作者认为：

> 生民之始……则亦一毫无组织之群而已。稍进乃知有血统。……自此而推之则成族。一族之人，群萃州处，必有操其治理之权者，于是乎有宗。宗与族，固国家之所由立也。然究不得遂谓为国家。何者？宗族之结合由于人；而国家之成，则必以地为限界。宗族之中，治人者治于人者，皆有亲族之关系；而国家之政治，则与亲戚无关。夫以一宗之主，推其权力，及于宗族以外，合若干地方之人民而统治之，此则所谓部落者也。
>
> …………
>
> 世运渐进，人智日开，嗜欲日多，交通益便。往来既数，争夺遂萌。乃有以一部落而兼并他部落，慑服他部落者。乃渐入封建之世。
>
> 封建之道，盖有三端：慑服他部，责令服从，一也。替其酋长，改树我之同姓、外戚、功臣、故旧，二也。开辟荒地，使同姓、外戚、功臣、故旧移殖焉，三也。由前二说，

盖出于部落之互相吞并。由后之说，则出于一部落向外拓殖者也。

……

封建之制所以能行者，以其地广人稀，交通不便，王室制御之力不及，而列国亦不相接触故也。及其户口日繁，土地日辟，交通日便，则制御之势既易，接触之事亦多。制御易，则宅中图治者，务求指臂之相联。接触多，则狡焉思启者，不容弱小之存在。封建至此，遂不能不废矣。

由封建而至郡县，原因虽多，而列国国力之扩张，实为其主要者。……盖统一之途，不外乎吞并人国，开拓荒地二者。县之设，由吞并人国者多。郡之设，则由开拓荒地者多也。

作者认为，虽然历史上常有分裂之时，然统一仍然是中国历史的主流，他说：论一国之国体，当主其常，不主其变。犹之论人之生理者。当主其平时，不当主其病时也。以变态论，自秦以后，分裂之时，亦不为少。然以常理论，则自秦以后，确当谓之统一之国，以分裂之时，国民无不望其统一；而凡分裂之时，必直变乱之际，至统一则安定也。

该书对封建国数里数差异、郡县制起源都作了详细的考证，"为前人屐齿所未到"①。

---

① 以上引文均见《中国国体制度小史》，上海中山书局1929年10月版，第2—3、4、42、27、39页及"提要"。

第五章　初入光华

《中国政体制度小史》论述我国政体如何由部落酋长制渐进为专制君主制的历史，除了说明君主专制的源流以外，着重探讨了古代贵族政权内部存在的民主之制，追索民主思想的根源。作者认为：

> 所谓民主政体者，谓凡事不容决之以一人，并不容决之以少数人，而必决之以多数人耳。此则议事之初，本系如此，虽甚桀骜，能令众人服从其议者有之矣。使众人慑其威而不敢言，止矣。谓公共之事，众人本不当与，惟一人或少数人尸之，此非积渐，必不能致也。故民主政体者，乃政之初制也。我国所以无之者，则以地势便于统一，世愈降，国土愈广，集众而议，势所不行。贵族专制，则较君主专制尤恶，故君主削贵族之权，人民实阴相之。遂至举一国之权，而奉诸一人耳。

> 中国一君专制政体，实事势所造成……盖在古昔，强凌弱，众暴寡之焰方张，而一人专制之弊未著，故人民宁戴一最强者，以图息肩也。逮乎后世，君主专制之治，业已情见势拙。言政治者，宜其恶君主而欲去之矣。然凡事习之久则不觉其非。古代君权未盛之世，其事迹既多湮晦，又无他国之事，以资观感，则思虑有所不及。既有一二人偶得之，亦迫于势而不敢言。此数千年来，君主专制政体，所以安若泰山也。逮乎明清之交，阉宦横于上，流寇乱于下，生民之道既绝。清人乘之入主，则吾国之见弱于外族者，既已四次，

205

而全国为所征服者且再焉。论者穷极根源，乃觉一君专制之害之大，而梨洲原君之论出焉。尚未为多数人所注意也。适会西人东来，五口通商而后，无一事不蓄缩受侮。我国人始觉时局之大异于昔。今所谓外夷者，非复古之外夷，乃渐次加以考察。……而中日战后，时势之亟，又迫我不得不图改变。于是新机风发泉涌，改革之势，如悬崖转石，愈进愈激，图穷而匕首见，而君主政体动摇矣。①

《中国阶级制度小史》专论我国阶级的起源、种类及其变迁等，作者认为我国古代最早的阶级分野是国人、野人，国人为征服之族，野人为所征服之族，国内的人民，则因职业的不同，分为士、农、工、商。其后，社会组织日益复杂，等级愈趋繁复，又有君子、贵族、平民、奴婢、豪族、游侠、门阀士族等不同的阶级区别。这一本小史，虽仅四万余字，但它是吕思勉早年运用近代社会学的理论和方法来研究中国社会组织及其演变的著述之一。

《中国宗族制度史》和《中国婚姻制度史》也是他用社会学的理论和方法写成的两本著作。前者追溯家族制度的根源及其变迁，并对于宗族、姓氏、谱牒的源流、继嗣之法、大小宗法、异姓为后、财产之制、妇女的地位，都有所阐明。作者认为宗与族不同，族是血统关系的人组成的，无主从之别，宗是在宗族中

---

① 《中国政体制度小史》，上海中山书局1929年10月版，第39—40、69—71页。

奉一人为主，并有人继承其地位。宗法仅贵族所有，因贵族食于人，可聚族而居；平民必逐田亩散处，于统系无所知。又谓宗法之废，由时势之自然，后人每欲生今反古，谓足裨益治理，其事皆不可行。唯借私家之谱牒，以助官力之调查，则其事极易行，而其所裨实大也。婚姻制度史除了叙述其起源流变以外，并对于同姓不婚之制，婚年迟早的变迁，婚姻的结合、离异，婚令，婚仪，夫妇关系，蓄妾起源，嫡庶之分等，都分别作了事实、法规的考订，澄清了史实，并发表了自己的见解。

1929年，这五本制度小史由上海中山书局初版发行。1936年4月，上海龙虎书局增订为合订本再版，改称为《史学丛书》。1985年，上海教育出版社初版吕思勉的《中国制度史》，该书共十七章，五十六万字，其中政治部分设有国体、政体、户籍、赋役、征榷、官制、选举、兵制、刑法等九章，经济部分设有农工商业、财产、钱币、饮食、衣服、宫室、婚姻、宗族等八章。除《中国阶级制度小史》以外的四本小史，俱收入《中国制度史》[①]，成为其中的国体、政体、婚姻、宗族四章，其余十四章，均为未刊稿。《中国阶级制度小史》则收入《吕思勉遗文集（下）》，1997年由华东师范大学出版社出版。

这一时期，吕思勉还写成了两部思想史的专著和两部民族史

[①] 《中国制度史》由上海教育出版社1985年5月初版，有较多的删节。2007年11月，以吕思勉最后改定的《中国社会史》为书名，收入上海古籍出版社《吕思勉文集》，但仍有部分删改未恢复。直到2015年出版《吕思勉全集》，收入《全集》第14册，删改的地方才按原稿全部恢复。

专著。

《理学纲要》原为1925年在上海沪江大学讲中国哲学史时编写的讲义，1931年，经修改后，由上海商务印书馆初版发行。理学是中国古代思想史研究中较难的一个领域，学者数量众多，学案内容繁重，初学者不易入门。作者撰写这部书，就是为了便于读者把握宋明理学的大概。他在《序言》中写道：

> 理学行世几千年，与国人之思想关系甚深；然其书率多零碎乏条理，又质而不文，读者倦焉。虽有学案之作，人犹病其繁重，卒不能得其要领也。是书举理学家重要学说，及其与前此学术思想之关联，后此社会风俗之影响，一一挈其大要，卷帙虽少，纲领略具，读此一编，于理学之为如何学问可以知其大概矣。故名之曰《理学纲要》。[1]

这部书的前三篇叙述理学的源流派别，其余各章着重分析了十多个理学大家的思想学说。吕思勉自谓：近人论理学之作，语多隔膜，此书自谓能得其真。惟只及哲学，未及理学之政治社会方面为阙点。[2]

《先秦学术概论》原也是1925年在沪江大学教学时编写的讲义，后在光华大学任教，又作了一些修改，1933年由上海世界书

---

[1] 《理学纲要（序）》，上海商务印书馆1931年3月版，第1页。
[2] 《"三反"及思想改造学习总结》，刊于《吕思勉遗文集（上）》，第451页。

局初版发行。该书由陈研因作序,序中写道:

> 君天资极高,而其刻苦劬学,则固知勉行者所不逮。其读书恒能以精心炯眼创通大义,而订正事实,研索训诂,或过于专门考据之家。盖兼弘通精核二者而有之,可谓难矣。……盖论事必穷其原,近今治诸子书者,多就诸子论诸子而已。君独推求西周以前,极诸隆古清庙辟雍合一之世,谓有与神教相溷之哲学,实为先秦诸子哲学之原,又精研近世社会学家之说,返求之古书,而知所谓大同小康者,确有其时,并审其如何递降而为乱世。……此外评诸家论性之说,言道德形名一贯之理,辨析老庄之同异,推考墨学之渊源,谓杨朱为我之说,实即道家养生之论。《汉志·数术略》形法家之说,同符西哲唯物之谈。儒墨为封建废坏时所生阶级,孔墨特因以设教。《管子·轻重》诸篇,亦为农家之一派。邹衍五德终始之说,无异于儒家之通三统,无不奇而且确,乍闻之而惊,细思之则确不可易者。①

吕思勉的学生、历史学家杨宽对该书作了这样的评价:

> 《先秦学术概论》不同于一般的思想史著作,有它的三个特点:第一,全面分析先秦学派的源流,除道、儒、

---

① 《先秦学术概论(序)》,上海世界书局1933年10月版,第1、2页。

法、名、墨、阴阳等六家以外，兼及纵横家、兵家、农家、数术、方技、小说家、杂家。第二，着重分析各派源流和相互关系，对于学术思想只说明其要点。第三，分析各学派重要著作内容，并论及其真伪。……作者在评论各个学派的著作中，颇有真知灼见。例如论到杨朱，认为杨朱之学出于道家养生之论，《庄子》的《缮性》《让王》，《吕氏春秋》的《贵生》《不二》，《淮南子》的《精神》《道应》《诠言》，"发挥此义最为透彻"。又如论到孟子，认为孟子之功，在禅让，引用《泰誓》"天视自我民视，天听自我民听"之言加以阐释，就是采用了孔门对《尚书》的解说。这一看法也有一定的道理。近人都认为现存的《尉缭子》和《六韬》为伪书，不敢引用。吕先生却认为两书"皆多存古制，必非后人所能伪为"。现在山东临沂银雀山汉墓出土了两书的残简，足证吕先生论断的准确。[①]

吕思勉自己则在晚年所写的《"三反"及思想改造学习总结》中说："近来论先秦学术者，多侧重哲学方面，此书（《先秦学术概论》）独注重社会政治方面，此点可取。"[②]

民族史的两部专著，一部是《中国民族史》，另一部是《中国民族演进史》。

---

① 杨宽：《吕思勉先生的史学研究》，刊于《中国史研究》1982年第3期。
② 《"三反"及思想改造学习总结》，刊于《吕思勉遗文集（上）》，第451页。

·第五章　初入光华·

　　《中国民族史》由1934年上海世界书局初版，也由陈研因作序，序中说：历来记诸族之事迹者多，能董理其派别者少。故读史者常有种种疑惑不解之处，读此书，则向之怀疑莫释者，今皆昭若发蒙。该书的精辟之处，如"匈奴与中国同文也，其前后龙庭所在也，契丹十部八部之异也，金源王室得氏之由也，靺鞨二字之义也，文身食人之俗，究出何族也，无一不怡然涣然，未道破则人不能言，已道破则人人共信者"①。《中国民族史》分十三章，除第一章为总论外，其余各章分述汉族、匈奴、鲜卑、丁令、貉族、肃慎、苗族、粤族、濮族、羌族、藏族、白族等。吕思勉认为，我国境内民族，除了白种诸族以外，其余十一族，可分为三系：

　　　　匈奴、鲜卑、丁令、貉、肃慎为北系；羌、藏、苗、越、濮为南系；而汉族居其中。北系除貉族外，非据瘠薄之草原，则据山岭崎岖而苦寒之地，故其性好杀伐。历代为中国患，又蹂躏西域，有时且及于欧洲者，皆此派民族也。南方则地势崎岖，而气候炎热，其民性较弱，而团结亦较难，故不能为大患。然其开发亦不易。……惟汉族，根据黄河，而渐进于长江、粤江两流域。川原交错，物产丰饶，幅员广大，交通利便，气候亦具寒热温三带，取精用弘，故能大启文明，创建世界所无之大国。②

---

① 《中国民族史（序）》，上海世界书局1934年4月版，第1页。
② 《中国民族史》，第6—7页。

吕思勉后来对此书作了这样的评价：此书（《中国民族史》）考古处有可取，近代材料不完全，论汉族一篇，后来见解已改变[①]。

《中国民族演进史》是上海亚细亚书局出版的基本知识丛书之一，1935年初版发行。此书为中等学生所写，内容上侧重于民族史上的基本知识，多指示读书的方法。吕思勉在《序言》中说：

> 民族是民族，国族是国族，这两者是不容混淆的，一国家中，包含数民族的很多。既然同隶一国，自然该特别亲近些；自然当力谋团结。其实只要没有阻碍他的事情，他也自会亲近，自会团结的。然不能因此而抹杀其实为两民族的真相。中国现在，就是包含着好几个民族的。诸少数民族，对于主要的汉族，已往的关系是如何？现在的关系是如何？这些，谈民族问题的人，都应该忠实叙述。为要求各族亲近，团结起见，将已往的冲突，和现在未能一致之处，隐讳而不能尽言，未免是无谓的自欺。本书不取这种态度。[②]

《中国民族演进史》还阐述了民族史研究中的一些基本理论问题，在该书的第一章里，作者叙述了有关民族的定义及民族形

[①] 《"三反"及思想改造学习总结》，刊于《吕思勉遗文集（上）》，第451页。
[②] 《中国民族演进史》，上海亚细亚书局1935年版，序第2—3页。

成的内外条件。他认为：

民族是具有客观条件，因而发生共同（对外即可称为特异）的文化；因此发生民族意识，由此意识而相团结的集团。民族的构成有其一定的内在条件和外在条件，构成民族的内在条件，主要有种族、语言、风俗、宗教、文学、国土、历史等。这当然只是就民族构成的一般情况而言的，其重要性各时各地方并不一致，也有缺少若干种或者有若干种不甚充足，当并不妨碍其共同文化的发生。其人民因此而发生同类的感觉；觉得彼此相互之间，较诸和他人更为亲密，就会发生一种相亲爱、相扶持的情绪。至此，民族意识可云业已完具。民族意识虽然完具，但还须逼迫之，使其入于觉醒状态，这就是民族的构成所需的一种外在条件，一种外力。使一民族自觉其为一民族的，是异民族相当的压力，使一国家自觉其为一国家的，是异国家相当的压力。这种力量越重，其自觉的程度越高，其团结的力量也越厚。所以，世界各民族，其自身的条件业已具备，民族的组织，可谓完成；而其自觉的意识，总在若明若暗之间；及至近世，乃一齐觉醒；民族主义随而伸张；民族事业，因之完成。民族的团结，因外力而促成；也因外力的压迫而更加坚固；所以，外力实也是民族构成的重要条件。

吕思勉认为，民族的成因，从根本上说是原于文化，一民族就是代表一种文化。

文化的差异不消灭，民族的差异也终不能消灭。然而，文化并不是一成不变的。文化只是一种生活方式，生活的方式变，即文化变。而人所遭遇的环境变,则其生活的方式也不得不变。两民族相遇,或是劣者从优;或是互有短长,互有弃取。其结果,或是相互融合,产生出一种新的民族;或者是虽有所取于人,而其固有的特性,仍不消失,则为民族之革新。他说,世界上的各种文化,总是要相互融合而终归于统一的,我们不能像偏狭主义者那样固执,也不能故意说自己的文化是世界上最优的文化,甚至更进一步说自己民族负有宣传文化的使命,什么事都强人从我,不惜动用武力强迫他人接收他的文化,这样就要成为侵略的借口了。我们不要压迫消灭他人的文化,只是把我们的文化发扬光大,以供世界各民族采取,而增进其幸福,增进全人类的幸福,这是我们民族的义务,也是我们民族所应负有的责任和使命[1]。

《中国民族史》侧重于民族史的考证,《中国民族演进史》除了叙述必要的民族史知识外,还包括了许多民族史方面的理论。有关后者,在1935年,吕思勉还写了《论民族主义之真际》一文,其中说道:民族之性质,或优于文,或优于武。……中国民族所最缺乏者为武德,而武力不竞,以致于常见陵野蛮民族,又是文明民族之通病。孟子说:"城非不高也,池非不深也,兵革非不坚利也,米粟非不多也,委而去之,是地利不如人和也。"此是文明民族不敌野蛮民族的真原因。当日俄战争之际,日本有所谓"代耕"之俗,一夫出征,则其所荒弃之田,其邻里

---

[1] 《中国民族演进史》,上海亚细亚书局1935年版,第1—10页。

代为之耕，而凡征人之妻子，有所求于市，市人或廉其价；有疾，医者或不取费，为之疗治；其事殊，其意一也。中国有之乎？夫士之临陈而屡北，非果畏创夷，怯白刃也，其十八九，盖亦由其后顾而不能无忧焉。管夷吾有老母在，则三战而三北，古之人已如此，更何况社会之积弊已深之时。他认为：

> 民族强弱，究极言之，实与治化隆汙，息息相关；而治化之隆汙，其本原实在社会组织；徒求之于政事之理乱，抑其末焉者也。此等究极之谈，目前言之，诚若迂阔而远于务。然如现在普通人之见解，以为只须训练人民，使之健斗；又或标榜一二民族英雄，资其矜式；使尽提倡民族主义之能事，则可谓肤浅之至。……夫欲彻底改善社会组织，自非旦夕间事，然居今日而言，提倡民族主义，亦不宜专从粗浅处著眼。……具体言之，则如今日能训练人民，使之皆可为战士，固属要著。然如何筹划，乃可使出征之士，较少后顾之虑；乃可使为国宣劳者，可为公众所爱慕；袖手旁观若临陈奔北之士，可为公众所不齿；此等风气之造成，较诸授人民以行陈击刺之技，实尤要也。[①]

[①] 《论民族主义之真际》，刊于《教与学》1935年第1卷第4期。

养 猫

20世纪二三十年代，吕思勉还写过好几篇有关猫的文章，如《猫坠入井》《太平畜》《猫友纪》《猫乘》等。原来，吕思勉的业余爱好，除了弈棋以外，最喜欢的是养猫。他在《太平畜》一文中，称猫为太平之畜，他说：

> 昔孔子作《春秋》，张三世，于万事万物演进之理，罔不该焉。故犬者，乱世之畜也，养之以猎物，并以残人。牛马者，升平之畜也，人役其力以自利。猫者，太平畜也，人爱其柔仁，与之为友，而无所利焉。①

《猫乘》汇集了他历年所撰的《猫寿》《猫眼歌》《猫相》《猫可教》《猫窃》《猫救子》《猫食》等文章及资料。其中《猫救子》一篇，记录了他养的一只名叫"黑大"的猫的"逸事"：

> 予所畜猫名"黑大"者，生子于楼上，楼无人居，而废器物甚多，一日其小猫胃栏于网篮之绳不得脱，黑大下寻吾妻，鸣不已，逐之不去，随之往，见小猫栏于绳，乃为解之。

---

① 《吕思勉先生年谱长编》，第504页。

《猫友纪》二篇，都是他所养及所见的猫的记录。《猫友纪》的首段曰：

孟子曰：舜之居深山之中，与木石居，与鹿豕游，友岂必其人也哉！陈雪村署其室曰"友猫"，有以也夫！

其中有一段记录了他幼年所养的一只"老白猫"：

老白猫，予幼时所畜，不知其所由来，壬辰予九岁，随宦江北，尽室以行，时予家有猫二：一老白猫；一董猫也。携董猫以行，大姑来居予宅，以老白猫属之，未几，得大姑书云：老白猫去不归矣。未知其何适也。抑此猫已老，以病出，死于外耶？未可知也。此猫颇猛，予小时畜兔二、画眉一，皆为所杀，然不恶之也。

又有两段记录他所养的"二十角猫"和"黑米"：

二十角猫，黄白色，颇美，予妻以小洋二十角买诸人，故曰二十角猫，性好斗，家中旧畜之猫，皆畏之，以是颇恶之。一日伴予妻昼寝，予妻抚之曰：女旧主人不好，奈何以二十角而卖女耶？居予家，须和善，不可与旧猫斗也。已而予妻乳子，家人恶是猫之嚣也。寄之蒋义和杂货肆中，是肆之主人，与予家交易数十年矣，乃以之赠人，而告予家曰：

图15　吕思勉先生手迹：《猫乘》及《猫友纪》

猫自走失矣。予家知其诡，然无如之何也。

白眉与阿白、白鼻同产，毛皆黑。惟眉间有数茎白故名，后此数茎亦黑，又名黑米，面颜圆美，予女翼仁悦之，老而患腹泻，久之不愈，二十四年冬出，不归，盖死矣。

图16　吕思勉先生自刻的猫形印章

从"家中旧畜之猫,皆畏之"一句,可知吕家养的猫一定有好几只,而且一一为其取名,记其毛色、特征、习性,以及它的由来与去向。大概是由于受吕思勉的影响,对于猫,不仅吕思勉非常喜欢,妻子女儿也都喜欢,常有因爱猫而做出富有童趣的事来。《猫友纪》中就曾记录了夫妇俩因不愿将所爱的"大龙"(猫名)送人,而将它藏匿于友人家的事:

谚曰:一龙二虎,三猫四鼠,谓猫乳子愈少愈强,愈多愈弱也。四角猫去岁丙午产一牡猫,众因名之曰大龙,或亦呼为龙心。是岁二姑归宁,予父以赠之,予与予妻不欲,二姑行之日,私将此猫寄之予友史文甫家,二姑既行,乃又抱之归,家人但以为猫适出而已,不知为予与予妻所匿也。

猫在吕家,不只是宠物,简直是家庭的一员。吃饭时,猫爬上桌子,家人也不叱责,把吕思勉筷子上的菜打下来吃,他也不生气,只是笑笑而已[①]。家中的井用过之后,妻子总是要去检查一下,用盖子盖上,以防猫失足落入井中。家中的园子里,原种有一棵葡萄,每到初夏,绿荫沉沉,引来许多壁虎,有一次,一只小猫死了,大家疑心它不懂事,误吃了小壁虎,为了保护别的小猫,竟把葡萄藤掘掉了。家中曾养过一只名叫"阿黄"的猫,全身黄色,"颇美"。有亲戚朋友来访,谈完正事之后,吕思勉总

---

① 黄永年:《回忆我的老师吕诚之先生》,刊于《蒿庐问学记》,第148页。

要问：到我家，见过"阿黄"吗？他还有一方猫图案的印章，章仅盈寸，造型简朴、苍劲如汉印，常常盖在书、文稿上或给友人的信笺上。真是与猫为友，不亦乐乎。

吕思勉爱猫，偶尔有邻居家的猫走入他家，他"爱而留之"，《猫友纪》中记有这么一件事：

> 予家之西，为予外家之祠，有妇人居焉。……好猫，所畜猫有走之予家者，其毛多黑而少白，甚美，爱而留之，名之曰阿黑。阿黑之旧主人谓予家之庖人曰：吾有猫在汝家耶？庖人曰：安有是？其人笑曰：女勿隐也。彼自乐居汝家，予岂必强之归哉！且予所畜猫凡四，此其下焉者也。出其三猫以视庖人，皆较阿黑为美，然阿黑予家已以为美猫矣。[1]

1935年时，吕思勉在光华大学任教，常州来信说，家中所养的小黄猫已四日不归了。几天以后，又得常州来信，说小黄猫已为畜鸽者所杀。这一日，他做了一梦，梦见他所爱的"小黄"归来了：

> 廿八日（旧五月九日）夜梦在高台之边，见下有猫黄色，予警呼小黄归矣，欲垂绳援之，未果后醒。[2]

---

[1] 以上所引《猫友纪》，均见《吕思勉先生年谱长编》，第504—505页。
[2] 《吕思勉先生年谱长编》，第512页。

有一次与人同游上海旧城邑庙，在一家出售小动物的店铺里，看到一只卷毛白猫，双睛异色，店员介绍说是波斯猫，索价"稻米十石"，他们只有望"猫"兴叹了，吕思勉心中难舍，还细细地观赏了好一会儿才离去。后来，他还常常向同好者介绍这只头大、脸圆、毛长、尾粗的波斯猫[1]。而这"头大、脸圆、毛长、尾粗"的四大特征，正是吕思勉对猫的"审美观"。

---

[1] 方德修:《深切的怀念，难忘的教诲》，王玉祥:《怀念吕诚之老师》，刊于《蒿庐问学记》，第170、162页。

第六章　孤岛上的生活与写作

国难时期

1937年7月7日，卢沟桥事变爆发。8月13日，日军侵犯上海。当时，吕思勉正在光华大学的暑期学校上课，得知战争的消息，他立刻乘火车自上海赶回常州，与妻子女儿商量今后的行止。抗战已经全面爆发，东南沿海一带平坦之地不能坚守是意料之中的事，但当时上海还没有完全沦陷，光华大学仍可以在上海租界里开学上课。为了解决暂时的生活问题，不脱离集体，吕思勉一家又从常州回到上海。

8月20日回常州，至10月偕家眷返回上海，乱离之际的所见所闻，令他感叹不已。回沪后，他写了一篇《八·一三事变后沪常见闻》，记载了两件令他难忘的事：

> 其（一）当上海战事起后，我用种种方法，想回武进，都不能达目的。至二十一日十五时，乃得友朋以电话相告，谓"是日十八时，有沪京通车，自上海西站开出，可以往

趁。"前此我已到西站白跑一趟了,是日,仍鼓足勇气,与姚舜钦、陈养浩、吴国光(即吴士骏)等先生同至西站,时仅十七时许,然已拥挤不堪。四人中,吴先生躯干最伟,力亦最大,乃公请其买票。久之而后得。及既上车,乃其空异常。我们逆忆是日的车,必然拥挤异常,所以都买了二等票。至此,我乃巡历全车。则三等之空,有甚于二等。原来是日沪京通车,知之甚鲜,车站拥挤,皆买票赴杭县之人,而此次之沪京通车,却挂有卧车一节,头等车一节,二等车三节,三等车六节,是以其空如此。此时车辆配置,自无从逆计乘客之多寡,且亦不能但顾乘客之多寡,此自非调度车辆者之咎。然车过嘉兴时,两旁月台上,难民麇集,多数系能买票之人,急欲归乡,而车外人殷殷询问:"此车是否到苏州?是否到镇江?"……这明明是到苏州,到镇江……的车,而车中无一人能负责答覆。路警且诳以"这车不是到苏州镇江的……",这真使我诧异极了。车上的执事人员,所以不能援难民登车,依我测度:大约其中买票的固然有人,不买的亦必不乏,分别买票与否,以定登车与否,势必召乱,是以受命不为,在受命者不能自由,在出命者无从豫度,这自然无可归咎。然而当时车中之情形,尽容两月台之难民,人人有座位,尚可有余,更无论济之以立也。假使当时地方办事人员,能先分别(一)难民之有资者若干人,无资者若干人,(二)到某地者若干人,到某地……者若干人,豫行计划,至客车至站时,则视其拥挤与空之程度,以定遣送之缓急先后,由地方救济团体负责,与火车交涉,必无不可办到之理。然而露冷风清,不见有一负责照料之人士,徒见难民若干,男女老幼夹杂,咨嗟踯躅于月台之上,无路可走而已。这不能不使我怀疑于地方究竟有无（A）行政官吏,（B）责任人士,（C）救济团体了。难道非常时期之工作,仍不脱纳交要誉之私,交私养望之实,抑尽于簿书期会之间邪?

其（二）我自武进来的时候,携一妻一女（本校毕业生吕翼仁）并与姚舜钦先生之夫人,及其两女公子,一公子同行。初九日十四时半,自武进趁京沪汽车,十七时到无锡,在无锡住一夜。十日晨,往趁汽车,照定章是日十四时可到上海,然因天雨,自嘉善以往路坏,车只能到嘉善为止。因嘉善无熟人,无锡则有;嘉善退回武进难,无锡则易;决在锡暂留一日,以观进止,乃退票仍住旅馆。是行也,在汽车站无意中遇立达学院教员宜兴冯君达夫,旧友也。同退入无锡城内。饭后,余与冯君及余女翼仁,同至汽车站打听消息。打听后,决定到嘉善再行设法。次日,一行八人,到车站买票到嘉善。到嘉善后,车试开上海,居然到达。当十日晨退票不行,午后探听消息,十一日晨又商略进止时,均蒙站长殷勤指示。此站长我素昧平生,十日午后,曾请教其尊姓,渠似说姓钱,但我并未听真确,不敢决其不误。我旧劳于外,于今三十年已,所见交通机关人员,恶劣者多,善良者少,即善良者,亦多以法律论则无疵,以道德论则未敢

· 第六章　孤岛上的生活与写作 ·

轻许，独此站长，（甲）耐劳，如乘客上下时，亲自殷勤照料。（乙）耐烦，亲见许多人询问，站长无不和颜悦色，仔细说明。（丙）事理通达。（丁）指挥周到而敏捷。此皆于其处事时见之。若今日社会上、政治上作事之人，人人如此，事不足办也。……若使凡任职者，不论公私，皆如此站长，则事无不举，而民族之复兴，岂待问哉？此今日社会真正之进步，可为乐观者也。①

光华大学是一所私立大学，自开办后即经费拮据，常常连支付教师的薪水都发生困难，起初是年年拖欠，后来干脆每年只发九个月的教薪。吕思勉一家虽然只有三口，但还负担着堂弟一家的生活，靠着这微薄的薪水和一些稿费，两家人的生活只能是勉强地敷衍着。但是，到战争爆发以后，连勉强敷衍也敷衍不下去了。吕思勉原来的教薪是二百四十元，女儿在光华大学社会学系毕业后留校任助教，月薪是六十元。自1937年起，国难期间薪水都按对折支付，父女俩每月薪水加在一起只有一百五十元。当时的上海，正是米珠薪桂，物价飞腾，吕家的生活开销由勉强敷衍，一下子落到了穷于应付了。

1940年，吕思勉写了一篇《新年与青年》，讲到他这几年的心境及生活上的窘困：

---

① 《吕思勉先生编年事辑》，第185—187页。

孤岛拘囚，转瞬两年了。……再也看不见旧时所谓年景。……还记得我在儿童时代，每遇新年，总是欢天喜地的。穿新衣啊！吃啊！玩啊！在隔年，只恨新年到来得迟；开了年，又恨新年过去得快。丝毫不知道愁苦。在青年时代，也还保存着这种豪兴，那时候，看见家里的大人，遇到年节，不以为乐，反有点厌倦的意思，全然不能了解。到成年之后，家计上身，就渐渐踏上前辈的旧路了。做糕团啊！做过年的菜啊！到亲戚家里去贺年啊！送礼物啊！给小孩子压岁钱啊！给佣人赏钱啊！在在须钱，而且事事费力，总而言之，就是"劳民伤财"四个字。如此几个年过过来，自己也不免觉得有些厌倦了。①

　　物价飞涨，货币贬值，一家的生活进入了最困难的时期。更糟糕的是生活上的不安定。光华大学初办时，因大西路的校舍尚未建成，而租借霞飞路（今淮海中路）834—836号为学校校舍。1926年秋，大西路的校舍建成，学生才迁入上课。1932年"一·二八"事变以后，学校暂借愚园路岐山村为临时校舍，到1933年夏季战事停止，再迁回原址。"八一三"以后，大西路的校舍处于战火地带，学生上课颇不安全，不得已，大学部迁至爱文义路卡德路（今北京西路）的国光中学，后又借白克路（今凤阳路）660号为校舍。1937年11月12、13日，光华大学大西路的

---

① 《新年与青年》，刊于《青年半月刊》1940年第1卷第6、7期合刊。

校舍被日军炮火焚毁，学校迁回原址已不可能，只得借汉口路华商证券交易所三楼和八楼为学生上课①。这样，吕思勉的家也随着校址的不断迁移而经常搬家，仅1937—1943年的五年间，吕家就搬迁过三次：从愚园路俭德坊17号搬到爱麦虞限路（今绍兴路）惠安坊162号，从爱麦虞限路的惠安坊搬到福熙路（今延安路）837号，从福熙路搬到霞飞路兰村16号。

"八一三"后，上海的租界成为孤岛，要在租界里找一个安全一点的住处是极其困难的，首先是要付一大笔顶费，其次是房屋的租金也日日看涨。搬至爱麦虞限路时，房主谭新民是吕家的远亲，由于这一层关系，谭氏没有收房屋的顶费，他自住三楼，把二楼的前后二间房间出租。吕思勉反复筹算，两个房间的租费还是负担不起，结果只租了一间前楼，亭子间由他另行租给别人。几次迁居，一家三口始终挤在一个房间里，一大一小两张板床，一大一小两张书桌，一张小方桌，两架白木书架，几只凳子，这就是吕思勉一家的全部家具了。钱穆在《八十忆双亲师友杂忆合刊》中曾回忆起1940年前后去上海兰村拜访老师的情景：

> 余之重见诚之师，乃在民国二十九年，上距离去常州府中学堂，适已三十年一世之隔矣。是年，余《国史大纲》初完稿，为防空袭，急欲付印。乃自昆明赴香港，商之商务印书馆，王云五馆长允即付印，惟须交上海印刷厂付印。余

---

① 《光华的足迹——光华大学建校七十周年纪念集》，光华大学校友会编，1995年刊印。

曰大佳，光华大学有吕思勉教授，此稿校样须由彼过目。云五亦允办。余又赴沪，亲谒诚之师于其法租界之寓邸。面陈《国史大纲》方完稿，即付印，恐多错误，盼师作最后一校，其时余当已离去，遇错误，请迳改定。师亦允之。后遇曲折，此稿越半年始付印。时余亦蛰居苏州，未去后方。一日赴沪，诚之师告余，商务送稿，日必百页上下，催速校，翌晨即来取，无法细诵，只改错字。诚之师盛赞余书中"论南北经济"一节。又谓："书中叙魏晋屯田以下，迄唐之租庸调，其间演变，古今治史者，无一人详道其所以然，此书所论，诚千载只眼也。"此语距今亦逾三十年，乃更无他人语余及此。我师特加赏识之恩，曷可忘。

余是年居苏州奉母，每隔一两月必去沪。去沪必谒诚之师。师寓不甚宽，一厅容三桌。师一子，弱冠夭折，最为师伤心事。一女毕业光华大学，时方习绘事。近窗右侧一长方桌，师凭以写作。左侧一长方桌较小，师妹凭之临古画。一方桌居中央，刀砧碗碟，师母凭之整理菜肴。余至，坐师桌旁，或移两椅至窗外方廊中坐。或留膳，必长谈半日或竟日，历三四日始归。诚之师必留每日报纸，为余寓苏不易见者，一大束，或用朱笔标出其要点。见面即语余别后大事变经过之要略。由余返旅馆，再读其所留之报纸。一年中，如是相晤，可得六七次。

诚之师案上空无一物，四壁亦不见书本，书本尽藏于其室内上层四围所架之长木板上，因室小无可容也。及师偶翻书桌之抽屉，乃知一书桌两边八个抽屉尽藏卡片。遇师动笔，其材料皆取之卡片，其精勤如此。[①]

《吕著中国通史》

自十六七岁起，吕思勉就开始学习写读书札记，后来专意治史，写读书札记几乎成了他的日课，每天清晨起来，就埋头于阅读写作，一直工作到深夜，数十年如一日，从无间断。他先后把"二十四史"反复阅读了好几遍，又参考其他史书以及经、子、集部的文献，将辑录的史料加以排比考订，再经过综合分析，写成一条条札记。这些读书札记，有的是对史事的考证，有的是对文献的订误，更多的是对史事的分析和融会贯通的综合。他的那几部有分量的断代史著作，就是在这种有计划地坚持不懈阅读史书和写作读书札记的基础上，再加以综合研究而写成的。长期的阅读写作，积累了大量的读书札记，1937年，吕思勉整理旧稿，将其中部分的札记，整理成篇，取名为《燕石札记》，交由商务印书馆初版印行。他在序言中说：

> 予小时读书即有札记，迄于今未废，阅时既久，积稿颇多。每思改定，依经子史分为三编，以就正于有道。皮骨奔走，卒卒寡闲。仅因友人主编杂志索稿，或学校生徒质

[①] 钱穆：《八十忆双亲师友杂忆合刊》，《钱宾四先生全集》第51卷，第52、53、54页。

问，发箧整理，间或成篇而已。念全书杀青无期，乃谋陆续刊布，总名之曰燕石札记。俟积稿清厘略竟，然后分类编次焉。学问之道无穷，浅陋如予，所述宁足观采。惟半生精力所在，不忍弃掷。千虑一得，冀或为并世学人效土壤细流之助而已。倘蒙进而教之，俾愚夫不至终宝其燕石，则所深幸也。①

在写于1952年的《"三反"及思想改造学习总结》中，吕思勉对该书作了这样的检讨：

《燕石札记》。考证尚可取，论晋人清谈数篇，今日观之，不尽洽意。②

孤岛时期，吕思勉完成了他的另一部中国通史——《吕著中

---

① 《燕石札记（序）》，上海商务印书馆1937年3月版，第1页。
② 20世纪50年代初，吕思勉在华东师范大学历史系任教，因教学的需要，重又编写了《中国通史晋朝部分纲要》，其中《晋世学术思想》一节，叙述了他对"晋人清谈"的新认识：谈玄者谓之清谈，世皆訾其误国。然清谈者未必不事事，不事事者亦不必皆能清谈。谓不事事误国可，谓因清谈而不事事者误国可，清谈而勤于事，固不能谓其误国也。正始诸贤，皆有志当世之士。则其明证。其后或为司马氏所戕贼，或则隐晦以求自全，此乃军阀之罪恶，岂可释之而罪学者邪？玄学之敝，乃在承新莽改革失败之后，不复敢言社会革命，而徒欲移易人心，遂至陷入唯心论。观鲍敬言之无君论，徒能斥现行政治之恶，而绝无办法可知。次则其人虽有学问，而不胜其物质之欲，不能自振，且冒于财利。此已为学者之失，而非其学之咎矣。见《吕思勉遗文集（上）》，第631－632页。

国通史》写作。这一部通史是他历年在大学讲课的基础上加以增损而编定的，也是专为大学文科学生的学习阅读写的。他认为：大学生，尤其是大学文科的学生，他们在中学历史学习的基础上，正需要增加各方面有系统有条理的历史知识，以适应进一步钻研的需要。而现今在上海流行的各种通史著作，虽然在叙述历代治乱兴衰的过程中，夹叙了一些典章制度，但是往往缺乏系统，上下不够连贯，使初学者摸不着头脑，不能形成系统的历史知识。为了克服这种毛病，他编写的这部中国通史，没有采用一般的通史体例，全书分上下两册，上册分门别类地系统叙述社会经济制度、政治制度和文化学术的发展情况，下册分章按历史顺序有条理地叙述了政治历史的变革。内容上包括婚姻、族制、政体、阶级、财产、官制、选举、赋税、兵制、刑法、实业、货币、衣食、住行、教育、语文、学术、宗教等十八大类，这样的安排，既注重社会文化现象，又不至于遗漏社会政治方面的内容，也避免了与中学以下的本国史教学相重复。

吕思勉编写此书的另一个目的，是想从中总结一些历史的经验，用来指导我们今后的行动。他说，中国历代的社会改革思潮有两种：一种是儒家的主张，希望通过社会改革，达到"大同"，进入"太平世"，其具体的措施是恢复井田，平均地权；另一种是法家的主张，采取节制资本，盐铁官营，控制民间商业借贷的办法。但这两种主张都没有能够取得改革社会的成效。历史的经验向我们启示：中国今日的社会改革，应着重在社会经济和政治制度方面。社会经济的改革尤以农业为首要，农业生产虽然

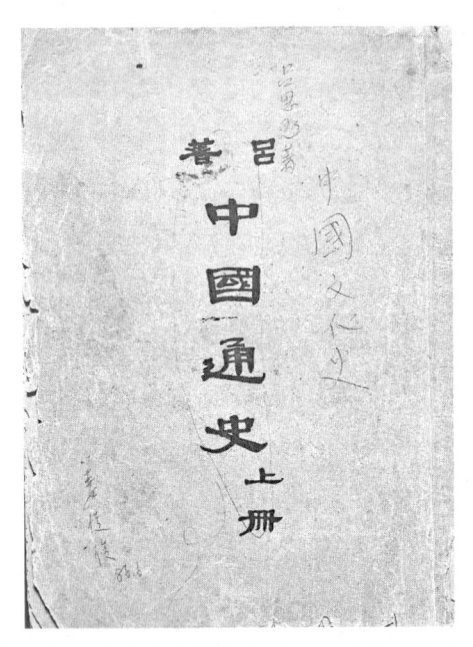

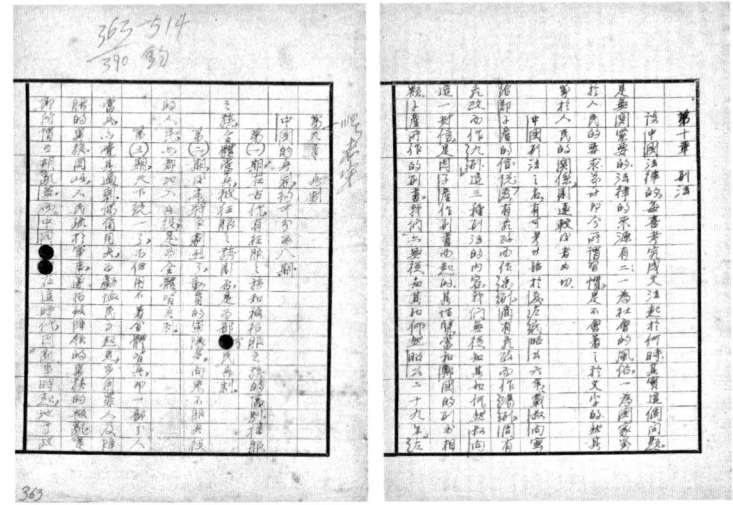

图17 《吕著中国通史》手稿

已由粗耕型进入精耕型，但土地私有和小农制的存在，阻碍了我国农业的进步，唯一的出路是推行大农制，改变生产方式，学习苏俄集合农场的办法，推行机械耕作。政治制度上，他认为应该发扬我国古代的民主政治制度，使"天下者天下人之天下"的思想深入人心，相信自古以来的"旁薄郁积的民主思想"，"必将待时势的来到而见之于行动"①。

生活是愈来愈艰苦，但精神上却始终是昂扬高涨、乐观自信。在《吕著中国通史》的最后一章《革命途中的中国》里，启示中国必然走向社会主义，必然走向民主政治。他用"大器晚成"这句成语来预祝中国的前途光明。他说：

> 中国既处于今日之世界，非努力打退侵略的恶势力，决无可以自存之理。……我们现在所处的境界，诚极沉闷，却不可无一百二十分的自信心。岂有数万万人的大族，数千年的大国、古国，没有前途之理？②

这部书写毕于1941年"九一八"之日，他借用梁启超所译英国诗人拜伦的诗，为书的结语：

> 希腊啊！你本是平和时代的爱娇，你本是战争时代的天骄。撒芷波，歌声高，女诗人，热情好。更有那德罗士、菲

---

① 杨宽：《吕思勉先生的史学研究》，刊于《中国史研究》1982年第3期。
② 《吕著中国通史（下）》，上海开明书店1944年9月版，第554、555页。

波士荣光常照。此地是艺文旧垒，技术中潮。祇今在否？算除却太阳光线，万般没了。

马拉顿前啊！山容缥渺。马拉顿后啊！海门环绕。如此好河山，也应有自由回照。我向那波斯军墓门凭眺。难道我为奴为隶，今生便了？不信我为奴为隶，今生便了。[①]

1940年，《吕著中国通史》的上册由上海开明书店初版发行，下册于1944年初版发行。吕思勉自评"此书下册仅资联结，上册农工商、衣食住两章，自问材料尚嫌贫薄，官制一章，措辞太简，学生不易明了，余尚足供参考"[②]。1992年8月，《吕著中国通史》由华东师范大学出版社新版发行。1997年3月，中国经济出版社出版发行"企业万有文库"，《吕著中国通史》被编入第十八卷文化科学卷[③]。

《先秦史》

孤岛时期完成的另一部著作是《先秦史》。

大约自中年以后，吕思勉便制定了一个长期的研究写作计划，那就是总结自己对中国古代史的研究成果，撰写六部断代

---

① 《吕著中国通史（下）》，第555页。
② 《"三反"及思想改造学习总结》，刊于《吕思勉遗文集（上）》，第450页。
③ 20世纪90年代以后，最初由这两家出版社新版重印了《吕著中国通史》，而如今，《吕著中国通史》则是吕氏著作中重印最多的一部通史。

史，即先秦史、秦汉史、两晋南北朝史、隋唐五代史、宋辽金元史、明清史。这一写作计划的酝酿是很早的，但一直到20世纪30年代后期才开始动笔，还有另外一个缘由。起初，上海开明书店曾约请钱穆写国史长编，钱穆认为，这样的一部国史长编，非一般学者所能胜任，而自己的老师吕思勉则是撰写这一部长编的最合适的人选。在征得老师的允诺后，他便向开明书店推荐，由吕思勉来承担这一任务。所以，断代史的写作计划，也于20世纪30年代后期开始。

这一写作计划的第一部著作是《先秦史》，1941年由上海开明书店出版。与同类著作相比，《先秦史》在选择重点和分析问题上慧眼卓识，很有特色，显示了作者敏锐的综合和解剖的能力。该书的前半部分，叙述政治史方面的内容，突出各时期的重要政治斗争，如炎帝与黄帝之争、黄帝与共工之争、尧舜禹与三苗之争、夏后与后羿之争、殷周之兴替、春秋的大国争霸、战国的齐秦对峙和合纵连横等，以此作为主线，来贯穿先秦政治的发展演变。后半部分叙述社会经济方面的内容，着重分析社会组织、农工商业、衣食住行、政治制度、学术宗教等现象，追溯它起源和流变。其中有不少精辟的见解，如讲到贵族内部的选举，"其初盖专取勇力之士"，"观乡大夫既献贤能之书，复退而行乡射之礼，可见古者专以射选士"；"古之选举，其初盖专于乡，以其为战士所治之区也"。由此可见先秦贵族尚武的本色，其所谓"贤"原是指勇力。如讲刑法之起源，"盖所以待异族"，"古以兵刑为一"，古代掌刑之官称为"士"或"士师"，"士者战士，

235

士师者士之长，其初皆为军官"。"髡即越族之断发，黥即文身"，"其初盖俘异族以为奴婢，后则以本族之犯罪者，亦以奴婢而侪诸异族，因以异族之所为饰者施之"。这样追溯各种制度的起源和演变，既有论据，更符合社会发展的规律①。

在该书的结尾，作者又表达了他对社会大同的向往：

中国夙以崇古称。昔时读书之人，几于共仞三代以前有一黄金世界，今则虽三尺童子，亦知笑其诬矣。虽然昔人之抱此见解，亦自有其由，不得笑为愚痴也。……然欲至其所至之竟，必有其所由至之途。徒存其愿而不审其途，将如说食之不能获饱。惟社会组织之迁变，为能说明社会情状之不同，他皆偏而不全，而历史则所以记载社会之变迁者也。举国人向所想望之境，稽求其实，俾得明于既往，因以指示将来，此治古史者所当常目在之者也。不然，所闻虽多，终不免于玩物丧志而已矣，抑无当于史学之本旨也。②

对于这本著作，吕思勉自己的评价是：

此书论古史材料，古史年代，中国民族起源及西迁，古

---

① 《先秦史》（吕思勉史学论著前言，杨宽执笔），上海古籍出版社1982年9月版，第5页。
② 《先秦史》，上海开明书店1941年12月版，第479、481页。

代疆域，官学制度，自谓甚佳。①

《先秦史》在史料的运用上存在着一定的缺点。该书以《史记》为主要依据，用先秦典籍作补充，但未能充分利用甲骨文、金文等材料②。在《先秦史》的《古史材料》一章里，吕思勉曾说：

> 非记载之物，足以补记载之缺而正其伪，实通古今皆然，而在先史及古史茫昧之时，尤为重要。……鼎彝之属为最，亦及于刀剑、钱币、权量、简策、印章、陶瓷器诸端，所考索者，则偏及经学、史学、小学、美术等门。或观其形制，或辨其文字，或稽其事迹。其所考释，亦多有可称。③

可见，他对于地下古物的史料价值是相当重视的，然而，为什么在撰写《先秦史》的时候，这方面的材料又用得很少呢（考古材料的利用，主要集中在第三、第四章）？这有多方面的原因。这一部书写于战争年代，当时上海已成孤岛，图书资料的寻找查阅十分不便，吕思勉只能利用手头现有的资料来写作。更主要的是，他认为当时这方面的研究尚不成熟：

---

① 《"三反"及思想改造学习总结》，《吕思勉遗文集》上，第450页。
② 杨宽：《吕思勉先生的史学研究》，刊于《中国史研究》1982年第3期。
③ 《先秦史》，第5页。

惜物多出土后得，即有当时发现者，亦不知留意其在地下及其与他物并存之情形，因之伪器杂出，就见有之古器物论之，伪者盖不止居半焉。又有考释之旨，多取与书籍相证，而不能注重于书籍所未记。此其所以用力虽勤，卒不足以语于今之所谓考古也。

据实物为史料，今人必谓其较书籍为可信。其实亦不尽然。盖在财产私有之世，事无不为稻粱之谋。而轻脱自熹，有意作伪，以为游戏者，亦非无之。今之所谓古物，伪者恐亦不啻居半也。即如殷墟甲骨，出土不过数十年，然其真伪已屡腾人口。迨民国十七年，中央研究院派员访察，则作伪者确有主名；而市肆所流行，真者且几于绝迹。（见《安阳发掘告书》第一期《民国十七年十月试掘安阳小屯报告书》，《田野考古报告》第一期《安阳侯家庄出土之甲骨文字》）晚近众目昭彰之事如此，况于年久而事暗昧者乎？古物真伪，若能据科学辨析，自最可信。然其事殊不易（如殷墟甲骨，其刻文虽伪，而其所用甲骨则真）。无已，惟有取其发见流传，确实有据者。次则物巨功艰，为牟利者所不肯为，游戏者所不愿为者。又次则古物不直钱之地，较之直钱之地为可信；不直钱之世，与直钱之世较亦然。过此以往，则惟有各抒所见，以俟公评而已。至今世所谓发掘，自无作伪之弊，然其事甫在萌芽；所获太少。亦且发掘之物，陈列以供众览者少，报告率出一二人，亦又未可专恃。藉资参证则可，奉为定论，则见弹而求鸮炙，见卵而求时夜矣。①

当时的学术界，"疑古"风气很盛，许多学者对古书的可靠性颇为怀疑，乃至于有全盘否定的。吕思勉的看法不同，他认为，古书虽然有这样那样的问题，然在今日，仍是史料的大宗，仍需要我们花大功夫去研究它。他说：

> 近二十年来，所谓"疑古"之风大盛，学者每訾古书之不可信，其实古书自有其读法。今之疑古者，每援后世书籍之体例。訾议读古书，适见其卤莽灭裂耳。英儒吴理氏有言：薛里曼发现迈锡尼之藏，而知荷马史诗，无一字之诬罔（见《考古发掘方法论·引论》）。彼岂不知荷马史诗，乃吾国盲词之类哉？而其称之如此，可知古书自有其读法矣。书籍在今日，仍为史料之大宗。②

吕思勉的研究和写作，全都是靠他自己一人之力完成的，生平并无助手，甚至于书稿的抄写誊清，也都是他亲自完成的，这在近现代的史学家中也是罕见的。先秦史的史料复杂而又特殊，以个人之力写出全面系统而有见解的著作，已是有相当难度的事。要在深入系统地研究文献资料之外，再展开对甲骨金文的研究，势必难以保证充足的时间，因此也就难以有真正的心得。自己没有深入切实

---

① 《先秦史》，第5—6、21页。
② 《先秦史》，第6页。

的研究，而随便引用，敷衍剿袭，甚至追求时髦，装点门面，这为吕思勉所不取，也与他"知之为知之，不知为不知"的治学态度相悖。关于这一点，他的学生黄永年是很了解的：

> 吕先生尽管博学，但从不想当然，不知道就是不知道。我当时读黄仲则的《两当轩诗》，有一首咏归燕的七古，典故很多，有几处不知道出处本事，问吕先生，吕先生解释了几处，但对"神女钗归锦盒空"一句也不清楚，就很平和地对我说：这是什么典故我也想不起了。这种平易朴实的态度使我很感动。我以后也当了老师，当学生问我不懂的问题时，我就学吕先生，老老实实对学生说：我也不懂。或者说：我记不得了，可以查查什么书。学问如大海，而人的生命精力有局限，即使自己专攻的学问里也必然有许多自己解决不了的问题，要留待下一代来继续解决，硬把自己假装成无所不知，适说明其浅薄无知。[①]

对于老师的这种诚朴谦虚的作风，学生钱钟汉也有切身的体会：

> 在一九三九年，我适读过《清史稿》，因奉谒吕师于其寓所，偶然谈及此书，我当时曾请问先生：对此书可有评

---

① 黄永年：《回忆我的老师吕诚之先生》，刊于《蒿庐问学记》，第146页。

论，吕师即告以他尚未见过此书，未能提何意见。以一个老师对学生自称并未读过应已读到的某一部书，特别是以吕先生这样一个享有盛名的史学家，而自己实言不讳，称未读过《清史稿》，且并不以当时他人对此书已作出的评论，拾来作为己见，应付门面，这种诚朴谦虚的作风，确是永远值得我们做学生的，甚之所有治学者永远学习的。[①]

其实，《清史稿》吕思勉也读过的，他写的《印子钱》《京债》《民间借贷》《官家出举》等札记，都引用了《清史稿》中的资料[②]。他之所以这么说，无非是表示自己对《清史稿》没有作过深入系统的研究而不敢妄加评论。学科的发展还不成熟，自己又没有深入切实的研究，暂不贸然引用，这不能不说是一种严谨的治学态度。事实也证明，早年有一些史学著作之所以在学术上的价值不大，与这一点有相当的关系。

《古史辨》与古史研究新方法

从20世纪20年代初到40年代初，在我国史学界展开了一场有关中国古代史料（先秦至两汉）真伪问题的大讨论。这一场讨论

---

① 钱钟汉：《吕诚之先生的为人和治学》，刊于《蒿庐问学记》，第185—186页。
② 《吕思勉读书札记》，上海古籍出版社1982年8月版，第1043、1132、1144、1147页。

始于顾颉刚的《与钱玄同先生论古史书》一文。在这篇文章中，他认为传统的所谓中国古史，完全是后人一代代垒造起来的，并非真实的历史。而且，时代愈后，垒造传说中的古史期愈长；时代愈后，垒造传说中的历史人物愈放愈大。这一大胆的创见，立刻在史学界里引起了轰动，并引发了上古史的一场大讨论。一时，赞成者如胡适之、钱玄同、傅斯年、周予同、罗根泽等，被称为"疑古派"，纷纷撰文支持，发挥引申；反对者如刘掞藜、胡堇人、柳诒徵等，被称作"信古派"，也不断质难反驳。双方你来我往，论战激烈。1926年起，顾颉刚等把这一场讨论中的文章以及信函等汇编成《古史辨》，陆续分册出版（一至七册）。

《古史辨》的编撰和出版原在北京进行，"七七事变"以后，北京的景山书店关闭了，印好的《古史辨》第六册只能送到上海，由上海开明书店发行。于是，《古史辨》第七册的编撰及出版也就移到了上海，由吕思勉与童书业编著。童书业在禹贡学会的时候，在顾颉刚的指导下已着手编撰《古史辨》的第七册，到上海以后，由杨宽介绍，认识了吕思勉，便邀请吕思勉领衔主编这一册书。吕思勉是一位爱才的史学前辈，假期后，便向学校推荐，破格聘请童书业担任光华大学历史系中国历史地理的讲师。当时，童书业为生活所迫，正在几所学校兼课，写作也非常繁忙。他正在写《中国绘画史》，为了加快写作速度，常常由他口述，由吕翼仁记录，再经吕思勉审核订正。吕思勉还为童书业的《唐宋绘画谈丛》一书写了序言。

《古史辨》的第七册，是这一套书中分量最大的一册，全书约八十万字，分上、中、下三本，其中三分之一的校样是吕思勉一个人独力校阅的，三分之二的校样也是他参与校阅。当时，齐鲁大学国学研究所的刊物《齐鲁学报》也在上海编辑出版，他受顾颉刚的委托而负责主编。《齐鲁学报》在上海共出了两期，吕思勉把自己的一些重要论文，如《汉人訾产杂论》《秦汉移民论》《道教起源杂考》等都送入该刊物上发表，是当时"孤岛"上唯一有质量的文史研究刊物，后来因日军侵入上海租界而停刊。

1941年，《古史辨》第七册，在上海由开明书店出版发行。顾颉刚对这一册书的评价甚高，他说：

> 这一册的文章讨论得最细，内容也最充实，是十余年来对古史传说批判的一个大结集。这本书分上、中、下三编，上编是古史传说的通论，收了我所著的《战国秦汉人的造伪和辨伪》和杨宽的《中国上古史导论》；中编是三皇五帝考，以我和杨向奎合写的《三皇考》和吕思勉、蒙文通、缪凤林等关于三皇五帝讨论的论文为中心；下编为唐、虞、夏史考，以我与童书业合作的几篇论文和吕思勉、陈梦家、吴其昌等的论文为中心。中下两编从三皇一直讨论到夏桀，当时研究古史的重要文章，基本上都收入了。①

童书业在该书的序言中写道：

---

① 顾颉刚：《我怎样编写古史辨的？》，《古史辨》，1981年3月重印版总序，第26页。

243

这册《古史辨》在上海出版，也得到许多意外的助力，如史学家前辈吕诚之（思勉）帮助我们的地方实在不少，使我们的工作大为增光。吕先生在经学方面，是一位今文学的大师；在史学方面，又是刘知几的后劲；在思想方面，更是一位倾向社会主义的前进者。他的讨论古史方面的著作虽然不多，却篇篇沉着深锐，超出并时人研究之上。现在即蒙他把全部讲古史的论文送入这册《古史辨》中刊登，同时又蒙他允诺作本书的领衔编著者，这真使我们欣幸无已！[①]

中国上古史及其史料，是吕思勉致力最多的一个研究领域。早在1920年，他就参与了《建设》杂志关于中国古代有没有井田制的讨论。1923年，他写了《辩梁任公阴阳五行说之来历》一文，对梁氏提出了阴阳五行说起于战国时代燕齐方士，由邹衍首先传播，"邹衍以前无阴阳五行"的说法提出了批评。在这篇文章里，吕思勉还提出了一个考辨古代史料（先秦至两汉）的新方法，他说：

《伪古文尚书》一案，固眯学者之目千余年矣。然此特今人之学，仅能拣别魏晋人之伪品耳。若以史学之眼光，视古书为史料，则由此等而上之，别东汉人之所为于西汉人之外，别西汉人之所为于春秋战国时人以外，别春秋战国人所

[①] 《古史辨》（第七册）自序二，上海古籍出版社1981年3月版，第7页。

为于西周以前之人以外，其劳正未有艾。如此拣剔，传固相需甚殷，经亦相遇非疏。①

他认为我国先秦古籍，大多口耳相传，至汉代始著于竹帛。其间辗转流传，难免有后人尤其是汉代学者之说的羼入。历代学者特别是清代学者对先秦古籍虽然作了大量的整理，但都只限于校勘、辑佚及训诂，而对于后人之说的羼入问题始终没有解决。如何"拣剔"其中后人羼入的东西，这便是我们今天史学家的任务了。吕思勉不是"疑古派"者，但他提出的古籍考辨任务和方法，即把古书中后人羼入的部分逐步清除的设想，与"疑古派"的研究是一致的。

在《古史辨》第七册的序言里，吕思勉还提出了古史真相"逐渐地剥落"的观点。他认为，研究我国上古史，除了注意"层累地造成"的一面，还应该注意历史真相"逐渐地剥落"的一面，应采取"层累地造成"与"逐渐地剥落"相结合的观点，他说：

疑古之说初出，世人大共非訾，然迄于今日，其理卒有不可诬者。盖吾国古籍，著之竹帛者，大率自东周以来。其所称述夏、殷、西周之事，盖荀子所谓官人百吏，父子相传，以持王公，以取禄秩者。……后世文物，无数十百年不迁变者，而故书述三代制度，大率斠若划一，有是理与？……古

---

① 《辨梁任公阴阳五行说之来历》，刊于《东方杂志》1923年第20卷20号。

> 史之传于今者，探其原，盖有神话焉，有十口相传之辞焉，有方策之遗文焉，有学者所拟议焉，且有寓言无实者焉。其物本樊然淆乱，而由今观之，抑若略有条贯者，皆节经损益润饰而成。其人不必相谋，而其事一若相续。此顾君颉刚所由谓古史为层累造成。抑又未尝无逐渐剥蚀，前人所能详，而后人不能举其事者，此其所以益不易董理也。[①]

在后来所著的《中国史籍读法》里，他又重申了这一观点：

> 刘子玄所谓"轻事重言"之说，不得不常目在之，而利用经、子中材料的，不得不打一极大折扣。因为随意演说的，往往将其事扩大至无数倍也。又因主客观不分，所以其所谓"寓言"者，明系编造之事，而可以用真人名；又可将自己的话，装入他人口中。所重之言如此；而其所轻之事，则任其真相湮没。因此，读古书的，于近人所谓"层累地造成"之外；又须兼"逐渐地剥落"一义言之，方为完备。[②]

与"疑古派"所说中国古史及其传说均是荒诞无稽，全属子虚乌有的看法不同，吕思勉认为，不能因为古史的材料有后人之说的羼入而一笔抹杀它的研究价值，历史的真相是逐渐剥落的，"古史之传于后者"仍有其真相的幸存者，那就是古史材料中的

---

① 《古史辨》（第七册）自序一，第1页。
② 《史学四种》，第90页。

"极简略之词"和"单辞片语"。他以禹之治水为例说:

> 禹之治水,如今《尚书·禹贡》等所说,在当时绝无此可能。此在今日,已无待费辞。《书经·皋陶谟》(今本分为《益稷》)载禹自述之辞曰:"予决九川距四海,浚畎、浍距川。"九者,多数。川者,天然之河流。四海之海,乃晦字之义。四境之外,情形暗昧不明之地,则谓之海;非今洋海之海也。畎、浍者,人力所成之沟渠。然则禹之治水,不过将境内的沟渠,引导到天然的河流中;而将天然的河流,排出境外而已。《孟子·告子下》篇:白圭自夸其治水"愈于禹";孟子讥之,谓禹治水,"以四海为壑,今吾子以邻国为壑",而不知禹之所谓四海,正其时之邻国也。白圭盖尚知禹治水之真相。《论语·泰伯篇》:孔子之称禹,亦不过曰"尽力乎沟洫"而已。此等皆古事真相,因单辞片语而仅存者,一经随意推演,即全失其原形矣。①

所以,凡单辞片语未经扩大者,其说皆可信,然其详则不传。他说:尧舜禅让之说,"予昔极疑之",尤其是"谓尧舜禹之禅让,皆雍容揖让,一出于公天下之心",更不可信。"古代史事,其详本不可得闻。诸子百家,各以意说。儒家称美之,以明天下为公之义;法家诋斥之,以彰奸劫弑臣之危,用意不同,失

---

① 《史学四种》,第90页注。

真则一。""然儒家之说，虽非史事之真，而禅继之义，则有可得而言者。""今之论者，举凡古人之说一切疑为有意造作，则非予之所敢知矣。"[1]

在研究方法上，吕思勉主张疑古、考古、释古三者并举不可偏废。他说：

> 今人与古人所见自不能同，所见异，于古说安能无疑。而古书之训诂名物，又与后世不同，今人之所欲知者，或非古人之所知；或则古人以为不必知；又或为其时人人之所知，而无待于言，而其所言者又多不传；幸而传矣，又或不免于讹误。如是求知古事者，安能废考释之功？然于今日之理，异于古人者茫无所知，则读古书，安能疑，即有所疑，亦必不得其当，而其所考所释，亦必无以异于昔之人，又安用是喋喋为哉？故疑古考古释古三者必不容偏废。然人之情不能无所偏嗜，而其才亦各有所长。于三者之中，择其一而肆力焉可也。而要不可于余二者绝无所知，而尤不可以互相诋排，此理亦灼然，而世之人多蹈其失……[2]

吕思勉的"层累地造成"与"逐渐地剥落"相结合以及古史材料中的"单辞片语"是古史真相的幸存者的观点，与钱穆在《国史大纲》中的观点相同，他在该书"上古三代之部"一章中写道：

---

[1] 《古史辨》(第七册)，第268—170页。
[2] 《吕思勉先生编年事辑》，第265页。

今求创建新的古史观，则对近人极端之怀疑论，亦应稍加修正。从一方面看，古史若经后人层累地造成；惟据另一方面看，则古史实经后人层累地遗失而淘汰。层累造成之伪古史故应破坏；层累遗失的真古史，尤待探索。此其一。各民族最先历史，无不从追忆而来，故其中断难脱离传说与带有神话之部分。若严格排斥传说，则古史即无从说起。……此其二。且神话有起于传说之后者……不能因神话而抹杀传说。……此其三。假造亦与传说不同，如后世史书整段的记载与描写，或可出于假造（以可成于一手也，如《尚书》之《尧典》《禹贡》等）。其散见各书之零文短语，则多系往古传说，非出后世一人或一派所伪造（以其流传普遍，如舜与禹其人等），此其四。[1]

孤岛上的斗士

孤岛时期，是吕思勉一生中写作和教学最为忙碌的时期，抱着书生报国之志，他不仅写了大量的史学著作和论文，还非常留意时局，关心着祖国的命运。他用笔名写了一系列谴责日本帝国主义的侵略，揭露日寇在沦陷区暴行的文章。

1940年前后，学生范泉在上海租界内的一家抗日报纸编副刊，向吕思勉组稿。那时正值战争年代，写抗日的文章不仅稿酬

---

[1] 钱穆：《国史大纲》上，《钱宾四先生全集》第27卷，第8—9页。

很低，而且还有被日伪绑架和枪杀的危险。汪伪的报刊曾以优厚的稿酬向他约稿，还通过他的一个学生来向他游说，他都以"为开明书店订约写书"的话来搪塞。但范泉每次去约稿，吕思勉总是一口答应，并说："即使不给稿费，我也写！"他用"野猫""乃秋""六庸""程芸"等化名，写了许多洋溢着民族正气的文章。范泉回忆说：

> 谁都不会相信，一位年老体弱，成天钻研古史的著名历史学家吕思勉先生，竟在"孤岛"时期变得那样年青，用"野猫""六庸"一类的笔名，写下了一系列富有文艺气息的文章，如《武士的悲哀》《眼前的奇迹》等，为中国民族伸张了浩然的正气。一部"二十四史"，卷帙浩繁，真不知从何看起，但是吕先生却能认真地阅读了几遍。有时我到他家取稿，是在吃饭的时候，他却连吃饭的时间也不轻易放过，嘴在碗口进饭，眼在书上琢磨。有一次吕先生轻轻告诉我："居然有人想利用名利来诱劝我落水……"他淡淡地苦笑了一下，摇了摇头，然后从他的抽屉里，取出了他早已写好的稿子，递给了我。他为了抗战胜利，不计酬劳，默默地奋笔疾书。他那旺盛的写作热情，使我深深体会到：这不是在写作，这是在战斗。[1]

---

[1] 范泉：《回忆"孤岛"时期的编辑生涯》，《范泉编辑手记》，中国文联出版社2004年5月版，第22—23页。

·第六章　孤岛上的生活与写作·

他曾用"淡言"的笔名写了一篇散文《狗吠》，以犀利的文字，谴责了汉奸和"异样的"日本侵略者。文章一开头，写作者离别故乡三年，见了故乡来人，不免要问起故乡的情形，但来人却答非所问地回答：现在狗吠的声音，比从前厉害了。这是什么话？作者听了莫名其妙。随后，作者从这一悬念出发来说明狗为什么越来越疯狂吠叫的原因：

狗不知道时势变了，还只认得向来所见惯的人。而今异样的人多了，狗见着他就叫。白天里不打紧。在深夜，他们得了慰安回来的时候，就要逢彼之怒了。或者拔出刀来刺，或者以现代的武器相对付。以现代的武器相对付，倒也罢了。被刺刀所刺的，伤而不死，真惨痛啊！我曾见一只狗，肠拖腹外，还惨切叫号了两三天。然而狗见了他们还是叫，不但没有受过伤的，就是受过伤的，甚而至于还带着伤的，也是如此，态度绝不改变。狗真有气节啊！现在的家乡，绝不是从前的情形了。从前，我们联床情话时，夜深人静，亦或听得狗吠的声音，开门出视，只见一条深巷，月明如水，行人绝迹而已。这种情形，在当时虽觉得惨澹，现在想起来，倒也幽闲有致。现在再没有这种情景了。深夜人静，听得狗吠时，再也没有人开门去看。[①]

[①] 《狗吠》，刊于《青年月刊》1940年第3卷第2期。

尽管是战争年代，吕思勉仍十分关心社会的改革和进步，他最感慨的是国人的因循守旧，不思改革，他说：

> 人们意见的陈旧，有些地方，是著实可惊的。如到现在，还要维持毛笔，反对钢笔，便是其一端。我在战前，以一元半法币，买了一枝自来水笔。二十六年十月九日，佩在身上，跑到孤岛来。到现在，已近四年了。虽已不成其为自来水笔，然蘸了墨水仍可写。这枝笔，我在战前，已用过相当的时间了。假使能用五年，则每年所费，不过三角，而用毛笔，则在战前之价，是每月一元，其相去为四十倍。毛笔诚有其优点及特殊的用途，非钢笔所能代，然大都是有闲阶级才要用才能用的。非毛笔不能作成，或虽作成而不能优美的作品，大多数人，本来无缘享受，此乃眼前铁一般的事实，岂能否认？以极烦难的手工制品与机器所制之品竞其价廉，以毛和麻与金属所制的笔头竞其经久，何异夸父逐日？[①]

这种因循守旧不思改革，是由一般人盲目而无所用心的习惯造成的。1940年，他在《塞翁与管仲》一文中写道：人类的进步，为什么如此迟缓，而在进化的中间，还要生出许多纷扰来，以致阻碍进化呢？其最大的毛病，就在无所用其心，而凡事只会照老样子做。他以自己早年曾留意的鞋子制作的改革为例说：

---

① 《国文教学贡疑》，刊于1941年11月上海《中美日报》，见《吕思勉先生编年事辑》，第222页。

> 凡着鞋，底贵略硬，略厚，后高于前，而帮贵乎软。软则申缩自如，不至束缚足部之肌肉，而妨碍其发育。所以皮鞋的底，旧式鞋子的帮，合起来，方是合乎理想的鞋。民国纪元前五年，我路过苏州，确曾看见这样的制品，在观前或宫巷的鞋店里。后来再过苏州，就不见了。我更有好几次，把这意思说向鞋店中，他们都一笑置之。①

他认为，要改变这种盲目而无所用心的习惯，纠正只重实际而轻视计划工作的谬见，首要的是改良我们的教育，那就是：（一）指导大多数人，使其凡事知道用心。（二）而且要改革其生活，使不至为现实的劳作所困，而有用心的余暇。（三）再要打倒以大多数无所用心为己利的人，以除去使大多数人能用其心的障碍，这便是民治主义的真谛。

他平时很留意观察社会细微的变化，对它进行分析研究，希望运用历史科学来指导现实生活，促进社会进步。他还写了一篇《上海风气》的文章，本着自己的生活经历，回顾四五十年间上海风气的变化，他说：

> 风俗之变，有莫知其然而然者。三十年前，上海人以问路莫肯见告闻于世……予至上海颇早，旅上海颇久，生平不甚问路，路途有不识者，宁出门前查阅地图，即由习当时风

---

① 《塞翁与管仲》，刊于1940年5月24日上海《中美日报》。

气使然也。今者此风已渐改变，向人问路，十九肯以相告，且有甚殷勤诚恳者。①

他认为上海以往的风气，与大都市的生活特点有关，都市生活一是事物繁多，二是竞争激烈。

> 事繁则无暇与人多语，然不熟于上海情形者，往往絮絮致诘，而其所问之语，又非一二言所能使之了解，久于上海者苦之。乃思得一语以遮断之，使其无从再问。习之既久，凡与人言，多以此法应付，其语既不可谓之诚，亦不可谓之伪。在彼之意，本亦无恶于人，不过求省力而已。然自不习于上海者视之，则觉其不诚矣……日事争竞，则无复哀矜恻怛之仁，抑强扶弱之义，所畏者力，所歆者利而已。至于力不足畏，利无可歆之时，狰狞之面目即见。……日与人竞争，怨怒积于中，无可发泄，遂不择地而施之，以求一快也，故曰不迁怒难。②

他认为，近年来上海风气的转变与教育大有关系：

> 默察上海风气，学生恒逾于商人。身居工商之肆，然小时曾入学校者，大抵谦恭有礼；于力所能及之处，亦辄肯顾

---

① 《上海风气》，刊于《宇宙风（乙刊）》1940年第23期。
② 《上海风气》。

全公益。若出身商肆者，则多不能然。此教育之异也。……坐电车或公共汽车中，默察左右。凡见老弱妇女，或提挈器物，怀抱孩童之人，肯起立让坐者，其人多似学生，五六十以上之旧读书人，非不恂恂有礼，然知此者亦寡，此亦教育之异也。①

数年前，有一个青年因字写得不好，觉得很不方便，想习字又苦于不知方法，于是便在报上登文，求人指教。吕思勉读了后，很想把自己的习字经验贡献给他，"后因事冗，忽忽未果"。但每想到这件事，心里总觉得有些遗憾。1939年，他写成《一个合理的习字方法》，刊于报上，向一般青年学生介绍他的习字方法。他说：青年学生应该有练习的必要，但现今学校中教人练字的方法又颇为陈旧，不能适合现在习字的需要。现今的习字方法，一要节省精力和时间，二要书写容易，三要写出的字使人易识。为此，他提出：（一）要练习行书，而不要练习真书。因为中国文字书写的困难，在于用真体而不用草体。（二）习字方法用摹而不是用临，这样既省精力又省目力，许多零碎的时间也能利用。他结合自己少时习字的经验说：

少时读《曾文正公家书》，见其教子弟习字之法有两种：一种是把所习的帖，放在旁边或前面，自己脱空照着他

---

① 《上海风气》。

写，谓之临。一种是用薄的纸，覆在帖上，像儿童写影本一般，一笔笔照着他写，谓之摹。他说儿童写影本，肯用心的，一二个月，所写的字，无不和其所影的字毕肖。因此，他说习古人之字而肯摹，要像古人的字，要容易些。我看这部书时，还没有临帖。后来临帖了，苦不能像，姑照他的话试试，果然不差：一二个月，有些像了。①

关于执笔，他认为写应用字并不如写美术字那样严格，只需遵守"勿使腕之内侧即靠近拇指的一面着案"即可。因为腕之内侧着案的书写姿势很不自然，书写较慢，且易疲劳，也不能多写。

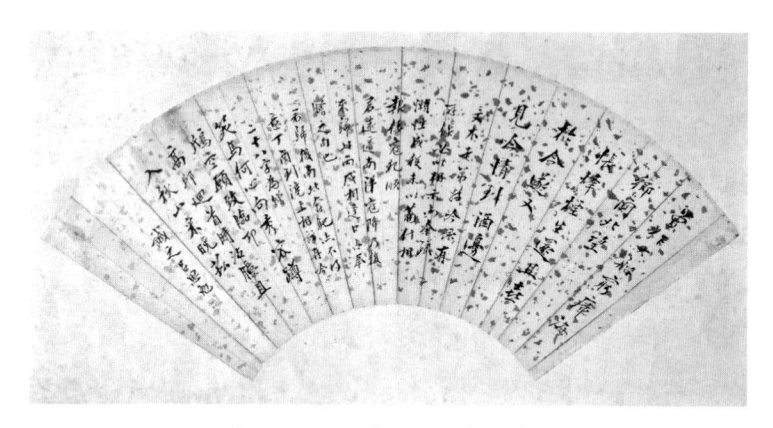

图18　吕思勉先生所书扇面手迹

---

① 《一个合理的习字方法》，刊于《知识与趣味》1939年第1卷第6期。

吕思勉自己书写时，常用的字体有真书、真行、行草等。应别人的请求书写对联、条幅、册页、扇面等，或题写自己的诗作，一般都用真书，字迹圆熟端庄。抄撮的资料也都用真书，写得一丝不苟，字字清楚。书稿大多用草书，写得快捷省力。属稿也常用草书，往往数千字，一气呵成。交出版社、报馆、杂志编辑的誊清稿，则都是用真书。凡见过他的手稿的，无不称赞他的书法遒劲苍健，达到了炉火纯青的境地。

1940年，正逢光华大学建校十五周年，吕思勉写了一篇《光华大学十五周年纪念感想》。稍后，他又写了一篇《向慈善家进一言》。这两篇文章都涉及学校教育的责任和社会的改革问题。他说：人事是常常变动的，要使我们应付的办法能适合人事的变动，不至于盲人摸象，就要时时对本身和环境加以检讨。他认为现在社会上最大的毛病是学问与事业的隔绝，有学问者与有实际经验者太不调和，后者技术有余而学问不足，其任事只能知其然而不知其所以然，对于"所办的事，根本有何意义？办到怎样算做好？怎样就算坏？他茫无所知"，结果是"改革都要靠不任其事的学者，那自然论利弊不免有些隔膜，拟方案亦难于尽合实际了"。要救此弊病，一是使办事者都有相当的学问，抱有改革社会的志向；二是使学生不仅习熟技术、明了原理，还要对社会国家有深刻的认识。他建议社会上从事慈善事业的人，设立一个大规模的职业介绍所，附设一个考试机关。对于极端困苦的人，可授以一技一能，使之获谋生之路；对于有职业的人，可通过考试，奖励其研究学术。这样无形中即可使其觉得现行制度的不良，引起怀疑批判，培养了改革的思想，革命的气势自然潜滋暗长于不知不觉之中。他说：

> 通观今日的世界，人，倒还不是缺乏劳力，而是缺乏头脑，以致有许多事情办不好，而且祸患相乘，这一点，不可以不猛省。①

这期间，国学会举办第四次讲演会，也请吕思勉去演讲。他以"经世"为题，批评当时的一些学者不关心世务，而于名利则争先恐后，并呼吁学者要树立大志，关切世务。他说：

> 自吾有知识以来，五十年矣。小时所遇之读书人，其识见容或迂陋可笑，然其志则颇大，多思有所藉手以自效于社会国家，若以身家之计为言，则人皆笑之矣。今也不然。读书者几皆以得一职求衣食为当然，一若人之所求，更无出于此之外者。人诚不能无衣食，然谓所求仅仅在此可乎？人之所求，仅在衣食，是率天下皆自私自利之徒也，聚自私自利之人，而欲为利国利民之事，不亦蒸沙而欲成饭乎？②

---

① 《向慈善家进一言》。
② 《吕诚之先生讲经世》，刊于《光华学报》1941年创刊号。吕思勉曾批评国人爱家太甚，他说："人情于其所甚爱者，每不愿其灭绝，中国人上不爱其国，下不爱其群。所毕生尽力经营者，厥惟家室。钟鸣漏尽，犹欲举其所有，传之所爱之人；且立一人焉以主之，勿使之绝。此亦生于此时此地者之恒情。非社会组织大变，其情不能遽变。"（《中国宗族制度小史》，上海中山书局1929年10月版，第74页）

他又说：

> 人之情，其难知也甚于眩，其难理也过于棼丝，殆非徒有自然科学所克有济也。……社会科学其本在识。当识人事之万象纷纭，而能明其理，知其所以然之故，然后知所以治之之方，而识之本，尤在于志，必有己饥己溺之怀，然后知世有饥溺之事，不然饥溺者踵接于前，彼视之若无所见也。张横渠见饿莩辄咨嗟，对案不食者竟日。嗟乎，见此饿莩者，独横渠也哉？
>
> 或曰：治科学者，曷尝遗弃世务？彼其于学，诚嗜之深而好之笃，于世务遂有不暇及耳。此于自然科学，理或可通，于社会科学，则未闻有漠然不知人之苦乐，而犹克有所知能者也。多欲而避事，乃藉口于学者不当与世，以自逃责，而于权利之争，争先恐后，未见其无所知不暇及也。然则所谓遗弃世务者，得无其自蔽之烟幕弹乎？是则学者之耻也。[①]

其时，中日战争已爆发了四五年，上海租界也已沦为"孤岛"，光华大学的校舍被日军炸弹焚毁，数年的经营，毁于一

---

① 《吕诚之先生讲经世》。早在1934年，吕思勉曾以"文质"为题，在光华学生举办的演讲会上作了一次演讲，对当时学术研究中的浮躁学风提出了批评，他说："士不可以见不广，传曰：'独学而无友，则孤陋而寡闻。'今之士于'发表欲'过强，不思就正于人，而急于发表，致刊物流行，往往有极可笑者。虚心为学，不耻下问，则自知天地之大，与夫立言之不易矣。"（《文质》，刊于《光华大学半月刊》1934年第2卷第8期。）

旦。痛定思痛，吕思勉又想起自己在光华大学初建时给学校行政领导的两封信，他将这两封信改名为《两封值得重提的信》，并加上识语，刊登在《正言报》的文府副刊上，希望引起社会各界人士的注意，当时正是太平洋战争的前夕，因此人名、地名等，或用□□代替。识语中写道：

> 当民国十六七年间，某地方某大学初立，其教员某君，曾致书校中之行政会，有所建议。其言于训练民众，绸缪粮械，及预计暂时放弃土地之法，言之綦详，于军兴后之情形，颇能预烛。其筹策，与近年作战计划，亦多相符。当时□君□□[①]誉为西京贾、晁之论。格于事势，未之能行，而今某校之校舍，亦成为煨烬矣！使能早行某君之议，何至于此？岂不痛哉？此两书，虽是十余年前之言，然在今日，仍有可用者；书中所云由职业团体预筹战费之法，在今日可变为一种债务，作为借用，而将来由各团体偿还，一也。今西北及东南，田赋已有收本色者。书中所陈公仓之议，于抵押卖买皆便，人民能指公仓所储以纳税，政府能指仓中若干存粮为己有，以资抵押，以之卖买，则可得现款以资应付，而农民无巢谷之劳，可免新谷登场时受屯积者抑价之苦，且可树一地方之谷物公储公卖之基，二也。储谷修路，同时并行，战时固可如书中所言，节级运赴前敌，即欲放弃某地方

---

① 原文当为"钱君宾四"。

时，亦可节级运至后方，且可运输他物，于今日恢复驿运，尤有联带关系，三也。社仓之设，本兼义仓与青苗两法之长。今日各地若能遍设，兼可具农民贷金之用，四也。书中具陈提倡吃杂粮之法，苟能实行，则种谷之地加广，可以多得食物且可救偏食稻米之有碍卫生，五也。而其言当忧患之时，凡有营造，皆宜豫为被毁或自毁之计；领导民众者之所为，当止于领导而已；则尤今之言建设及动员民众者，所当常目在之者也。或疑其言修路正与今之务破坏交通者相反，用之不慎，将有资敌之虞，而不知修路与毁路，皆在动员民众而已，毁必易于成，岂有能修之而不能毁之者？今日之可痛者，无过于江海之交，膏腴之地，悉藉寇兵而赍盗粮，果动员民众之不尽为之乎？抑路之不可毁也？孟子曰：七年之病，求三年之艾，苟为不蓄，终身不得。兵可百年不用，不可一日无备，即使今者我国战事胜利，□兵尽去，犹不可不为他日再战之备，况于今者，我□兵在境，后方之宜行此议者犹多乎？绕朝之告士会曰，子无谓秦无人，吾谋适不用也；惩前斯可以毖后，故乐为之介绍于国人焉。[①]

[①] 《两封值得重提起的信》（即1927年《致光华大学行政会议书》与1928年《再致光华大学行政会议书》的合编，并加有题识），刊于1941年1月3、6日《正言报》。

第七章 一片冰心

暂回常州故里

　　常州初沦陷时，吕思勉在上海得不到一点有关家乡的消息。过了许久，消息传来了：吕家自住的房子，在日寇轰炸常州火车站时震坏了，吕家的一些亲戚全都避到乡下去了。又过了些时候，避难乡下的亲戚陆续回到城里，有的写信来劝吕思勉赶快回去，说吕家的房屋目前还没有倒坍，还可以修理，若不及早修理，就完全报废了。当时，常州城门口还有日本兵把守，行人进出，一定要向日本兵脱帽鞠躬。吕思勉坚决不肯回去，他对家人说：我已年过半百，大半辈子过去了，决不向日本人低头。这样，吕家的房子由败坏而倒坍，木料等全被盗卖，家里的什物，也被窃盗一空，但吕思勉处之泰然。

　　自1937年日寇侵占上海，租界成为孤岛之后，光华大学只能在租界内借校舍继续上课。从此，吕思勉除了去学校上课外，

"不但足迹未出从前所谓租界,亦且未过苏州河一步"①。孤岛上的生活是很清苦的,但是他还是不愿离开,一则是他不愿中断自己的研究工作,二则是"到处都见得鹊巢鸠占的现象,只有在上海,还看不见这些。虽然'四面皆秋气,一室难为春'。当四面风波震撼之际,据守着一个孤岛而自以为安,原不免于自骗自,但毕竟眼不见为净"②。1941年12月8日,太平洋战争爆发,日寇侵入上海租界。租界沦陷后,光华大学的沪校("八一三"以后,光华大学在四川成都筹建分部,并于1938年3月正式开学,上海的大学本部,亦称为光华大学沪校)为了避免向敌伪登记,只得暂隐校名,对外改称诚正学社(即原来的文学院)和格致理商学院(即原来的理商学院),光华附中改称为壬午补习班。这时,吕思勉除仍继续在光华大学上课外,还在沪江大学、无锡国学专修学校兼课。文史专家杨廷福在其《自传》中曾有一段文字,记载他在无锡国学专科学校,跟从吕思勉等前辈学习的情况:

> 抗日战争的炮火纷飞年代,我由宁波中学而浙东中学,到一九四〇年在初中二年级时就辍学了。我来到上海,考入无锡国学专科学校,从太仓唐文治(蔚芝)师、永嘉周予同师读经书,嘉兴王蘧常(瑗仲)师治诸子,武进吕思勉(诚之)师学历史,并向如皋冒广生(鹤亭)、新建夏敬观(剑

---

① 《两年诗话》,刊于《两年:文艺春秋丛刊之一》,1944年10月出版。
② 《两年诗话》。

丞）老前辈问学，开始有了治学基础和门径。[1]

到1941年后，上海的情形也发生变化了。吕思勉在给友人的信中写道：

> 此间情形近又大变，米已买到二百元左右，（前此洋米不及百五十元，今已无有矣）。煤球廿元一石，实无买处，商业情形，骤行萧条，资本锢于银行，货物锢于堆栈，不能活动故也。工厂亦多停业或减工，去沪者日多。弟本在光华教授，去年尚兼沪江大学及诚明文学院之课，现此三校皆已停办，仅有补习功课，勉强支持，殊难持久。亦思去沪，惟家乡屋庐已毁，器物无存，沪上动用之物，又不能运回，回去绝无立足之地。若另觅生路，则路途艰阻，独行携眷，势成两难，是以只得咬紧牙关，姑且在此观望，希冀局面或有变迁，现在则所谓动掸不得，无主意之可打也。[2]

"撑住东南金粉气，依旧舞衫歌扇，空赢得猿啼鹤怨"，金迷纸醉之场，一变而为荆天棘地，还何足留恋呢？吕思勉实在不愿再在沦陷区生活，也想离开上海去内地，他在给学生李汉怡的信中写道：

---

[1] 《杨廷福自传》，刊于《中国当代社会科学家》第五辑，社会科学出版社1982年4月版，第176页。
[2] 《吕思勉先生编年事辑》，第198页。

> 沪上情形,殊难久居。惟故乡室庐已毁,什物无存。远行则路途艰沮,书籍虽屡经损失,手头存者,尚近廿箱,中多札记及校点过之本,弃之不可,寄顿无所,且离之则研究工作全须停顿,是以尚在此观望。将来设或离沪,大约亦只可入浙,届时或可重行聚首也。①

但当时虞菱的健康状况很糟,医生说她不宜远行。于是,吕思勉一面暂时留在上海,一面寻找机会,想到家乡的游击区去教书。

那时,日寇在上海发放所谓的"良民证",领证人须在证件上按手印。吕思勉闻之,极为愤慨,认为这种做法有辱国格和人格,拒不领证。这时,家乡常州又传来消息:自常州沦陷以后,一些不愿在敌伪学校任教的教师,便在常州乡下筹办学校。青云中学秘书主任张元白是吕思勉在苏州省立第一师范学校任教时的老同事,他得悉光华大学停办,就写信致吕思勉,邀请父女俩一起到青云中学任教。吕思勉认为:乡间的学校,宗旨尚属纯正,而这时常州守城门的日本兵也已经撤走了。于是,他与妻子女儿商定,还是回常州乡下去教书。光华大学国文系教授金松岑也决定回故里苏州隐居。光华学生获悉后,便在上海十六铺的一家酒楼里,为两位志节凛然的老师设宴送别,并邀请了蒋竹庄同席。席后,师生合影留念,吕思勉还在这张照片上方题上"一片冰心"和全体合影者的姓名。金松岑返回故里后,非常怀念老友,

---

① 《吕思勉先生编年事辑》,第242页。

遂写了《海上七君子》诗一首,寄给吕思勉:

吕子老弥谦,声容和且柔。
少壮气遒辈,舌辨不肯休。
著为本论篇,符统斯匹俦。
体道而用法,谓是赅九流。
而我扬儒宗,脱愤张两眸。
子文类介甫,不涉苏与欧。
论史抱独见,方驾史通刘。
中年自退抑,署札为驽牛。
世乱田园荒,我作海上游。
与子分皋比,量腹升斗求。
我饮子好弈,痴嗜两不瘳。
天道犹张弓,人事等挟辀。
拽满终当弛,怨积相尔矛。
海鸟起避风,我亦归林邱。
诸生出饯饮,同上海角楼。
酒阑商出处,誓言结绸缪。
系辕非良驹,傍沼无闲鸥。
觥觥因是子,气盛风力道。
声名动鲲室,险为鱼中钩。
子无还山赀,慷慨典敝裘。
蝉蜕识先几,槁卧荒江头。

· 第七章　一片冰心 ·

吾道遂不孤，沈冥当几秋。

明年赋七发，观涛伸子伛。[1]

图19　"一片冰心"。太平洋战争起，光华大学停办。在民国三十年除夕，诸生饯别师长，并摄影留念。吕先生在照片上题签了十八位出席者的姓名之后，并在右上角写上"一片冰心"四字，以志勉励，合影者有光华教授蒋竹庄、金松岑和吕诚之，光华同学杨友仁、刘元洵、姚大钧、顾正武、郑永年、沈百中，王怀治、郑涤新、袁希文、姚彭年、董庆淳、周铭谦、李汉怡、汪毓麟及松岑先生之孙金同翰。

5月，妻子虞菱与女儿先回常州了解情况。吕家的房屋（西宅）早已毁了，只能暂时住在虞菱的弟媳家。几天以后，吕翼仁

---

[1] 金天羽：《天放楼诗文集》，上海古籍出版社2007年11月版，第469页。

267

代表父亲去看望张元白,并对他表白:

> 父亲和我在上海不是无业可就,是不愿意就,所以回常州教书,首先考虑的是学校的立场,不能同敌伪有任何关系;其次是教薪,不能以伪币支付。①

张元白立即对此作出保证,并说:"我的熟人,在伪教厅里的不知凡几,我要投伪,还到乡下来吗?我现在既穷且病……"吕翼仁看着他憔悴得面无人色的脸,四壁空空的卧室,心里非常难受,就答应了与父亲一起到青云中学任教。半年以后,张元白因患癌症去世了。

决定回常州乡下教书,立刻发生了住的困难。吕家的住宅原有东西两所,东宅早在吕思勉父亲手里就"典借"给别人了,所谓"典借",就是借房客一笔钱,以每月的房租抵充利息。父亲去世后,东宅的"典借"就成了吕思勉的一大负担,每次更换房客,修理房屋的费用,因拿不出钱,就都加在典费上。所以,典费越来越大,起先是二千多元,到抗战年间,典费已达四千元,因为典价高,房客难找,在修理房屋一事上,吕思勉夫妇便只能迁就房客了,这样,装修费用就更大了,以致每到房客有变动时,夫妇俩总是愁眉不展,束手无措。抗战期间,西宅几乎全遭毁坏,东宅略有损坏,修理之后,依然完好。此时,东宅房客的

---

① 吕翼仁:《先父吕思勉在抗战中的生活片断》,刊于《蒿庐问学记》,第211页。

租赁早已满期，但他坚决不肯迁出。如自己去向别人租赁房屋，又谈何容易。吕家在城中原有两所市房，其中一所在吕思勉父亲手里已经卖掉了，另外一所在常州南大街，先是由于街道放宽，房屋的面积就相应缩小，后来又经过一次火灾，到了抗日战争时期，就全部烧光了。那时，常州城内的房屋因战争而受到严重的破坏，一条作为商业中心的大街，几乎完全烧光，要租赁民房是非常困难的。一家合议之后，决定还是在旧宅的废墟上，自己盖两间屋子为好。恰好在这时，吕思勉收到《先秦史》和《吕著中国通史》的稿费，可以用来开支盖屋的工料。于是，先收拾烬余的砖瓦，木料原已被同居的堂房兄弟卖给一个木匠，此时只得出高价买回一部分，再请匠人动工。最后，花费近五千元，一时罗掘俱穷，勉强盖起两间上无天花板、下无地板的住房和一间用毛竹为柱、草盖为顶的小厨房。

7月，吕翼仁至上海，准备接父亲回常州，同时也帮助父亲料理上海家中的事务。吕家本极简单，当年一家三口从常州来上海时，仅各人一只破箱子，内放些单夹衣服而已。五年后，再从上海回常州，却遇到了一个难题。原来，吕思勉在上海教书多年，女儿在上海大学读书多年，两人历年买进的书籍很多，其中十之八九是新书和期刊，还有部分是当时所谓的"禁书"，现在要离开上海，家中生活器具是没有什么丢不掉的，唯有这一大堆书籍，舍不得丢弃。然而，这些书，既不能运回常州，又舍不得丢弃，如何处置呢？直到家中的一切东西都搬空以后，墙角里仍然堆着一大堆书，父女俩席地而坐，守着这些书发愁。最后，一些舍不得丢弃的"禁书"只能毁掉，其余的只能分别寄存在各处，"四大箱在开明（即开明书店），五小箱在公谨，许别一箱由张镜沅君代存，无箱者培龄代存佛寺"①。寄放在寺院里的，除了部分书籍外，还包括两藤箱的近世史资料和剪报。可惜这部分书籍和资料，抗战胜利后都没有能够取回，因为经手的人去世了。②

在乡间中学教书

1942年，吕思勉回到常州，在城外湖塘桥青云中学的高中部和坂上镇大刘寺辅华中学两处同时兼课。湖塘桥在县城正南，离县城八里；坂上镇在县城东南，离县城二十余里。分别在两校上课，来回奔波，势必难以胜任。学校原约定用竹轿接送，抬了几次，因为要价太高，且也找不到轿夫，吕思勉主动提出改用独轮小车接送。为了照顾车夫，他只有一半的路程坐车，一半的路程自己步行。学生周志尧曾在青云中学就读，他后来回忆说：

> 吕思勉先生于一九四二年秋天到青云中学任教，开设国学概论、中国文化史、国文、本国史四门课程，每周达十多个小时。吕先生不仅学识渊博，而且讲课认真，从不坐着念讲稿，而是在教室内边走边讲，还在黑板上写提要。……我也是一九四二年秋到湖塘桥青云中学读高中二年级，有

---

① 《吕思勉先生编年事辑》，第257页。
② 吕翼仁：《闲话两年》刊于《两年》，上海永祥印书馆1944年1月版。

幸听了吕先生一年课,但我们当时都未能专心听课,还常缺课。抗战后期的湖塘桥是常州城南的商业中心,每天来往的人以千计,很适合设立地下交通站。济荣(作者按:即史济荣,已在解放战争中牺牲)和我担任地下交通员。常州城里新四军的敌工人员也把有关日伪军清乡扫荡情报送给我们,我们再利用当时一天开一班的武宜汽车,往前黄、寨桥附近的交通站送情报;若新四军游击队活动到湖塘桥附近的淹城等地,我们便于夜间去游击队汇报情况。故虽想多听吕先生的课而不能如愿。史济荣同学读的文科班,他听的课比我理科班多,因为理科班没有国学概论和中国文化史。史济荣对我说过,吕先生的课深入浅出,没有废话,能激发人顺应历史发展而求上进和爱祖国,特别是吕先生对封建专制制度的批评,使同学们认识到共和国和民主制是历史发展的必然。……当时听过吕先生课的学生,莫不激发爱国思想,虽在抗战最艰苦的年代,没有一个去当汉奸的。[①]

女儿吕翼仁先在牛塘桥青云中学的初中部任教,后来调到湖塘桥的高中部,学校便为他父女俩在校外租赁一间房屋。屋主人姓顾,抗战开始时,父母避难去后方,由湖北入湖南,不久顾母中途折回,顾父转至贵州病死在贵阳。噩耗传来,儿子不敢以父亲的凶讯禀报老母,也不敢戴孝。村里的人都知道顾父客死异

---

① 周志尧:《回忆吕思勉先生在青云中学任教的几件事》,《吕思勉先生编年事辑》,第250页。

乡，唯有顾母，还蒙在鼓里，整天在家盼望丈夫回家团聚。吕思勉闻此不胜感伤，作感赋五律一章：

> 干戈满天地，垂老惜分飞。
> 肠断犹萦梦，眼穿终不归。
> 椎心营野祭，忍泪著莱衣。
> 多少虫沙化，何心为尔悲。①

在辅华中学教书时，因借不到房子，吕思勉只能住在学校的宿舍里。宿舍很小，且四人合居，室内只有一张桌子，大家轮流使用。每逢四、五、六三个晚上，吕思勉因没有桌子而不能伏案研学，又怕影响他人学习，只能在外"闲荡"②。坂上镇的辅华中学，以旧寺庙大刘寺为校舍，寺内的大殿用作礼堂，大殿旁又盖了一些简易的小屋，用作学生教师的宿舍或办公室。课后，学生或是回宿舍，或是在寺庙外的操场上运动，吕思勉则在办公室里备课或写作。学生李永圻就在这时第一次见到了吕思勉，他回忆说：

> 我第一次见到老先生是在坂上镇的辅华中学里，辅华中学以旧寺庙大刘寺为校舍，在大刘寺的大殿外的飞檐下见到了他。那是一个秋日的傍晚，夕阳西下，吕先生身着淡色的长衫，走得很快。那时，他的身体已不太好了，人很瘦削，

---

① 《吕思勉先生编年事辑》，第241页。
② 《吕思勉先生编年事辑》，第246页。

略带一点病态的样子,肩膀微斜,一边走,一边在沉思,一种忠厚长者的风范,古朴纯真,看到他,不由使人肃然起敬。还有一次是在大殿里,吕先生正在为学生作演讲,送吕先生来的独轮车停在殿前的山门口,那一天来听的人很多,都站着,除了学生、老师外,还有不少是校外的。演讲的内容已记不得了,只记得老先生身着长衫,在讲台上来回踱步,一边讲,一边想;一边想,一边讲。为了行走的方便,不时还用双手把长衫的后摆撩起。那时,他已六十岁了,讲话的声音不高,讲得很吃力……

当时的生活虽然艰难,办学的条件也很差,但吕思勉讲课仍十分认真的。1942—1943年,他在青云中学、辅华中学开设的课程有中国通史、中国文化史、中国近百年史、国学概论、国文等课程。他对中国古典文学有很深入的研究,早在20世纪30年代,他已写成了《宋代文学》一书(1931年上海商务印书馆初版)。宋代的文学,在中国文学史上地位颇高,各种文体都有很大的发展,而且名家辈出,精品甚多。吕思勉从古文、骈文、诗、词、曲、小说五个方面来论述宋代文学的总貌,除了说明各种文体的源流演变外,还对宋代一些名家的生平作了介绍评述,每一位还附有一两篇名作。该书篇幅不多,文字简练,但对一代文学起了画龙点睛的作用[1]。除了《宋代文学》外,他的几部断代史,都

---

[1] 《论学集林》(出版说明),上海教育出版社1987年12月版,第4页。

设有专节论述各时代的文学及其发展,其中包含着许多他独到的研究心得。如《两晋南北朝史》论当时文学特色说:

> 斯时缀述之家,多务搜集辞藻。……辞藻富丽者,吐属仍贵自然。①

文史专家章培恒从吕思勉的这一看法出发,写了《试论六朝文学的主流》一文,论述该时代的文学特点。文中写道:

> 吕先生对于六朝文学,不仅注意到了她的华美的一面,而且看到了她的"贵自然"的一面。我想,这是对六朝文学的很深刻的认识。
>
> ……华美与自然的结合不但是六朝文学的主流,而且其中还包含着十分重要的、具有进步意义的内容。而由于以前研究六朝文学与文学批评史者对六朝文学的重自然的一面注意得不够,对当时文学潮流中的这种具有进步意义的内容自然也就不能有充分的认识。吕诚之先生在几十年前就指出六朝文学所追求的是华美与自然的结合,实在不能不使人深为钦佩。②

吕思勉是把教学工作和研究工作结合得很好的典范。他的不少著作原先都是为适应教学需要而写的讲义,通过长期的教学实

---

① 《两晋南北朝史(下)》,上海开明书店1948年10月版,第1418页。
② 章培恒:《试论六朝文学的主流》,刊于《蒿庐问学记》,第93、104页。

践，不断加强研究，修改讲稿，逐渐成为高质量的著作。同时，他又把研究的成果及时地反馈到教学中去，深入浅出，逐渐引导学生走上治学的道路。所以，即使是在常州乡下的中学教授历史、国文课，他的教学仍然是高水平、高质量的。黄永年还珍藏着当年老师讲授国文课的笔记，从中可见其时讲课的内容：

我还珍藏了一本小册子，是一九四二年下半年到一九四三年上半年读高中二年级时诚之师讲授国文课我所作的笔记，一九六一年在患难中又把它整理清抄成册的。诚之师讲课时喜欢写黑板，往往一写就是一整段文字，这些我都只字不漏抄进笔记本里。此外诚之师口述的，我当时也尽量用文言文记下，抄进笔记本时加（ ）以资区别。

诚之师当年讲授国文时也用《古文观止》，但用的理由却并非是因为它选得好，而正是因为它选得坏。诚之师指出：所谓"古文"，是和骈体文相对而言的，可是这部《古文观止》里却选了六朝隋唐的若干骈体文，如《北山移文》《为徐敬业讨武曌檄》《滕王阁序》之类，说明编者根本不知"古文"为何物！既然选得如此乱七八糟，为什么还要作教本呢？诚之师说：正因为它选得杂乱，各种文章好坏都有一点，作为教本让大家多了解些东西还是有好处。当然，通行易得也是用它的一个理由。

诚之师每讲一篇文章，在一开头总在黑板上写一段甚至几大段的评论或议论，有的论文体的演变，有的谈各家文字的特色，对不好的文字还指出它的毛病在哪里。因为实在讲得太精彩了，在这里多抄录一些。

············

李斯《谏逐客书》"此篇与邹阳之《狱中上梁王书》参看，章实斋所谓实系赋体也（见《文史通义·诗教篇》）"。此书所选贾谊《过秦论》，亦系赋体。（具体与列举，为赋体之二条件。）"凡人之程度逾高，则逾喜简括之语，思想力逾弱者，逾喜具体敷陈，故以古较今，则古人之文赋体多，（一）以古人之思想，不如后世之进步，（二）亦以古时文字较通俗，读者多寻常人，后世文字语言，日益相离，能读文者多受教育较深之人故也。但铺张之文字，在美学上亦自占一位置，近世康南海最善为之，其文皆'辞繁而不杂'，气足神旺，读之使人感动奋发，此乃天才，不易学也。""此篇为辞繁不杂之例，通篇并无深意，而反复言之，凡以求其能动人也。此等文字不易轻学，因易蹈词多意少之弊。但亦有时用之，以表示语之郑重，如一篇中于紧要之处，则反复言之，不嫌其繁，而此处之特别重要显出矣，盖不必全篇皆如此也。"

············

司马迁《报任少卿书》"此篇为长篇之法。凡作文字，先求其畅，故气不可不盛。欲求气盛，则长篇须熟读若干篇。""此篇气极盛，然仍极纡徐宽博，不失史公本色。""凡《史记》长篇，其气无不极宽者，惜此书所选，均经删节，如能读本书，可看《货殖列传》《自序》两篇，乃气之最宽者也。后世文字，苏轼《徐州上皇帝书》可以参看，于气宽一点，最易悟入。""故作文时宜纵笔写，不妥处可留待以后改做，不成之句，可姑缺之，总待后补，总期一气写下，勿生停顿，如此习惯，则文气充畅，且做得快，此前辈谢钟英先生教人作文之法。""长篇中汉人之文，贾谊之《治安策》亦须一读。此篇已删节，非原文（谓《汉书》本传所载），但读之仍觉其气极盛。""宋王安石《上皇帝书》，亦长篇中极好者。"①

黄永年感慨地说：

这些真知灼见，到我们手里，还不发挥成几十篇大论文？但诚之师就没有写，而是无保留地传授给他的学生。以学问为天下之公器，而不把它作为猎取名誉、地位的东西，这种高风亮节仍值得学习。……诚之师不仅从文学角度来讲文章，指导学生如何欣赏，如何写作，而且在讲授中还传授了不少有关训诂、文法方面的知识，使学生通过掌握这些知识来读懂古人的作品，做到真懂而不是假懂。这些知识在笔记本中还可以找出一大堆，很多是《辞源》《辞海》上查不到的。②

---

① 黄永年：《记吕诚之师讲授的国文课》，刊于《蒿庐问学记》，第253、254、257、259—260、261—262页。
② 黄永年：《记吕诚之师讲授的国文课》，刊于《蒿庐问学记》，第271—272页。

在黄永年的笔记里，还抄录了两个学期老师出的国文考试题：

试题一（任作一题）

（一）本学期曾读过（1）两汉（2）魏晋文字，及唐代（3）骈（4）散文各一篇，此四者，君对于何种最有兴味？如仅欲学作浅近文言及语体文，君以为读此等文字，亦有益否？再者，两汉之散文何以转变为魏晋后之骈文？其后何以又有古文运动之兴起，能言其所以然否？

（二）韩愈《原道》，为攘斥佛老有名文字，其见解究如何？试详论之。

试题二（任作一题）

（一）《论语》曰："辞达而已矣。"《左传》曰："言之无文，行而不远。"二语究相反？抑似相反而实相成？试以意言之。

（二）文言白话，宜于并行，在今日，夫人而知之矣。究竟何种文字，宜于文言？何种文字，宜于白话？何种文字，二者皆宜？试以意言之。[①]

除了上课之外，吕思勉还安排时间与学生随意谈话，精心殚力培养学生，激发他们的爱国精神。当时，也有一个实业团体，

---

① 吕思勉讲，黄永年记：《〈古文观止〉评讲录》，刊于《学术集林（卷三）》，上海远东出版社1995年4月版，第68、101页。

请了两位老先生讲书经、礼记，隔日讲一次，怕两位先生太累，便托人来请吕思勉去演讲，如此就每人可以隔两天，并答应付给很高的报酬。但他谢绝了。吕思勉是"有所为，有所不为"，培养青年学生，条件再差，报酬再低，也毫无怨言；他认为如果不是用科学的观点统驭，单读点旧籍，非但无益，反而有害，那么，报酬再高，也不愿从命了[①]。

一个治学的检讨

常州故居毁坏后，家中所藏的书籍也随之而遭损失。吕家世代读书，家中的藏书是很丰富的。不仅有线装书，还有大量的平装新书，除了历史书外，政治、经济、哲学各个领域的新书无不应有尽有，还有吕思勉历年收集的棋谱、画册等。线装书中，虽没有什么旧刻旧钞、善本秘籍，大都是通行常用的刻本或石印、排印本，但都经吕思勉认真看过，凡他认为有用的材料，都用红笔圈句。书都放在特制的书箱里，这种书箱是吕思勉请木工定做的，不太大，木门不镶玻璃，可上可卸，可随房屋高低宽窄叠成各种不同的形式，万一搬动也不用把书倒出来[②]。这样的书箱有一百三十六箱，整整放满三间大厅。

到1942年吕思勉回到常州时，家中的藏书仅剩五十七箱了，而且这五十七箱也都不是完整保存的，都是给人家打开了，由一

---

① 《蠹鱼自讼》，刊于《文艺春秋》1945年第1卷第3期。
② 黄永年：《回忆我的老师吕诚之先生》，刊于《蒿庐问学记》，第145页。

图20　吕思勉生前使用过的书箱（部分）

个不甚识字的人胡乱地装在业已破坏的箱子里的。原来的房屋毁坏了，这些书只能分作两批：一批寄放在虞菱娘家，一批寄放在吕思勉的一个远房侄子吕湛卿家。妻子家较远，一时不便取回，侄子家与吕宅毗邻，乃拣书箱破坏得厉害的，先取回整理。一经发现，零乱破碎，几于无从下手。面对这些"烬余之物"，他不尽感叹万分，遂赋诗一首：

读书益耶损？此事殊难计。
少年寡思虑，谓书益神智。
信哉六籍中，所言有伦纪。

> 其如世异变，陈数非其义？
> 庸夫墨守之，名实乃眩异。
> 纷然丧所守，举武辄颠踬。
> 生心害于政，必或承其敝。
> 信哉自扰之，天下本无事。
> 安得祖龙焚，荡然返古始？
> 万蔽一时除，勿复宝糠秕。
> 失马庸非福，塞翁达玄旨。[①]

这一首诗，并不是牢骚话，只是觉得读书的为利为害，确实很难说，尤其是社会科学，其利害问题实在是相当复杂的：

> 假使在尧、舜的时代发明了火车，不会到现在，照他的法子忽然开不动，在周公的时代而发明了电灯，不会到现在，照他的法子忽然点不亮。至多是浅陋陈旧些罢了。那么，读古人自然科学的书，决不至于全上当。社会科学，就很难说了。且如现在，经商成为学问，货币也成为经济上的大问题。今人大抵笑古人愚昧，不知道商业的重要，而要讲什么贱商、抑商；又不知道货币之不可无，而欲废之而代以谷帛。如像现在所谓经济学理，恒存于天壤，只是古人没有

---

① 《吕思勉先生编年事辑》，第240—241页。晚年，吕思勉自订一生所作的诗词，在这一首诗后写下了这么一行：诗无味而意失之偏，拟删。（《吕思勉先生年谱长编（上）》，第677页）

发明。试想没有交换之世,安得有商业?无商业,安得有货币?当这时代,现在所谓商业的学理,货币的学理,都存在何处呢?然则古人所说的话,安能适合于今日。[①]

"人不是铁;学到了打铁的方法来打铁,只要你真正学过,是没有不见效的,因为铁是无生命的,根本上无甚变化;驾驭那一块铁的手段,决不至于不能驾驭这一块铁,一种树就难说些了,养马更难说了,何况治人呢?"[②]然而,历史的用,还有更为复杂的一面。他说,"自然科学是最与世无争的。其真相,最容易说得明白……只要有了接收的预备条件,其易于输入,是如技术无以异的",社会科学则不同。

世界上所以有大事,正和我们的屋子,住了一年要大扫除一次一样。灰尘、垃圾,都是平时堆积下来的。堆积了一年,扫除自然费力了。谁能使它不堆积起来呢?天天扫除,使其绝不堆积,或者也并非办法,谁又能按着堆积的情形,决定扫除的次数,并把他排列在适当的日期,使扫除也成为生活的节奏呢?屋子住了一年要扫除,是没人反对的,而且大多数人认为必要。社会上堆积着千万年的灰尘、垃圾,却赞成扫除的人少,反对扫除的人多,甚而至于把灰尘、垃圾,视为宝物,死命地加以保存。世界之所以多事,岂不以

[①] 《两年诗话》,刊于《两年:文艺春秋丛刊之一》1944年10月版。
[②] 《中国政治思想史十讲》,刊于《光华大学半月刊》1936年第5卷第3期。

此？以上一番话，读者诸君，若肯平心细想，读书的为利为害，岂不真成为问题吗？[①]

"社会的体段太大，其利害复杂而难明。还有一班私利害和公利害相违反的人，不惜创为歪曲之论。于是手段和目的，牵混为一。目的本来好的，其手段的不好，而连带被攻击；替目的辩护的人，明知其手段的不好，亦必一并加以辩护；遂至是非淆乱，越说越不清楚了。"[②]所以，历史的"用"，不仅是一个学与术的问题，更涉及人的利益、目的、意图的问题。前人之所以误用了历史，那是他们出于一己的私利，把历史作为守旧的护符，抱着这样的目的，当然是要误用了历史，而处处陷于失败。其实，历史是不会误人的，历史是维新的证佐，不是守旧的护符，唯有知道人类是进化的，才会有革命的思想，才会知道应走的道路，知道自己所处的地位和所当尽的责任[③]。

与自然科学相比，社会科学知识的获得更为艰难，价值也更为宝贵。自然科学实在不必人人都通，社会科学则不然。因为一个人兼通各种学问，事实上绝无此理，总不过是享受他人所发明的成果而已。比如，不懂电学的人，也可以点电灯、打电话；不会开车子的人，则可以靠别人开。人与人的关系则不然，父子、兄弟、夫妇、朋友的交际，不能说我不会应付，而请懂得伦理学

---

① 《两年诗话》。
② 《从章太炎说到康长素梁任公》，刊于《吕思勉遗文集（上）》，第386页。
③ 《史学四种》，第44页。

的人代为应付。而且,"可以对付这个人的方法,未必能对付那个人。可以治理这个时代、这个地方的方法,未必可以治理那个时代、那个地方"。所以,"人与人的关系,确是人人所必须的知识","人与人关系的教育,与较人与物的关系的教育,更为普遍,总是一个不磨的道理"[①]。

1945年,吕思勉写了一篇《蠹鱼自讼》,称自己"被读书误了","十足做了半生的蠹鱼"。为什么这么说呢?他说:学问之道,贵乎求真,"真的学问,在空间不在纸上",这个道理是容易明白的。当然,纸上的东西,最初也是从空间来的,只是时间一久,所写的与现实的实际情况就不合了。读书人往往视书本为权威,遇事总是先入为主,受书本的暗示,而不能就现实的情况加以研究,以致被人批评为"迂阔而远于事情"。要避免这种弊病,读书人不但要作书本上的研究,更要作现实情况的研究。尤其是将书本与现实相参证,那么,许多百思不得其解的问题,也就可以为解了。然而,自回到常州之后,"此时此地,是何等获得知识,饶有趣味的好机会?然而我竟轻易的把他放过了,我还只做了两年蠹鱼"。吕思勉自问,我之所以如此:

> (一)者,读书读得太多了,成为日常生活的习惯,就很怕和人家交接了,这实在是自己的畸形发展,倒总觉得和人家交接,浅而无味,俗不可厌。于是把仅有的外向性都消

---

① 《为什么成人的指导不为青年所接受》。

磨尽，变成极端的内向性了。

（二）者，在书上用过一番功夫，而还无所成就，总觉得弃之可惜，于是不免赓续旧业，钻向故纸堆中。从前梁任公先生叹息于近代史的寥落，他说："我于现代的史实，知道的不为不多，然而我总觉得对于现代的兴味，不如古代。"任公先生，现在是与世长辞了，他所知道的，甚而至于身历其境的，怕百分之九十几，都没有能写出来。任公先生是比较能作实事的人，尚且如此，何况我这真正的蠹鱼呢？

他又说：

我们的社会，和现实相隔太远了，这未免太不摩登了罢？我并不是说读书不是学问。书，自然也是研究的一种物件，然而书只可作为参考品，我们总该就事实努力加以观察，加以研究的。不但自然科学如此，社会科学，更该如此。因为社会科学，现在所达到的程度，较之自然科学，相差得太远了，在纷纭的社会现象中，如何搜集材料？如何加以研究？一切方法，都该像现在的读书一般，略有途辙可循，略有成法可以授人，而随时矫正其谬误，这才是真正的教育。至于把书本作为物件而加以研究，这自然也是一部分的事业，也有一部分性质适宜于此的人，然而适宜于此的人，怕本不过全体中的一小部分。……现在把一小部分人能做的事业，强迫全体的人都要这么做，这亦是现在的教育所以困难的一个原因罢？[①]

"家贫长苦饥"

常州乡间的学校，教薪是以米支付的，大约每月一百二三十斤，父女俩同时教书时，一个人的薪水搬回家去作主食，一个人的薪水抵充油盐燃料等开支。遇到米不能搬回来的时候，学校就为他们找"对划"，即到城里指定的米店取米。用于支付教薪的米成色糙而且湿，取回来的米，往往要打很大的折扣，好在这时吕家的人口不多，那点米也足够吃了。1943年3月，吕思勉生了一场大病，他在日记中写道：

> 予此次之病，盖因习于伏案阅读研求，即为休息，而自去秋以来，奔驰于城乡之间，伏案之时减少。在湖塘桥自赁一屋，安定之时尚多，在坂上赁屋未得，日间居办公室，已不甚安定，晚间四人合居一室，止一桌，不能占用，变为闲荡，于是星期四、五、六三夜，精神失其安定，此于胃最不利，而因奔走较多，饮食颇增，岁尾年头，又不免多食，胃肠过劳者颇久，而不自知，遂至来此一反动云。病时每分钟脉百十余，至近虽复于八十，而行路犹觉吃力，盖心虽无病

[①] 《蠹鱼自讼》，刊于《文艺春秋》1945年第1卷第3期。

而颇弱矣。[1]

由于健康的原因,到这一年的夏季,吕思勉辞去教职,专心在家撰述,这样,家中的薪米就只有女儿一份了。从1944年秋至1945年的夏,学校支付薪米也发生了困难,每学期只有头三个月按市场米价发薪,以后的三个月是照前三个月的米价发给。在当时米价一日数涨的情况下,三个月前的一石米价,三个月后只能买三升五升。从此,吕家的生活进入了最困难的时期。

为了节省开支,妻子女儿就在西宅的废墟上开出了一个"菜圃",说是菜圃,实际上只是在满是瓦砾和石灰块的屋基上种些蔬菜而已,在草丛中种几棵南瓜,靠墙的地方种一排扁豆。菜圃旁砌了个鸡棚,养些鸡鸭。吕思勉禀性仁慈,菜肴虽不避荤腥,但"见其生不忍见其死","闻其声不忍食其肉",用家中养的鸡鸭做成的菜肴,他都不下箸,只有家中来客人才食用它们,所以,这些鸡鸭老是养着,有一只鸭一直养到寿终[2]。自开了菜圃以后,家中所需的蔬菜都取之于菜圃,到了夏秋两季,每天的菜谱就是扁豆烧老豆腐和子姜炒南瓜。吕翼仁后来回忆说:

> 我在丽江中学的时候,每星期六都步行上城,走了三十里路,又饿又累,总指望能在家里找到一点可口的东西,可

---

[1] 《吕思勉先生编年事辑》,第246—247页。
[2] 王玉祥:《怀念吕诚之老师》,刊于《蒿庐问学记》,第162页。

是打开菜橱一看，只有扁豆和南瓜！[1]

按吕思勉的食菜习惯，他本来是不吃南瓜和扁豆的，但在无物可吃的情况下，也只能吃了。有一次，他与妻子等三人煮食了白扁豆，都中毒呕吐，大病一场，好几天才得以恢复。为了"改善"伙食，妻子虞菱用粗黑面粉（即麸皮）和了糖，制成糕饼。这种糕饼，外表看起来是又黑又粗，吃起来味道怪香脆的，大家还美其名曰"怪饼"[2]。

生活动荡，营养不良，不久，家人一个个都病倒了。先是吕思勉患疟疾，疟疾愈后，又犯胃肠病。1943年冬天，吕思勉大病了一个多月，脉搏每分钟达一百多次，病后还无力走下台阶。吕思勉是1957年10月9日因心脏病和肺病去世的，这一次大病，实际上是心脏病和肺病的首次发作，致病的原因一是劳累过度，二是营养不良。

不久，妻子又病了。虞菱的身体本来就虚弱，每到夏天，则食欲不振，消化不良，且常常伴有轻微的寒热，要到入秋才好转。到1943—1944年间，虞菱的生活起了很大的变化：她初到吕家时，家中尚雇有三个用人：一个厨夫，两个女仆，家务不大要自己做。后来到了上海，只雇一个女佣，但上海的居室小，亲友少，也不算太繁忙。这次回常州，生活的情况就大不相同了，先

---

[1] 吕翼仁：《先父吕思勉在抗战中的生活片断》，刊于《蒿庐问学记》，第214页。
[2] 《吕思勉先生年谱长编（上）》，第715页。

是盖了几间房屋,再是在废基上开"菜圃"种菜,虽然还雇了一个女佣,但家中的事务都得自己帮着做。她原来只会做几种特别的菜和点心,普通的菜并不会做,饭更不会煮。而如今,什么都学会了,女佣没工夫,她几乎整天守着一个煤球炉子。有时,家中来了客人或学生,虞菱便亲自下厨房烧菜煮饭。

虞菱与吕思勉一样,喜欢猫,平日无事时,最喜欢把猫抚弄。每日里总要用鱼、虾等为猫做点零食,这种零食放在固定的抽屉里,只要抽屉一响,猫就会自己走来。如今,这些事"自然是不承权舆的了",当年去上海时,留在常州故居的两只猫,一只已经死了,另一只名叫小黄的却还健在,对主人依然很亲热。虞菱忙里偷闲,常常还抚弄它,并说:"太太现在蹩脚了,再没有零食给你吃了。"说时,她脸上虽然含着笑容,内心中实在含有无限的伤心[①]。

生活的剧变,再加上家务繁忙,虞菱终于病倒了。先是炎症,但查不出哪个部位发炎,只是服些"消治龙""大健凤"等(当时还没有"青霉素"),价格奇贵,而且假药很多。后又患肺炎,医生误诊为肋膜炎,说要抽出积水,结果积水没有抽到,反把肺刺破了,她立刻大口吐血。虞菱两次患病,都是住院医疗,医药费是很贵的,为此,一次卖掉了虞菱最后的一个金戒指,另一次是卖掉了吕思勉的一件大衣。吕思勉因为身体瘦弱,衣服只拣轻暖的穿,冷天只着皮袍,从来不穿大衣。1937年去上海时,

---

① 《连丘病案》,刊于《文艺春秋》1945年第1卷第4、5期。

几件皮袍全放在箱子里，因为托运不成，都损失了。后来家人又为他定制了一件大衣。如果卖掉了这件大衣，冬天就没有御寒的衣服了，妻子女儿心里都很不忍，然而除此之外，家中已没有值钱的东西了。吕思勉当时坚持要把大衣卖掉，并说："即使你们不出卖，我也决不再穿。"[1]

家中虽雇了一名女佣，但没有强劳力，那几年，家计的支出，田园的整理，奔走擘画，全靠着女儿吕翼仁。这时，她正届三十之年，吕思勉在她生日那天，做了《荣女三十》五律两首：

> 汝大知吾老，家贫长苦饥。
> 心应随鹄举，迹笑似牺縻。[2]
> 播越渐江海，称名愧斗箕。
> 西风方大起，畏约岂无涯。
>
> 井里全墟日，衰迟欲逮年。
> 经营吾愧拙，枝柱汝惟贤。
> 寄意丹青外，娱情沼沚边。
> 丰容应善惜，休遣换华颠。[3]

---

[1] 吕翼仁：《先父吕思勉在抗战中的生活片断》，刊于《蒿庐问学记》，第213页。
[2] 一作"心应如鹄举，身笑似牺縻"。
[3] 《吕思勉先生编年事辑》，第254页。

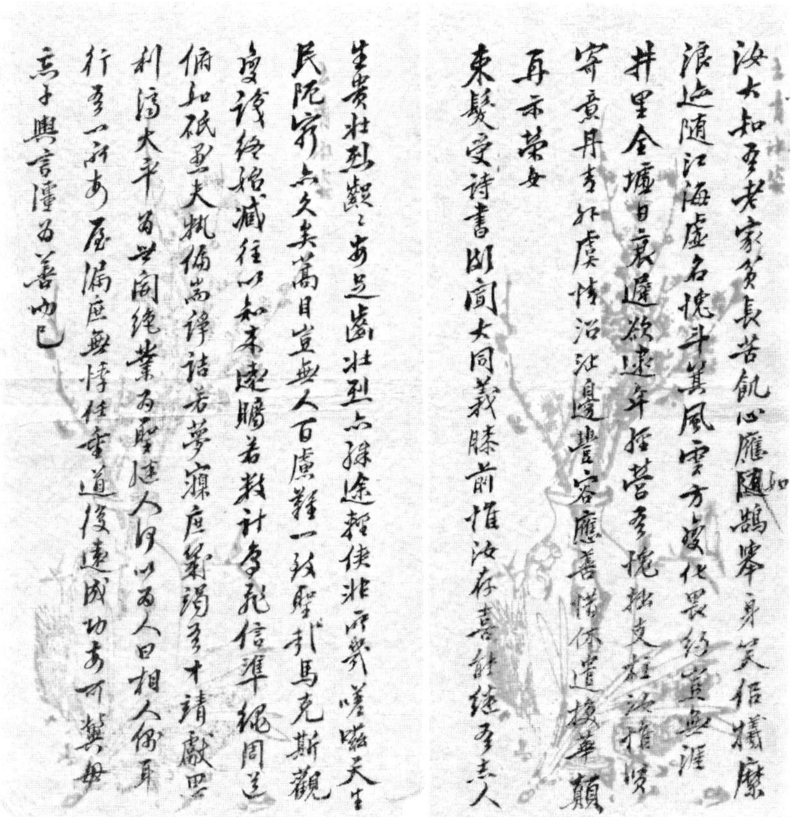

图21　吕思勉先生手迹：《荣女三十》《再示荣女》诗稿

这些年，吕思勉除了写作之外，还分担着家中的事务，如买油盐酱醋、买豆腐浆等，都是他的事。家人生病，吕思勉又要当护士，而且还是一个好护士，吕翼仁说：

> 父亲又是我家的好护士。一九三〇年我弟弟患伤寒去世，父亲护理他三十七个日夜，母亲护理他四十个日夜，这件事情暂且不说。我和母亲生病，也总是由他陪伴。他拿着一本书，一方银朱砚，一支笔，一杯茶，一管水烟袋，就坐在病人房里工作，不过平时低声诵读的，这时改为默读罢了。他按时给病人服药，量体温，喝水，或者问病人要不要吃点什么。这种时候，我和母亲总要求他出声诵读，因为病中听他抑扬有致的读书声，反而有一种宁静的感觉，听着听着，有时还跟着他默读，就不知不觉地睡着了。这样的睡眠，于病体是十分有益的！直到今天我每次患病的时候，还会下意识地从枕上抬起头来，对窗前的书桌边看看，我在寻找谁呢？[1]

患病与治病

生病吃药，对常人来说，总是件痛苦的事，而吕思勉则把它看作是一个研讨病因、分析药理的好机会，甚至对病情药理的研

---

[1] 《吕思勉先生年谱长编（下）》，第1172页。

讨胜过对他自己身体的关心。早年他曾患过疟疾，1942年11月，旧病复发前后十余日，虽受疾病的折磨，他仍逐日在日记中记录了他对自身病例的分析和研究：

> 是晚予寒热大作，初八日还湖塘桥少轻，初九日益重，至是虽未经医师诊视，亦殆可断其为疟。初十日入城，即走访某医生，予之访某君，意在访以常山究可治何等寒热，本草言其有毒，何所见而云然。云中虚者忌服，何等证候谓之中虚，医家言疟不可轻截，寒热之疾，遇何等证候，可服常山，何等则不可。云疟不可轻截者，盖谓寒热虽止，诸证不能悉除，将遗后患，然何故不可先止其寒热，治其余证也。予怀是意而往，知医家寻常不肯多谈……乃请□□夫人介绍，既见具以书于上者语之，此在口语亦不过数分钟耳。乃某医意殊不属予语，未几即索手诊脉，虽且诊，予且语之，亦不倾听，至予语竟，则彼已书方矣。所书脉案，亦与予告彼者不尽合，书方既竟，问以予何不可服常山，则曰当先理之使成疟，不则将变为温病而已。予知其无可与语，唯唯退，遂未服其药。自服鸡那霜，是日犹有寒热，翼日遂无矣。①

那时，疟疾是一种很常见的疾病。医治疟疾，西医用金鸡那

---

① 《吕思勉先生编年事辑》，第230—231页。

霜，中医则服用常山、草果，究竟何者更有效呢，医家的说法不相同。他曾向医生和药剂师请教，又结合自己亲身的经历以及亲自观察的许多患疟疾的病人病例，对这两种药物的用法、效果、费用等进行比较。在他的日记中，还保存着许多他观察到的病例记录，以及他自己生病时所记的病历，均是史家笔法，记得既清晰又详细：

> 予七岁患疟，大姑是时亦患疟，两人疾几同时作，亦几同时愈，皆自秋初至冬季，历时约五月。诊治者邹德师、郑湘溪、朱紫衡诸先生，皆名医也。弱冠前，予以为中国无治疟之药矣。婚后闻外舅言，常山、草果截疟如神，惟性甚刻伐，不可轻服耳。识之而已。荣女二三岁时，患疟，鸡那霜丸不能咽，粉末则苦不肯服。文如云：常山草果，江浙医罕用，闽医则无不用者，从未见疟之久延，亦从未闻其有何流弊也。书方服之，一剂良已。后族叔仲藻患疟，中西医皆不愈，求治于陆老全，老全以常山草果治之，亦一服而寒热遂已。予当是时以为常山草果之治疟，胜于鸡那霜矣。近岁客沪上，鸡那霜贵，赵君女苕为新亚药厂药剂师，以饮食之会遇之，予以所睹闻者语之曰：盍治常山草果为丸散，俾贫而患疟者获治乎？女苕曰，日人曾经考验，能治疟者常山，草果实无用也。然常山治疟愈者，百中六十余，鸡那霜则八十余，知其药不如鸡那霜，故日之不用云。然《本草》言，常山不徒治疟，亦凡治寒热疾。而仲藻族叔固尝先服鸡那霜而

不愈，予颇疑常山治正疟不如鸡那霜，治恶疟时或胜之也。本月六日在坂上与金勤昌夜话，勤昌近患疟，某医生治之而愈，第一二方皆用草果，寒热不止，第三方以常山为引，寒热遂止。是则女苕之言验矣。其明日予访庄育民，留予小饮，何锡畴同席，锡畴业药肆，能诵常山治寒热之方，云今乡人多服之，逮愈所费至多十余元，而今鸡那霜丸，在乡间，廉者九二元四角，贵者至三元，犹非佳者。假一患者服三十丸，则自七十二元至九十元矣。其相去为何如也。[1]

医者不认真研究学问病理，遇有疑难病症便敷衍了事，结果误人病症，害人性命，这在当年是很常见的事。吕思勉对此极为痛恨，他早年曾写了一篇《论医》，批评当时一些从医者，书不肯多读，业不肯精研，置医人的生命、健康而不顾。他说：医者，司人生死之业也；延医，以生死托诸人之事也；然而，今日之医家如何，吾不禁为延医者危！他又说：吾非好攻击今日之医生也，然人命至重，医学不进步，生命之枉失，健康之枉失者必极多，是以不忍不言也。他感叹地说：

一种学术之将替，非其学之果无足取，而由治是学者之无材，治是学者之无材，则由材者之不趋于是，材者之不趋于是，则运会风气实为之。如居今之世而为医，而于西医

---

[1] 《吕思勉先生编年事辑》，第229—230页

之书，一语不读，科学之理，一无所知，其人之材不材为何如？信乎风会之为力之大也。①

对于中国的传统医学，吕思勉也有自己的看法，他说："中国疆域广大，各处之地形，气候不同，疾病之种类极多，医学上既积数千年之经验，其诊察之功，及有效之方，亦多可采。特其所言之理，则全不足信耳。"即使"称述名医治效，往往过于离奇，致闻者非以为诞而不信，即迷信名医为有过人之力，而不复格于事理，于是疾病治疗，均至无途辙可循。而惟凭名医一时意想所及，充是心也，则摄养之方，可以不讲，疾病之来，可以不防，即医学亦可以不必研究"。他举例说：

少时尝闻人言，叶天士治难产，众医用催生药，不验，叶加梧桐叶一片，下咽即产，以是日适为立秋也。以为此乃不知医理者，妄想能述之谈耳。近阅《冷庐医话》亦居然载此事于用药门，且甚称许之。叶氏于医学，固不愧大家，然若从此等处称之，则非贪天之功，以为己力，即掩前此众医之治以为己效耳。是尊之而反以毁之也。②

"凡事必有其理，所谓理者，非可向壁虚造之也。研究多数之事实，籀绎焉，而得其公例，斯之谓理。"而中国医家所谈的

---

① 《吕思勉先生编年事辑》，第231页。
② 《吕思勉先生年谱长编（上）》，第213页。

理则是阴阳五行而已，以五藏配五行，以五行言药性，都是笼统漫不着边际。所以，中国的医学"止有其术而无其理，加以人体生理日以湮晦，药物化学又无门径，术之不明，理于何有"？"中国之医学既无条理系统，不足一言学，而但足称术"，"中国医学本未能发达成一科学"①。

"人何以为人　曰相人偶耳"

　　常州有两所医院，一所是公立医院，一所是私立医院。私立医院的院长姓柳，院长夫人，即该医院的护士长，是吕翼仁的同学。通常，吕思勉家里有人患病，总是到私立医院去就诊，而不大愿意进公立医院治疗。与私立医院相比，公立医院的设备更为完备，医生也多些，其他的条件也要好一些。为什么吕思勉总是倾向于去私立医院，而不愿到公立医院去看病呢？这与他的一个观念有关。

　　吕思勉一向认为，人与人相与，总该有一个人与人相与的道理，这就是古人所谓"相人偶"。《礼·中庸》曰：仁者，人也。汉代郑玄注曰：人也，读如相人偶之人，以人意相存问之言。他曾写过的一首《再示荣女》诗，其中有两句曰："太平为世开，绝业为圣继。人何以为人，曰相人偶耳。"正因为如此，他总是认为，私家诊所的医生，只要他有些职业道德，对于病家，多少能够保持这一种意思，超过于此的，就更不必说了。而公立医院

---

① 《吕思勉先生年谱长编（上）》，第210页。

里的医生，这种意思就少了，医生与病人的关系很淡薄。即使相信了公立医院里的某一位医生，也总是请他出诊，而不大愿意到公立医院里去。吕思勉是这样的看法，妻子虞菱也是这样的看法。几十年来，她过惯了家庭生活，对于社会上的"冷酷"情形，知道得不是很深。然而，有时为了省问亲友到医院去，见了护士和茶房（一般工作人员）的态度，就觉得害怕。所以，1944年因要做穿刺手术而进公立医院，在虞菱，也算是破天荒的第一次了，但心里实在是十分畏缩的。

1945年，吕思勉写了一篇《连丘病案》的长文，对这一次在公立医院的所见所闻以及自己的遭遇，作了详细的记述：

> 官立医院里，我们是没有熟人的。这因为我们和现在所谓官立的机构，都不愿来往，虽然学校和医院，也是如此。这一次因申医生的介绍而进官立医院，在我们，要算是破天荒的了。官立医院里，就只有一位丙院长，是因请其会诊过一次而认得的。入院之后，付了若干住院费，并没有人领导我们去看病房。我的女孩，就向茶房问了一句："丙院长在哪里？"茶房瞪着眼道："他正在午睡呢，我能去唤他么？"我的妻，看了这样子，很不愿意。她在病中，有些肝火旺，几乎要退出来，给我和我的女孩劝住了。后来总算有一位女办事员来，领导了我们，找到了一个房间。
>
> 官立医院的定章：头等病房，是一个人独住的，二等病房。则两个人合住。我们所付的是头等病房费，他们送我

第七章 一片冰心

的妻所进的病房,却先有一位严老太太住居在内。照章,严老太太是可以拒绝的,否则可以要求减费,因为头等病房和二等病房,并没别的区别的,所不同的,就是独住和合住。严老太太却不曾,我们自然也不要求减费了。严老太太是没有家属陪伴的,我的妻,则白天由我去陪伴,到晚上,则由我的女孩去陪伴。我们带了两个热水瓶去,一个是供给病人用,一个是供给伴病的人用的。院中有一个茶房,是河阳人,依我们的观察,这个人在茶房里,要算最驯良的。可是这一天,他一见了我们的热水瓶,便道:"你们一个病人,要带两个热水瓶么?"我的妻一时说不出话来。我的女孩便问他道:"你们院里的章程,一个病人,限带一个热水瓶么?"他无言。我的女孩又道:"我是伴病的人,你们院里,也是收费的,所收的费,不包括供给热水在内?伴病的人,要自带热水喝么?"他又无言。骨都着嘴,把两个热水瓶冲满后走了。可是以后他送热水来时,非叫他冲两个,他总只冲一个。严老太太所害的病是胆石。这是后来她改进私立医院之后,诊断出来的,我妻进官立医院时,她住院已经六星期了,还没有诊断出是什么病来。她每天总有一两次,肚子里要发剧痛,非打止痛针不可。院中给她一个揿铃唤人,可是到痛起来,尽你揿着铃,总是没人答应,有时候有人来,来的也是茶房,茶房要去请护士,有时候,护士还要再去请医生,到替她设法止痛时,她忍痛总已好久了。她疼痛得厉害,而揿铃没人应时,在晚上,她便央着我的女孩,

299

在白天，她便央着我，去代她唤人。有时候我们也自动的代她去唤人，可也是十呼九不应。有一次，我代她找到了一个茶房，我叫他去请个护士来，茶房恶声道："请了小姐来，又如之何？小姐能替她把痛攃去了么？"我只冷笑了一声。他踌躇了一会，觉得此事不妙，他大约是怕我发起戆脾气来，去找医院里什么人说话，把事情扩大了，他终于去请了一位护士来了。

这些，都是我的妻住在官立医院里的时候，我们的所见所闻，要详细叙述起来，便再写数千言，也还有所不能尽……且再说我妻的病，我妻进医院的当天，丙院长同一位田医生来诊视了一次。他说："肋间似乎没有多少积水，可以待它自己吸收，不必用手术抽取了。"后来又说，"用爱克司光透视一次再说罢。"十六日午前，用爱克司光透视。午后行穿刺手术。一滴水也没有抽出，病人却立刻吐起鲜血来，约十余口方止。我们慌了，忙去问丙院长："这是什么理由？"丙院长说："这是我失于知照你们，行穿刺手术之后，照例要吐几口血的。"我当时听了，便有些怀疑。"肋膜炎，我虽没有见过，却听见过好几个人害这病的，在书上也曾见过，从未闻行穿刺手术之后，必要吐血的。"当时虽答应了，过后越想越疑心，不久，我走出病房，又在走廊上遇见他，我又问他，他又支吾其词，说"这不要紧，我总替你们想法子"，不说是当然的了。因为他的说话二三其德，使我更觉得怀疑。

十七日，他们的说法又改变了。他们说："我妻的病，肋膜炎已成过去，可是她的右肺有病，病的情形，是肺的上下部都好，而中部为结核菌所侵袭，蔓延颇广，而且情形相当严重……"我听了更怀疑了。……我妻的体格，和她以前的情形，以及从遗传上看起来，决没有传染肺痨病的理由。……我因此怀疑到官立医院的爱克司光透视，是否准确……

丙院长又来诊视。他对我的妻说："你虽有肺病，不要紧，我可以负责替你治好的。在从前，肺病没有根治的法子，现在却有了，那便是医学界最新发明的打空气针，你安心住在这里，过了一个时期，我给你打。"我的妻含糊答应，我听了却更怀疑了。所谓打空气针者，非即人工气胸欤？这我在报纸的广告上，已见过二十多年了，何最新发明之有？报纸上的广告，是最会尽情鼓吹的，却亦从没有说人工气胸可以根治肺病，而且害过肋膜炎的人，是不易施行人工气胸的，我的妻，官立医院里不是一断她是肋膜炎么？就使已成过去，也是刚才过去，如何在医院里住一个时期，就可施行人工气胸呢？我们这时候，对官立医院的信仰，实已动摇了。[①]

对于公、私医院的看法是如此，对于公、私学校的看法也是如此。吕思勉说：医院与诊所，正和学校与私塾一样，学校的设

[①]《连丘病案》，刊于《文艺春秋》1945年第1卷第4、5期。

备,远较私塾为完备,教师亦较多,但师生的关系却淡薄多了。所以,私塾或私立学校仍有存在的必要。这一种意见,他常常向人道及,"每向人道及,赞成者甚少,度不能为时人所听,所以未曾公开发表"。四十年代初,李宗吾在《宇宙风》上发表了《考试制之商榷自序》一文,其所论大体与吕思勉的意见相同。李文触动了吕思勉的旧念,遂写了一篇《学校与考试》,其中有一段写道:

> 教育本系社会事业。官办的事情,总不免流于形式,即所谓官样文章,不能和社会的进化相应。中国政治上的习惯,虽说是很民主,然既云政治,总不免有几分不自由。(如前清末年,断不能在学校中提倡革命,而私立学校,则事实上是有的,如爱国学社即是。)最新的学说,或不能在学校中提倡,私立学校则无此弊。……教育不徒贵有形式,而尤贵有精神。教育的精神,是存乎其人的。先秦诸子,佛学大师,宋元诸儒,皆其好例。此等教育巨子,在官立学校中,格于功令。或不能发挥其所长,在私立学校中则不然。……公家设立的学校,就是政治,政治不能废督责,……在督责之法未备之日,公家所立的学校,就不能谓其款不虚靡,私立学校则无此弊,"不愤不启,不悱不发,举一隅不以三隅反,则不复也",人而不肯自己研究,是谁也没有法子想的,历代官立的学校中,至少一大部分的学额,为此辈所占据,具有私立学校性质的书院则不然,而且

易于有真正研究的精神，置名利于度外，所以居今日而言学术，书院制实在有恢复的价值的。从来的书院，多数设在名山之中，景物优美，风气诚朴之地，现在西北西南，正在开拓，适宜于书院之地，不知凡几？若能使一县或数县，即有一个私家设立的书院，对于文化，岂不大有裨益。①

身居蒿庐　心忧天下

回到常州之后，吕思勉便开始着手他的第三部断代史：《两晋南北朝史》的撰写。这一部断代史，是吕思勉四部断代史中篇幅最大的一部（全书有一百一十万字），也是他写得最艰苦的一部。起初，他在湖塘桥青云中学教书，住在学校附近的顾姓居民家里，课余时，便在顾家写书。黄永年当学生时，曾去顾宅看望过老师，见到过老师伏案写作时的情景：

> 我当吕先生的学生时，吕先生正在写《两晋南北朝史》，住在离中学不远的一家居民楼上，单身一间房，很清静。我课余去看他，看到他写作的实况：桌上是几堆线装"二十四史"中的《宋书》《南齐书》《南史》之类，吕先生一边逐卷看，一边摘抄用得着的史料。吕先生是书法家，写字的结构有点像颜书《多宝塔碑》，但比《多宝塔》更刚

---

① 《学校与考试》，刊于1941年2月7日上海《中美日报》。

劲挺拔。摘抄的史料一笔不苟地写在自印方格稿纸上，既清晰又好看，体现出前辈学者谨严的治学风度。摘抄的史料分好类，加以排比，连贯成文。这正式的文稿我也看到，字的清晰不必再说，连文句都极少改动，最后就付印出书。[①]

开明书店为支持吕思勉的写作计划，每月预支千元的稿酬，等全书完成后再行结算。这在当时，不仅是经济上的支持，也使吕思勉的写作计划得以完成。他为了要按期缴稿，每天规定定稿两千字。《两晋南北朝史》是一部专业性很强的学术著作，每天定稿两千字是极不容易的。1943年，他辞去教职后，便隐姓埋名在家里专心著述。吕翼仁的学生谢叔宜在一篇回忆文章中写道：

> 当时我们还是读初中的学生，很想见而又很怕见知名学者，谁知见面后，老先生一无名教授的架子，他身材中等，有点瘦弱，戴着一副黑边高度近视眼镜，衣着朴素，言谈沉着而略带沙音，但坚定有力。态度平易近人，不管与同辈或青年人交谈，都是诚恳相待。他爱手捧水烟袋坐在藤椅上侧身倾听别人的论述，从不打断别人的话语，听完后才抒己之见，非常谦逊。对青年学生，则更循循善诱。
>
> 有一年暑假，一天午后我到翼仁师家西宅菜地里玩，见菜地旁有二间简陋的小屋，老先生正赤着膊，带着太阳罩，

---

① 黄永年：《回忆我的老师吕诚之先生》，刊于《蒿庐问学记》第143页。

伏案著书，当时我看了深为感动：如此酷暑，没有电扇，仅有芭蕉扇一把取凉。老先生这种艰苦治学的毅力和精神，确如他自己的诗句"行吾心所安，屋漏庶无愧"。他当时正在著述《两晋南北朝史》。[①]

尽管如此，吕思勉仍认为生活上的问题，并不足忧。抗战后期，物价飞涨，留在上海的几个学生，知道老师回乡以后生活窘迫，曾凑集了一些钱寄给他，他坚决不肯接收，将钱款寄还。他认为，"其实居此之危苦，并不全在于经济问题"，那么他萦萦于怀，所担忧的又是什么呢？在给学生陈楚祥的信中，他这么写道：

> 楚祥老弟：春间与沪上诸子通讯，知君西行，其后遂未获音耗，深以为念。……兄自还里以后，本亦在乡授课，因牵于情面，致须奔驰两处，颇觉其劳。而乡间情形，今岁亦不如去岁之宁静……今则物价骤长，视三四月间，又相倍蓗，徒恃写稿，恐难自给，亦且城中买米极难，有时竟至有钱亦不能得，即得之，亦不过数升，仆仆奔走，烦累不堪。……其实居此之危苦，并不全在经济问题，以经济问题论，兄旧业虽遭破坏，尚勉可自给，四方靡骋，彼此同是艰虞，不欲轻为友朋之累，故仍从原行汇还之，亦非守硁硁之节也。
>
> ……

[①] 《吕思勉先生编年事辑》，第264页。

> 兄还里一年，觉风俗人心坠落甚速，大抵恒人只知眼前，坚苦植基于数十年之前，而收功于数十年之后，则罕能见及。而今情势，目前无事可为，勤苦者一时决无收获，遂相率不肯自力。强者狡者则思投机徼幸，弱者愿者则流于靡衣偷食，获暴利者放辟邪侈，勉强得过者，亦群起追随，逮入窘乡，益成狂荡。大抵现在较有操守者，均废门不出，奔走驰骛者，则皆此曹。市肆街巷所见者，均昏愚鄙倍之徒。亦只可废门不出，此则愀然不乐者也。①

抗战时期，吕思勉写了许多忧国忧民的诗句。1942年，他闻知日寇侵犯太湖，愤慨地写下"五湖妖雾遍，未许觅渔蓑"的诗句。他有一个朋友叫周畏容，战前曾带了儿子来吕家玩，那时正值暮春，吕思勉在院子中的花架下留他父子俩一同吃饭。如今，院子已成废墟，周畏容的儿子参加上海战役，在娄河抗击日寇时牺牲，周畏容也不知流落在何方。他巡行旧地，触景生情，口占五律七绝各一首：

> 卅年华屋处，零落倚茅庐。
> 犹是伤离乱，遑云赋遂初。
> 衰来思学圃，非种合先锄。
> 荷棘心方壮，秋风病欲苏。

---

① 《吕思勉先生编年事辑》，第255—256页。

第七章 一片冰心

延客新秋一味凉，披襟犹记怅虚堂。
羹葵饭叶知谁饷，欲向城南吊国殇。[1]

1943年，吕思勉的《三国史话》由上海开明书店初版发行。这是一本通俗历史读物，写于20世纪40年代初。1940年，游击区为发展文化事业，办了江苏文化社的印刷所，创立编辑部并编辑出版刊物。杨宽当时正参与编辑部的工作，他回忆说：

> 黄素封还找我和他一起邀请两位著名学者为这个文化社写两本通俗读物出版，目的是替这个游击区所办的文化社造声誉。我们因此约请吕思勉写一本《三国史话》，又去约请著名学者生物学家秉志（字农山）写一本通俗读物《竞存论略》，阐明生存竞争的学说。……吕思勉和秉志本来忙于写专著，不写通俗读物的，听到我们说是游击区文化社邀请他们，都慨然应允，很快写成。为了加快出版，立即请上海开明书店付印，标明是文化社丛书之一，就在一九四〇年出版。[2]

吕思勉之所以要写这一本书，一方面是支持游击区的文化事业，另一方面也是想借助历史通俗读物进行历史教育。他曾作过一番调查研究，向书业中的人了解书籍发行的情况。据书业中的

---

[1] 《吕思勉先生编年事辑》，第240页。
[2] 杨宽：《历史激流中的动荡和曲折——杨宽自传》，时报文化出版企业有限公司1993年3月版，第132页。

人说，中国的书籍发行，《三国演义》的销量年年是排名第一，而有关三国的剧曲又是最受人们欢迎的，三国的史事和人物在社会上广为流传，成了人们最熟悉的一段历史。但是，《三国演义》是历史小说，不同于历史记载，人们往往从《三国演义》中获取历史知识，或者用演义中的观点来评说历史人物，就会歪曲历史，造成许多谬误的知识。选择大家熟悉的三国历史来讲评，自然是最相宜的，也足以引起大家的兴趣。于是，他选择了三国这段历史为题材，将自己的研究所得，用通俗浅近的语言来讲述，帮助人们纠正谬误的历史观念和知识，或者叙述一些前人所忽视的事情，也可以借此来引导人们以正确的方法去学习历史。

　　本着这样的目的，《三国史话》重点撰写了"赤壁之战的真相""替魏武帝辨诬""替魏延辨诬"等章节，同时也着重叙述了一些必要的历史知识，如"宦官"一节，不仅讲了后汉宦官专政的原因，而且还讲述了宦官的历史；在"外戚"一节，除了讲述外戚与宦官的矛盾斗争外，又讲述了外戚的由来；"黄巾"一节，既讲述汉末的黄巾起义，又附带讲述了五斗米道、"苍天已死，黄天当立"与五德终始说的关系；"后汉的地理"讲述了后汉十三州、汉代的行政区划、刺史州牧的演变；"董卓的扰乱"讲述汉末的军事纷争，由董卓的西凉兵讲到汉与西域羌人及其他少数民族的关系。所以，这一本通俗史话，对于一般读者，可以学到必要的历史知识，用来纠正谬误的历史观念；对于专门研究历史的学者，则可以从中获得作者对于历史的独特见解。1947年，因《现实周报》的约稿，吕思勉又写了《三国史话之余》,有"孙吴为什么要建都南京""司马懿如何人""司马氏之兴亡""晋代豪门斗富"等篇。现今,《三国史话》和《三国史话之余》均收入《论学集林》,1987年,由上海教育出版社出版[①]。

物价纪实与社会史研究

吕思勉治史,一向很注意物价货币问题,早年曾收集了物价币制的资料。这些资料——物价纪实——有的是他从报刊上摘录的,有的则是他亲身经历的实录,记载得都非常详细。如:

> 庚子(一九〇〇年)五月十一日《中外日报》载汪康年复欲东游学生函云:启者:近屡接各省诸君函,询赴日本读书每年须银钱若干?几年即有成就?并言家寒欲往学,又不能多费,故特函询云云。现已托日本同志与日本学堂斟酌,格外减省,如入各专门学校,每年修缮住宿并私有零用极少,一百二十元即可敷用,专心一志,五年即可大成。如欲入大学,学习采矿、冶金、建造、铁路等事,每年须二百余元。入官立之武备学堂,数亦如之,学成期限亦均以五年为断。诸君如有年在十五以上,二十五以下,身体结实,志识坚定,可即来申,先读东文三个月,再行函送日本东京读书,缘此系与东友再三商酌,始能定议,故不得不格外□慎,特此谨白。

[①] 此也是20世纪80年代后期的情况,《三国史话》与《三国史话之余》也是吕思勉著作中最受欢迎且重印再版最多的一种。

又如：

　　辛丑（一九〇一年）九月十二日为人发一电报，此时之电报费如下：自江苏至山东、安徽、浙江，每字一角三分。至直隶、河南、江西、福建一角六分。山西、湖北、广东、盛京一角九分。陕西、湖南、广西、四川、吉林二角二分。甘肃、贵州、云南、黑龙江二角五分。新疆二角八分。①

1942—1945年间，他虽隐居乡里，埋头著述，却很关心常州的物价，并作了详细的记录，编成一篇《常州物价纪实》。其中对常州名产大麻糕（也是吕思勉从小就喜欢吃的糕点）的价格变化尤为留意：

　　（一九四二年）八月初九日：偕馀之访锡昌，三人同至老义和茗谈，锡昌欲食予以麻糕，而麻糕已停制，乃已。麻糕予小时售钱六文，后增至十文，铜元行，凡物皆以银论价，则售四分或五分，分准铜元三枚，则当小平钱百二十至百五十，今则售钞一元矣。此所谓大麻糕，常州之名产也，虽苏州人犹称之。其小者，予小时售钱二文，俗称为老荒，相传昔遇饥年，官以是为贫民之食，与业此者约，价不得私增云。铜元行，价稍增至二十文，今亦售四角矣。

---

① 《吕思勉先生编年事辑》，第27页。

(一九四三年)三月初九日：大麻糕亡清丙午之岁，先父病中恒食之，每块钱十文。民国二十五年，每块银四分，其时银一分合铜元三枚，则小平钱百二十文，看似十二倍，然丙午岁银一分，约直钱十，则实仅四倍耳。今也每块四元，则百倍于二十五年矣。此间报纸，日言重庆物价飞腾，然即如所云，亦不过四十五倍于战前，未及此间之半也。

(四月)二十日：妻思食麻糕，出买之，五元一块，则较前又长矣。

(五月)初五日：出买麻糕，价长至每块六元。

(一九四四年)二月二十日：出理发，二等理发馆也，价四十六元。但剃胡者，二十六元。今年小麻糕，即所谓老荒者，四元一块，黄酒三十六元一斤，白酒五十元。豆油麻油，皆百九十元，猪油猪肉同价，皆百二十元一斤，米四千七百元一石。重庆米二千五百元一石，而其一石当此间之二石七斗……

九月十二日……近日物价，面每斤八十元，大麻糕每块五十元，小麻糕十元，花生炒熟者，每斤百六十元。

(九月)十五日：是日大麻糕之价长至每块六十元，猪肉斤二百六十元，眉饺每枚二十元，日用百物无不窳劣，闻吴中旧货之直二十倍于新货。[1]

---

[1] 《常州物价纪实》，刊于《常州文史资料》1984年10月第5辑。

1944年秋,女儿吕翼仁在常州乡下的奔牛镇丽江中学教课,除了教本行的国文、历史外,还兼授国画。那时,她正临摹好黄公望的一幅《浮岚暖翠图》,预备送光华大学校长张寿镛,祝贺他七十寿辰的。一日,驻在附近火车站的日本人到学校办公室强索该画,她坚决拒绝。为避免麻烦,从此,她不去办公室,画也不放在办公室。然而不可避免的事还是发生了:

> 一天,我在上图画课的时候,忽然听见学生惊慌地喊:"先生,坐下来,快坐下来。"我一回头,见窗外站着两个人,一个是乙先生,一个是日本人,学生们叫我坐下,便是

图22 吕思勉先生之女吕翼仁的绘画作品

希望我冒充学生,不给日本人认出来。然而这那里可能呢?他是乙先生领来的,大约乙先生见我不肯送画给日本人,认为丢了学校的脸,因此直接把日本人领到我教室中来,让我自己对付了,既如此,自然不是躲避所有用的了。我一面想,一面站着不动,看他怎么发付我,于是日本人走进教室来了,他先在教室巡视一周,然后走到我面前站定。

我的眼睛始终不看他,也不向他招呼,好象没有见他一样,我们这样对立着,足有十五分钟之久。

这日本人也许受过相当教育,并没有动武,不过走的时候,脸色很难看(这是学生对我说的),学生们个个为我耽忧,然而他却没有再来。乙先生见了我却说:"今天那日本人客气透了,你要知道……"这意思自然是说我不识相,不识抬举。[①]

女儿将日本人索画的事,写信禀报父母。吕思勉获悉后,亲自下乡探望,次日回城时,由于航船超重,不便舟行,欲雇车回城,然车资昂贵,不得已只能由奔牛镇步行回城,这样长途奔走几十里,在他一生中是极少见的。这一天,他顾不上路途的劳累,又在日记中记载了许多物价资料:

十九日:至奔牛丽江中学,与其校长李君东畲同行附航

---

① 吕翼仁:《笔衫阶级》,刊于《月刊》1946年第2/3合刊。

船，人二百元。

　　二十日：拟仍乘航船归，船载重已逾量矣。而待于步际者，犹数十人，惧而止。拟顾小车入城，索价千元乃止。返丽江，东畲送予至公路口，属步行至连江桥，雇车入城，至则公路由上塘而市集在下塘，予惮唤渡至下塘，乃复步行，自奔牛十里至连江桥，又四里至新闸也。新闸公路亦由上塘，市在下塘，然上塘较连江桥稍繁盛，有茶肆三家。二家已收市，一家尚有炉火，而或开会于其中，御来者弗得入，不得已买小麻糕三块，借理发店门前坐食之，食已复行，入西圈门，乃就茶肆啜茗，食花生一包，乃复行入城，麻糕每块二十元，茶一壶四十元，花生一包二十元，乃如予小时二小平钱所买者耳。[1]

对物价及其变迁的留心，大约始于十九岁时。那时他目睹晚清政府滥铸铜圆，致使钱价日落，而劳力者的生活遂陷于困境，由此，他萌生了研究历代币制的想法。他在《四史中的谷价》一文中，谈到了这一研究的缘由：

　　我的留意于物价，是从前清末年滥铸铜圆的时候起的。那时候，社会上的工资、物价，还大部分用铜钱计算。铜圆一滥发，价格跌落，物价就比例上升，做生意的人，以银两

---

[1] 《常州物价记实》。

或银圆买进，而以铜圆卖出，因铜圆价格的继续跌落，往往至于亏本。尤其是靠工资生活的人，收入是铜币，而物价则因大商店的进本，多是银两或银圆，按照成本，批给小商店；小商店再批给零卖商；各按成本，换成钱码卖出，就较原价高出好几成。转瞬而加倍，不多时就三倍、四倍。继续上升，更无限制。于是一班靠工资生活的人，就几乎不能生活了。我看到这种现象，开始感到币价的涨落，影响人民生活极大，就想搜集材料，以研究历代的币价。①

早年搜集的物价资料，都在抗日战争期间损毁了。1942年，他重新整理残存的日记，将其中尚能辨认的几页重新抄录出来，共五十六条。他写道：今世物价记载，自有专书，一爪一鳞，殊不足道，然中国地大而物博，专事记载者，亦不易曲尽，此区区者，或亦足资谈助也。故不避琐琐，更录存之②。

资料虽然损失，但他的研究志向没有变。后来，重视物价的变迁，重视社会生活方式的演变，成为他治史的一大特点。这方面的研究，主要是以正史为主，辅以其他书籍，又以报刊的记载和自己的所见所闻相互印证。例如，有关"印子钱"，一般都认为起源于居住在上海的印度人所放的高利贷。吕思勉认为，这种说法不正确。他考证说：所谓"印子钱"，即"民间贷钱征息，子母互相权，谓之印子钱"。清代康熙年间杭州驻防旗兵已有放

---

① 《四史中的谷价》，刊于《知识与趣味》1940年第2卷第1期。
② 《常州物价记实》。

"印子钱"的,后来各地都有,《清史稿》赵士鳞、马如龙、刘荫枢、卫既齐、成性、张照等传都有记载。上海晚近的"印子钱",在1932年12月8日的《时事新报》曾有记载,"大抵借五十元者,先扣去鞋袜费五元,实止借得四十五元,而每日须还一元,二月为清,则共得六十元矣。所借少则为期短。如借十元先扣一元,日还四角,一月为清,则共得十二元也。又有曰礼拜钱者,每星期付息一次。如借银十元,扣去鞋袜费一元,每星期付息一元。又有曰加二钱者,借百元,月付息二十元。又有曰皮球钱者,还不逾日,晨借十元,晚还十元二角"[1]。这样的考证,自然更有说服力。

在他的读书笔记里,有关钱币的札记很多,如"论金银之用""续论金银之用""汉时珠玉之价""汉人不重黄金""皮币""汉武以酷刑行币""行钞奇谈、伪钞奇技",等等。后来,他还专门写了中国币制史(现收入《中国制度史》[2]),认为中国的币制发展可分五期:自殷以前,盖珠玉金银龟贝粟帛等杂用,为第一期。周代渐开金铜并用之端,至秦汉而大定,此第二期。南北朝以降,黄金渐少,乃代之以帛,此第三期。及宋而纸币兴,金人效之,元明延焉,至宣宗宣德三年而废,此第四期。纸币既已积弊,铜钱又不足,用银乃乘之而起,肇于金之末造,盛于明,废纸币以后,以迄于今,此第五期。在他的各部通史、断代史里,都有论述钱币和社会生活方式的内容。他对宋辽金元明

---

[1] 《燕石续札》,上海人民出版社1958年1月版,第81—83页。
[2] 即《中国社会史》。

清币制的研究尤为详细，可惜未能成书。文史专家王玉波曾写有《要重视生活方式演变史的研究——读吕思勉史著有感》一文，称赞吕思勉的治史颇有独到之处，在吕氏的通史、断代史、专史等著作中，关于社会的生活方式占有相当分量。如《族制》《婚制》《衣食住行》或《人民生活》《各地风气》等专节，所辑史料甚详，而这些正是现在通行的断代史著作中缺少的。他说：

> 吕著中这方面的优点，不但表现为有大量篇幅叙述这些内容，而且注意从生活方式方面揭露封建地主阶级对农民的剥削和压迫，特别是吕氏晚期的断代史著作中，这一点更为突出。如《隋唐五代史》中，针对唐、五代时期封建统治阶级以所谓"孝治为急"的借口，强力禁止父母在世分籍异居，尖锐地指出："至唐世，则丁多者户等随之而高，赋役又随之而重"，因此人民"析籍以避之"，而法令禁其分籍，"岂真为风教计哉"！这就深刻地揭露了所谓"孝治"的本质，不过是封建国家为了更加残酷地剥削压榨人民。同时也对当时所谓"小人薄于情礼"，"父子率多异居"的家族制度状况，作出了符合历史唯物主义原则的科学解释。[①]

[①] 王玉波:《要重视生活方式演变史的研究——读吕思勉史著有感》，刊于1984年5月2日《光明日报》。

第八章　重返光华

上光华复校之策

1945年抗战胜利，打败了侵略者，中国人民从此扬眉吐气。自日寇侵占常州以后，为了不向守城的敌兵脱帽，吕思勉誓言"必光复乃戴帽"，获悉战争胜利，吕思勉即在上海买了一顶六合帽，"戴之昂然归故乡"。他将次年的日记，改名为《扬眉记》，在日记的序言里写道：

> 倭寇入犯，遁迹沪滨，不归乡里者几五年，室庐什物任人取携，所失者盖不可以数计。所以然者，初以敌兵守门，入门者必向之折要，予不肯为，故遂不归，后此例虽罢，然租界中究不见敌人骄暴之迹，与内地殊，故遂偷息焉。及日人攻英美，租界沦陷，敌人之所为，亦与其在内地无异矣。三十一年八月乃从吾妻之言归故乡。时入城门者，虽不必折要，然敌兵有门焉者，必脱帽。街衢之中，敌兵有更位者（更俗作岗），过之亦然。予不肯为而无如何，故自归乡，

遂不帽。誓言吾必光复乃戴帽。去岁敌人败降，十二月八日在上海买六合帽一，其制明太祖平胡元后所定也。三十日戴之昂然归故乡矣。①

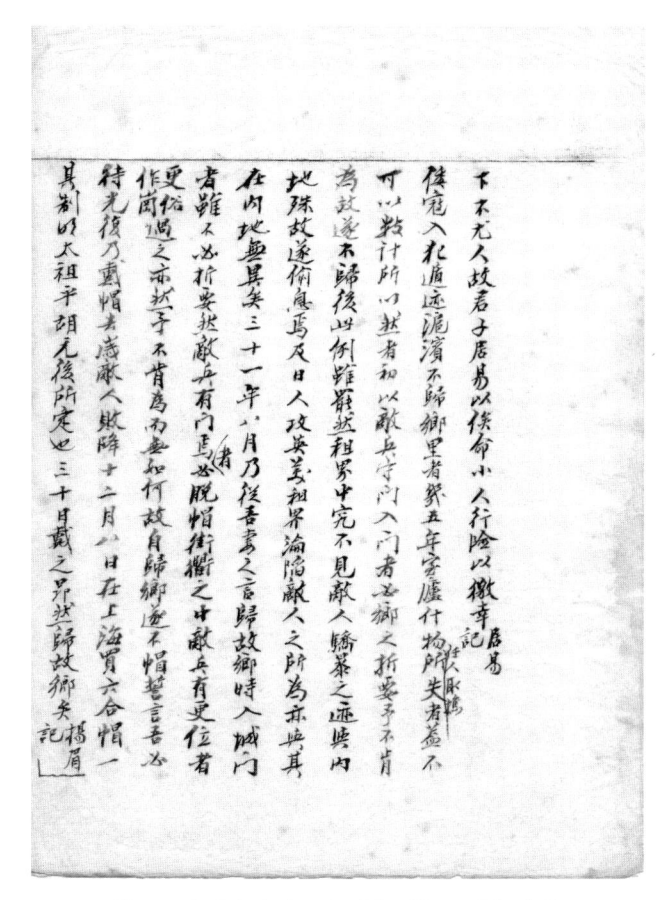

图23　吕思勉先生日记《扬眉记·序》手迹

---

①　《吕思勉先生编年事辑》，第278页。

抗战胜利后,光华大学在沪复校,吕思勉也于10月初回到上海:

> 初三:偕缝兰诣宗医。光华复校,偕荣至上海,趁快车行,钦奇、春甥均相送到站,永圻同行。车本十二时一刻开,而迟至二时一刻,抵沪已六时十分矣。偕荣至光华,仍在证券大楼,晤国光,同出寻客栈,至源源、大上海皆满。同至聚昌饭。回光华,在校长室中,席地暂宿一晚。
>
> 初四日,晴:偕荣访伯祥、伯云,未晤。访丕绳未晤。晤张一凡。访伯云。法租界电车罢工,故同趁电车至静安寺,而步行访宽正于鸿英图书馆,并晤锡璇;同在某面馆吃面,乃旋光华。丕绳来未晤。达人来。丕绳来,宽正来。是日光华在八楼拨出一间,给予与荣女居住。①

光华复校之际,学校领导合议复校之策,吕思勉第三次上书光华大学校务委员会,具体地申述了他的复校计划:

> 强寇入犯,井里邱墟,光华亦蒙其祸,黉舍千间,悉成煨烬,追维缔造,宁不痛心,然事贵因祸而为福,转败而为功,诚善图之,则兵燹之摧残,转有足启我发扬光大之路者,不揣梼昧,谨就光华复兴之策,贡其一得之愚,维诸君子垂鉴焉。

---

① 《吕思勉先生编年事辑》,第266—267页。

他主张学校设立农学院：

> 划校地三之二为农场，可得七八十亩，此诚不为大，然本校之立农场，非谓以此为限，乃欲以是为基，而劝诱农民，来相合作耳。来合作者愈多，则其地愈广，作始虽简，其方来，固莫能限其所至也。学校所立农场，足以劝诱农民使来合作者，举其大端，盖有五事：一曰蓄泄，二曰深耕，三曰选种，四曰施肥，五曰除害。五者利皆显而易见。七八十亩之农场，所能施展者，虽云有限，然足示农民以模范，而起其歆美之心，则无疑矣。抑本校之立农场，非徒曰立一农场于此，尔自来观之云尔。所以劝诱之者，盖可有多端，而其扼要而易举者，则莫如合作之事，购买、消费、信用诸合作，无不可由本农场创始，而诱农民使来，又时招集之，示以蓄泄、深耕、选种、施肥、除害之法，其利既见，耕种合作，便可以成，耕种合作之既成，乃导之以积谷合作，运销合作，如是而一地方之农业，焕然改观矣。其效之见，盖不越三年。①

与前两次上书一样，这一次上书，也未能为学校当局所采纳，几次呼吁提倡，也都未能引起社会的充分注意。这使吕思勉颇感失望，然而，这样的结果多少是他意料之中的事。早在1927

---

① 《吕思勉先生编年事辑》，第270－271页。

年的第一次上书中,他对于人们蹈常习故,玩时愒日,致使万事皆隳坏于冥漠之中的状况深为担忧,他说:

> 此项计划,鄙人怀之已久,在学校中,亦恒择其可行者,为管理校务者言之,即如提倡多食杂粮及冷食一事,在沈阳高等师范学校,即曾草具意见书提出。在江苏省立第一师范学校,亦曾缓频言之。乡里荒歉之岁,又尝著论载之报端。然闻者非斥为不可行,即笑为不能行,问其何以不可行?则曰:向未有此而已。问其何以不能行?则曰:习俗难移而已。孟子不云乎:责难于君谓之恭,陈善闭邪谓之敬,吾君不能谓之贼。今日先觉之士领导民众,犹昔日大臣之事君也。谓其民不能者,贼其民者也。夫时无不可为,功无不可就。所患者,人人蹈常习故,闻有深谋硕画,则目笑存之耳。七年之病,求三年之艾;苟为不畜,终身不得。今民国十六年矣。试追想,当民国元年之时,曾有陈十五年之计,而闻者笑以为迂者乎?而今则忽忽十六年矣。玩时愒日,使万事皆隳坏于冥漠之中,其何能淑,载胥及溺,此则可以痛哭流涕者也。①

---

① 《吕思勉先生编年事辑》,第140—141页。

因祸而为福　转败而为功

吕思勉曾说：

> 人的性质，尽于博弈二事。盖博，阳性也，代表人之冒险性者也。凡天下事成否不可知，不肯冒险以图功，即永无可成之望者，惟此种性质，为能开辟之。如探险于南北冰洋，其适例也。弈，阴性也，代表人之理性者也。凡天下事必谋定而后动，乃可有成。无谋则不成，即使虑不能尽，而多一分计划，亦必多收一分效果者，惟此种性质，为能经营之。如施政之必本学理，军事之必有军谋是也。天下事，属于弈之性质者多，属于博之性质者少。无论何事，概以赌徒下注之性质行之，无有不败绩失据者。[1]

他又说：

> 我们做事，有些事，成败是无从预料的，只是尽人事以待天命，这是博的一类。有些是多少可以人力控制的，这是弈的一类。浅而言之，似乎弈远优于博。然而世界上的事，不能以人力控制的居多。即能以人力控制，其可控制的成分，亦远不如弈。倘使我们做事，件件都要计出万全而后

---

[1] 《论国人读书力减退之原因》，刊于1918年3月25日上海《时事新报》。

动，那就无一事可做了。然而在能以人力控制的范围中，我们总还要谋定而后动。所以我们作事，该用下棋的手段，又要有赌博的精神。①

做事既需要有"弈"的谋划，又要有"博"的精神。然而，吕思勉始终认为，人类最大的问题是未能充分发展"弈"的性质，即未能充分发挥理智。"人之所以异于禽兽的，就在其不但能随顺环境，还能控制环境。在动物中，有的似乎亦能控制环境，然其所谓控制，非出于理智而由于本能，故其控制之力有限。人则不然，故能有无限的进步。未经控制的自然力，无不足以为人祸。人类的控制自然，亦不能有成而无败。所以'因祸而为福，转败而为功'，这十个字，最为紧要。"②这十个字，不仅应该运用在对自然界的控制，更应该运用于人类的社会生活改革上。

艰苦的十四年抗战终于获得了胜利，但建国的"责任方殷"，一切还任重道远。在这种情势之下，我们当如何"因祸而为福，转败而为功"，认真地筹划今后的建国方针，实在是非常急迫的事。吕思勉很清醒地看到了这一点。1945年，他写了《抗战的总检讨和今后的方针》《战后中国经济的出路》《战后中国之民食问题》《怎样将平均地权和改良农事同时解决》等一系列文章，一方面是总结和检讨历史，一方面是展望未来，对战后的国家建设进行了筹划。他说：

---

① 《新年与青年》，刊于《青年半月刊》1940年第1卷第6、7期合刊。
② 《塞翁与管仲》，刊于1940年5月24日上海《中美日报》。

此次战祸的造成，……乃由日本走上了一条错误的路，……依我看，有三种原因：

（一）日本近数十年来，效法欧美，进步似乎甚速，然只是外铄的，论其本来，社会的程度，似乎还很落后，试观其迷信之深可知。因此之故，其统治者，乃得自托于神权，以愚惑其众。

（二）因其社会的程度，本来落后，所以崇尚文教的概念实浅，凭恃武力的概念甚深，因此之故，乃因武人专擅，而造成了封建制度，因封建制度而造成了武士道的风气。武士道固亦有其长处，然武人的性质，大都是轻躁寡虑的，遂陷于无知的自大，而妄想以武力称霸于世界。

（三）而历史上又适有一助成其错误的外因，此即日本所自夸，谓自建国以来，其三岛之地，迄未被人侵入者，这件事，拆穿了西洋镜，其实一钱不值，因在近世物质文明高度发达以前，文明民族受野蛮民族的侵略，几成为历史上的公例……欧洲东北诸族之于罗马，为人人之所知，其实还不仅此，埃及的文明，乃由其地三面为沙漠所包围，一面又受海的限制。美索不达米亚，亦四面皆山。即中国古代的文明，亦由有太行山脉，将其与骑寇隔开之故，可见此一阶段，在历史上阅时甚久，日本的地形，和英国最相像，而其与大陆的距离，较英国为远；中国的好战，不如罗马；其间且得一个右文的朝鲜，以为之缓冲；这都是日本所以始终未被外族侵入的原因，原系事势的自然，无足为怪，然浅虑而自大的日本人，就因此更坚其自信了。

中国虽然获得了抗战的胜利，但为今后建设计，也有检讨的必要。他认为，中国的错误，正与日本相反，日本的错误，失之逞强，中国的错误，则在于积弱：

> 中国在幅员和资源上，是个满足之国，自不会有侵略之念，民族自然的拓殖，也从来不恃武力的，历代的对外战争，属于自卫的，和属于君主个人的野心的，很难分析清楚，军事上的措置，又很难得当……又其历代，右文的概念甚深，尚德化而薄力征，遂成为普通的概念。因此，在承平之时，虽有名为兵之人，而其人，实无可以称为兵之实，直可称为无兵备之国。其政治，则因疆域过广，交通不便，不论调查、计划、措施、监督，均极为难，全取消极放任政策，"治天下不如安天下，安天下不如与天下安"，这两句话，殆泄尽了中国政治的秘奥。所以行政，特别软弱无力，政权在官僚阶级手里，其为暴，自不如封建领主之深，而其无力，亦适与之成正比例，后人痛心政治废弛的，至于愤激而欲复封建，即由于此。为官僚之所自出的，为智识阶级，其地位，乃由选举而来，这原是中国政治的优点，但智识阶级的风气，亦随世而变，而当西力东侵之时，则适承其衰敝之会……

对于战后中国经济的重建，他提出了这样几点建议：

（一）国营贸易与统制贸易并行。当不平等条约取消以后，我国最急需的措施，就是国营贸易和统制贸易的并行。虽然这二者在法币政策实行以来，已开其端，而抗战以后，更增加了强度。但在今日，还有推广和加深的必要。因为经济上最恶劣的现象就是无政府。无政府，不但国内的经济不能走上正常的轨道，即使列国之间，也往往引起纠纷，甚至挑动战祸。第一次世界大战后，欧洲各国对于经济问题，都没有什么远见；即使有之，也不能实行。于是各国竞筑关税壁垒，争为汇兑倾销，实在都是损人以图自救，结果举世皇皇，不可终日，这实在也是造成这次世界大战的一个原因。

（二）农业产生方面。粮食的盈余，就时间上来说，全国能盈余两年的粮食，即可满足。粮食盈余过多或者存放时间过长，都会造成"化有用为无用"的损失。粮食的生产和储存，应将全国分为若干个区，对每一区做仔细地审核规划：哪些区粮食可以自立，哪些区可以协助救济其他区，哪些区当接收其他区的协助救济？同样，哪些区的农产品可以增产或扩充，哪些区可以减少，甚至可以废弃而改营其他产业？各个区，应该因地制宜，尽量发挥各自的地利。比如福建、广东，就可以减少谷物的种植，而与南洋诸国交易换取，这样做总是有利的。中国的地方、位置，和美国最为相似，但耕地面积不如美国，而地形比之美国更为复杂，就狭义的农业论，则中国的农业，决不会在美国之下。将中国与美国做比较，就好像将四川和江苏做比较。我们回看历代的地方割据，以及这些次抗战中四川的经济力量，就可知道中国的农业是有前途的。

（三）平均地权和改良农事同时解决。中国历史上的地主对农民的剥削，是以田租和高利贷两种形式进行的，要消灭这种剥削，就得要平均地权；而且，也只有平均了地权，农事的改良才可以进行。地权如何才能平均呢？最痛快的办法是无偿的没收，宣布个人的地权为国有。但这种激烈的平均地权的政策，在中国恐怕行不通；即使推行了，也只是将佃农变为自耕农而已，对农事的改良的作用不大。今日的农业，必须朝大农制方向发展；只有推行大农制，才能充分利用新式的农业机械，才能充分应用科学的种田方法，而交通、水利等与农业相关的问题，也能顺利地得到解决。就操作方法上来说，可以提倡耕种合作社，或由佃农集资向地主租得土地，或由业主将其土地交与合作社来经营。无论是采取哪一种形式，都能使土地耕作的面积有所增加，也可以逐渐地将小农制变为大农制。这种方法的好处，在于不剥夺地主的土地所有权，故不至于引起地主的反对，这就为平均地权、改良农事创造了有利的条件。引导他们参与协作，其结果就能使原有的土地占有状况得到整理。等到土地向公共使用的方向改进，那么人的私有概念必然也会逐渐变化。由此，或由国家给以债票，或由合作社估价收回等，都可以谋求地权的平均，同时施行农事的改良[1]。

---

[1] 以上均见《抗战的总检讨和今后的方针》《战后中国经济的出路》，刊于《青年半月刊》1945年复刊号；《战后中国之民食问题》，刊于《青年半月刊》1945年第2期；《怎样将平均地权和改良农事同时解决》，刊于《青年半月刊》1945年第3期。

同年，他又写了《因整理土地推论到住的问题》上、下两篇文章，上篇论述农村的住房建筑，下篇专论城市的房屋建筑。他说：

> 房屋和人生，关系是很密切的。其中最重要的，自然是保健。次则居处清洁，则人有爱美的思想，而爱美是能引起许多美德的。中国人无论城乡，都不爱清洁，庭院、房屋、街衢、河道，无不杂乱污秽，此与国民品性，实大有关系，于此点，我们不但不及欧美，并远不及日本人，不可以不猛省。①

关于农村的房屋建筑，应有（一）公共集会之所，（二）读书阅报之室，（三）俱乐部，（四）幼稚园，（五）小学校，（六）公共浴室，（七）厕所，（八）儿童公共养育室，（九）公共厨房，（十）公共食堂。此外，应另辟一处作为用于牛马鸡猪的畜养，耕田之中也应建造茅亭土屋，以资人畜休憩，或供行旅暂息之地。风景特佳，或有古迹之处，更宜就加布置，附以说明，既增人民爱美之念，且可诱导他方之人来游，于本地人民之生计，亦可小有裨益。他认为："土墙茅屋，冬温夏凉，实于卫生最合，料既农村所自有，工亦农民所能为……居宅的适宜与否，在卫生方面，是要在采光、换气、清洁、宽广上注意的，即

---

① 《因整理土地推论到住的问题（上）》，刊于《青光半月刊》1945年第1卷第4期。

329

美的方面,亦是这样,本不在乎材料的贵重。"①

关于都市的房屋整理,吕思勉认为:要针对旧区和新建区域的不同,采取不同的方式。他说:

> 凡因袭的城市,大概不宜照理想布置,只能逐渐改良。改良之法,首宜将市区和住宅区分间,其庙宇、寺、观等,则悉宜征收之,以增建住宅,或则辟为果园、菜圃及运动场、风景区。……市区中的住宅区,其所需要的,如公共会堂、阅书报处、幼稚园、小学校、公共浴室、厕所、儿童公育室……住宅区中最好有数丈隙地,就地布置,或栽植花木,设置桌椅,以便供人休憩,居民游玩,或加以平治,以便居民就近运动。……市区特宜增设小菜场……婚丧等行礼之处。……街道概宜放宽……街道之旁,概宜种树。……城河宜大加浚治,以利交通。……有些工厂居处,可强迫其迁出市区。……住宅的改良,宜奖励新建和改建。改建之法,首宜注意于泄水之沟渡,务使能畅而不暴露于地面。次则宜注意于换气及采光。……建筑宜求朴素,弗尚华丽。②

---

① 《因整理土地推论到住的问题(上)》,刊于《青光半月刊》1945年第1卷第4期。
② 《因整理土地推论到住的问题(下)》,刊于《青光半月刊》1945年第1卷第5期。

然而，都市中地皆为私人所有，政府如何操办房屋居室的改造呢？吕思勉提议，可充分利用地方课税来办这件事。他说：

> 今地方课税，首列而最重要者曰房捐。……然今之言房捐者，徒为税收计而已矣，未尝计及民居之改善也。即以税收论，亦未能尽其利。予有一策，可使公家之收入裕，人民的居宅日以改善，而赁庑以居及以屋出租者，权利义务，亦两得其平焉。

他建议可利用税收来建立房屋改造的专款专用：

> 凡欲筹办一地方之房捐者，请先动员其地与营造有关之人。如砖瓦木料商，瓦木匠等。估定某一所房屋营造所须之费用。此等估价，当按营造费之变动而变动。估价既定，其屋若出租于人者，当许其取几分之几的利息，以为房租。外加几分之几，以为修理费。又加几分之几，以为房屋改良费。皆取之于赁居者。凡有空房欲出租者，皆告之官，为代赁于人。房租、修理费、房屋改良费，皆由官委银行，代为征收。房租扣去几分之几，以充房捐。余则致诸房东。修理费专款存储。由地方与营造有关各业，合组房屋修理公司，以承办岁修之事。
>
> 房屋改良费亦专款存储。此须通全市之房屋以谋改良，不得曰证自某屋者必用之某屋。按其款之多少，逐年进行。

自最恶者以及次恶者。宜拆毁重建者，则拆毁重建之。……此为征税于善屋之人，以助不善之屋之改建，裒多益寡，称物平施之道也。[1]

1947年春，光华同学创办了一份杂志叫《学风》，在创刊号上，吕思勉发表了一篇针砭时弊的文章——《如何根治贪污》。其时，抗战胜利已一年多了，但政府的所作所为，颇令人们失望：时局动荡不定，人民依然叫苦连天，一切建国的大计，更是无从进行，而官吏的败坏却日甚一日，"接受被称为劫收，贪污、腐败、无能，竟成为官僚一致的评语"。如"贪污而终不可治，政治尚安有清明之望？社会又安有安宁之日？何况更望进步"。吕思勉认为，根治官吏的贪污，还政治以清明，为当时政治的急务，政府对此须有深切的注意，因为官吏的贪污不根治，就等于纵百万虎狼于民间了。

这一篇文章分三个部分，首先是纠正那种认为中国官吏从来就是贪污的误会，其二是分析造成官吏贪污的根本原因，最后是提出根治贪污的办法。

说到官吏的贪污，"论者每谓中国的官吏，是从来就贪污的，不论什么时代都如此，此言实为误会"。之所以有此误会，那是因为我们常常看到旧日的官吏，所取多出于俸禄之外。其实，历来官吏的俸禄，都是微薄得可怜，至于行政经费，则明文

---

[1] 《新生活鉴古（上、下）》，刊于1945年12月13日上海《正言报》。

规定得更少。然而，为官的总不能自带家私而替公家办事，于是便有虽无明文规定，但为国家默认的种种俸禄之外的收入：

> 昔时官俸虽薄，行政经费，虽然没有明文规定，然在习惯上，国家许其取诸俸禄以外的款项实多，此为法律所默认，有时并或加以明认。此即不啻国家规定的，允许的行政经费及官吏的特别收入，从而取之，自不能谓之违法了。此等款项，历代皆有，举其荦荦大者，则在前代，最重要者，为"随身用度，悉仰于官"。即官吏一身，在理论上，当然可以包括其一家，当其任职之时，其所消耗，悉由公家供给。此与今日之公务员，由公家给与食料、衣料、住宅、旅费或交通工具者正同。至于上任之时，去职之后，路途之所费，则其最著者，为郡县之送迎；即守令去来之时，此等费用，悉由地方供给。此事在后来，踵事增华，所费颇巨，成为官吏贪污之一端，然此乃流弊使然，论其本意，则实不如此。

然而，正因为这种虽无明文规定但为国家默认的种种俸禄之外的收入，为官吏的贪污提供了契机。在承平之世，官民之间能发生实际作用以防止贪污的，只是法律、命令中为人所共知、共守的一部分，以及虽无法令，而为人所共知共守的习惯。然到了变乱之时，一切破坏无余，一切皆无成法可循，贪污的机会就来了。此外，许多新兴的事业，也因其无详密的法令可循而给贪污者以肆行无忌的机会。所以，当时的贪污现象，虽然普遍而深刻，其原因也无非有二：一是由于当时仍处在一个变乱的时代，纪纲不整，暴力横行；二是由于新兴的事业繁多，既无法律可循，也无习惯可守。前者的解决，只有待大局之澄清；后者则是一个政治问题，应设法根治。

那么，如何根治官吏的贪污呢？吕思勉认为，制止贪污的根本之计在于地方的自治。他以王安石变法时推行的保甲法和宋时河北民间弓箭社为例来说明这一点：

> 现在所行的保甲，是创始于宋朝的王安石的，他的创立此法，用意有二：（一）使人民能够警备盗贼以自卫，（二）渐进而教以武艺，使之成为民兵。……他这个主张，原是很好，然其实行的结果……恐怕是他所行新法中最坏的一事了。试看《宋史·兵志》所载反对党诸奏疏，其弊几于不可胜穷，如政府所派检阅之官，对于地方上的诛求；教练之官，对于所教保丁的作威作福；真使人民透不过气来。在如此情形之下，所练成的民兵，即使武艺精娴，亦岂可恃以为用？……无怪据《宋史》所载，民兵之著籍者，其数初不为少，然始终并无成绩……。然而我们试读苏轼《请存恤河北弓箭社》的奏议，追述该社的起源，乃由燕云十六州割给契丹之后，河北之地，成为边缘，时虞寇盗，官兵不能保护，乃由他们自立组织，以资自卫。他们的组织，纯出自动，如派丁抽费等，一切都有严密的规则，毫无弊窦，而效

率甚高,甚为敌人所畏。①

从这两件事的比较中,我们就可以看到:(一)对于人民有益,而其利益又为人民所能了解的事,人民自能起而筹办;(二)凡是人民所办的事,必能切于实际,确合需要,而并非装饰门面;(三)且皆有成效可见,而非有名无实;(四)凡人民所乐意办理之事,人民必自能妥立章程,宽筹经费,慎举人员,且自能对于办事者,加以严密监督。总之,只有以更多数的人民,监督多数的官吏,能使之不能作弊,不敢作弊;只有人民自己办自己的事,能定出适合于实际的办法来,使人可以遵循。所以,地方自治的发达,实是制止贪污的根本之计。而政府所办的事情,"恐非借此力量无以善其后"②。

"史学沙龙"诱掖后进

光华大学复校后,起先仍在汉口路的证券大楼上课,大西路的校舍在战争中夷为平地,无力恢复,经向教育部申请补偿战时损失,由教育部将虹口区欧阳路日本人在战时所设,约占地八十亩的日本高等女子学校拨充为大学校舍(后为上海无线电七厂,1998年,厂房——原光华大学的校舍已夷为平地,原址已建高级住宅楼:绿洲紫荆花园),日本商业学校则拨充为光华附中的校

---

① 《如何根治贪污》,刊于《学风》1947年创刊号第1卷第1期。
② 《如何根治贪污》。

舍。这一次校舍赔偿颇费周折,当年受校董事会委托,交涉校舍赔偿的光华大学创办人张寿镛的儿子张芝联先生(曾为北京大学历史系教授)后来回忆说:

> 国民党政府接受上海之后,设立"敌伪产业管理处",负责敌产调查分配,但敌伪校舍分配权则属于上海市"教育局"。我起初认为,根据光华大西路校舍惨遭焚毁的实情,凭借翁、朱、廖几位的声望(作者按:即校董会董事长翁文灏、光华大学校长朱经农、光华附中主任廖世承),分到敌伪校舍是轻而易举的;孰知国民党官员的推诿敷衍作风令人望之生畏又生气,大半年时间就浪费在奔走几个衙门之间,事情仍无有眉目。
>
> 有一天,北京大学校长胡适路过上海。他知道先父藏有《水经注》全谢山校本,来函要求借阅。我就捧了这部珍本趋访住在外滩百老汇大厦的胡博士。他是先父的旧交,见到我把书带来,非常高兴。谈话之间,又进来一位客人,原来是上海市当时的教育局局长顾毓琇[①]。胡适向我介绍来客,我说认识,因为半年来我几乎踏破教育局的门槛。顾氏见我同胡适谈得正来劲,就一反常态,立即表示友好。我乘

---

① 顾毓琇,字一樵,工程物理学家,早年从清华大学毕业后赴美国留学,获麻省理工学院工学博士。1929年学成归国,先后在浙江大学、清华大学、上海交通大学任教。20世纪40年代,任上海市教育局局长。1950年去美国,曾在麻省理工学院、宾夕法尼亚大学任教授。

机向胡适述说光华校舍被毁的经过和目前学校处境的困难。胡适以前也曾在大西路授课；一九三七年五月他还在北京为我的六姐漱芬证婚；与先父常有鸿雁往还。现在他手中正拿着《水经注》全谢山校本，乐得做一份人情，于是转脸向顾氏询问上海敌伪校舍分配情况。顾氏心领神会，马上向我表示，日内可到教育局商议。

趁热打铁，我次日上午就去教育局找他，没有费多少唇舌，就把手续办好，立刻把公文送到"敌伪产业管理处"，等候通知。

一九四六年八月，在我出国之前，正式批文终于下来了。①

1946年秋，光华大学迁到上海虹口区欧阳路221—222号的新校舍，吕思勉也随学校迁至欧阳路上课。欧阳路的新址，分大学部与附中部。南面一幢是大学部，都是单行教室，朝南有走廊，上下全部是玻璃明窗，光线充足，环境安静；北面的一幢是附中部。学校还设有男生宿舍和女生宿舍，在女生宿舍楼上辟出一间供吕思勉、吕翼仁父女俩住宿。1948年时局紧张，虞菱从常州来上海照料丈夫的生活，也住在这一间宿舍里。学生王玉祥曾回忆起他在欧阳路的老师家留餐的情景：

---

① 张芝联：《一段插曲——争取欧阳路校舍的经过》，刊于《光华的足迹——光华大学建校七十周年纪念集》，1995年刊印（上海市新闻出版局内部资料准印证［95］第001号），第100页。

这时，师母亲自烧菜煮饭，用的是煤油打汽炉，十分辛苦。她老人家多次留我便饭，有时事先饭煮得较少，不够我的食量，怕我饿着，就临时煮面条；而面条甚长。从钢精锅里不容易撩进碗里，累得师母要站在小矮凳上才行。诚之师知道我食量大，每次留饭，总要问师母："今天的饭够吗？可要多煮些！"见我吃饭的速度过快，他老人家又一再叮嘱："饮食过多过快，容易得胃病！"①

约1946—1947年间，钱穆曾去常州看望老师，吕思勉陪着他一起重访常州府中学堂，并在操场上由钱穆为学生作讲演。钱穆在《八十忆双亲师友杂忆合刊》中写道：

民三十年夏，余自苏州重返后方。抗战胜利后，再返苏州，在无锡江南大学任职，曾赴常州，谒诚之师。师领余去访常州府中学堂旧址。民国后改为常州第五中学（编者按：即江苏省立第五中学）。门墙依稀如旧，校中建筑全非。师一一指示，此为旧日何处，均难想象。临时邀集学生在校者逾百人，集旷场，诚之师命余作一番演讲。余告诸生："此学校四十年前一老师长，带领其四十年前一老学生，命其在此讲演。房屋建筑物质方面已大变，而人事方面，四十年前一对老师生，则情绪如昨，照样在诸君之目前。此诚在学校

---

① 王玉祥：《怀念吕诚之老师》，刊于《蒿庐问学记》，第161页。

历史上一稀遘难遇之盛事。今日此一四十年前老学生之讲辞，乃求不啻如其四十年前老师长之口中吐出。今日余之讲辞，深望在场四十年后之新学生记取，亦渴望在旁四十年前之老师长教正。学校百年树人，其精神即在此。"诚之师又带余至街坊品尝四十年来之老食品，如常州麻糕之类。至今又已三十年，回忆尚在目前也。①

钱穆的这一次来访，李永圻也记忆犹新，他后来回忆说：

四七、四八年时，钱穆正在江南大学教书，他偕同常州府中的同学施之勉，由无锡来常州拜访吕先生，到吕先生的故居，约摸下午三时许，我和老师母正在家，吕先生则去街上茶馆喝茶下棋，师母便叫我去茶馆通告老师。吕先生回来后，非常高兴，晚餐时，还特地去菜馆里叫了菜。饭后，师生一起在书房里畅谈，那一晚一直谈到深夜，钱穆极为健谈，说话时充满着自信心，态度斩钉截铁，吕先生则靠着藤椅静静地听着。钱穆还向吕先生介绍了施之勉，说他对庄子有研究。这一夜，他们就宿在老师师母的房间里，老师师母则睡在西边在原西宅旧址上新建的一间房屋里。第二天一早，师生俩就一同去常州府中学堂了……

---

① 钱穆：《八十忆双亲·师友杂忆合刊》，《钱宾四先生全集》第51卷，第53—54页。

1946—1947年间，因原光华大学的同事，时任复旦大学政治系主任耿淡如的邀请，吕思勉曾在复旦大学教授过中国政治思想史，还应邀在诚明文学院兼课。那时，文史专家郦家驹曾在复旦大学借读，由钱穆的介绍，向吕思勉请教问学，他后来回忆说：

> 一九四六年秋，我到上海复旦大学历史系借读四年级。这时，宾四师写了一封信给我，信中告诉我，吕思勉（诚之）先生是他读常州府中学堂时的老师。吕先生博洽精深，治学谨严，为人质朴淳厚，让我多向吕先生请教。宾四师另写一介绍信，嘱我持函去见吕先生。当时吕诚之先生和女公子吕翼仁先生，父女二人住光华大学校园内游泳池附近的平房里。吕先生因宾四师的介绍，待我极亲切。这时吕先生在复旦大学兼课，讲"中国古代政治制度史"。由于宾四师的介绍，从一九四六年起，我经常能得到吕先生的教诲。一九四九年以后一段时间，我在上海光华大学附属中学教历史，光华附中和光华大学校舍毗连，我住在附中宿舍，诚之先生于一九五二年之前，仍住在原来的宿舍。由于相距很近，我有更多请教的机会。吕诚之先生待人接物，立身处世，俨然古之纯儒。但是吕先生的治史，思想十分敏锐开阔，对西方哲学、史学以至马克思主义，绝无排斥之意，不留丝毫守旧之士大夫积习。[①]

---

① 郦家驹：《追忆钱宾四师往事数则》，刊于《钱穆纪念文集》，上海人民出版社1992年4月版，第27页。

图24　吕思勉与光华同事及学生合影（抗战胜利后欧阳路光华大学教学大楼前）前排右二：耿淡如，右三：吕思勉

1949年，钱穆在南下的途中，又至沪上吕师的寓所看望老师，这是师生间的最后一次晤面：

> 最后一次与师晤面，在一九四九年之春假期间。余离无锡往广州，谒师于沪上之新寓址。适师在中膳，尚能吃米饭一大碗，非普通之饭碗，乃盛汤肴之碗，大普通饭碗一倍，师言往日进两碗，今仅可一碗。余观其颜色食量，意他日归，当可再晤。……乃不久，闻噩耗。思念种切，何堪追溯。①

———————
① 钱穆：《八十忆双亲·师友杂忆合刊》，《钱宾四先生全集》第51卷，第54—55页。

1950—1951年间，师生间还有好几次书信往来，李永圻回忆说：

> 老先生曾去信劝钱穆回来，劝他可以两地奔走，可以在沪港两地教书讲学。后来钱穆有一封回信，我读后影响很深。信是文言文写的，原文已记不得了，大意是说：老师一生劳瘁，无一日之余闲，现在年事已高，我做学生的不能为您尽一点心，不能为老师扫扫地，铺铺床，每想到此，心中总感到非常遗憾。老师劝我沪港两地自由来往，这是我做不到的，回来虽无"刀镬之刑，但须革新洗面，重新做人，这是学生万万做不到的"，学生对中国文化薄有所窥，但不愿违背自己的主张……新亚书院初创，得王君岳峰相助，然王君并非富商，所以书院在经济上拮据到极点。……最为气愤的是香港报纸谩骂我是封建余孽、帝国主义走狗，学生自问，自读书懂事以来，就深知要爱国爱民族，爱国素不后人。……中国之所以落到这个地步，实在是我们知识分子没有承担起应尽的责任，……信的最后一句是："临颖不胜故国神驰"。署名为"梁隐"。可惜这封信在"文革"期间毁掉了。[1]

吕思勉的历史教学很注意对学生的能力的培养，引导学生

---

[1] 有关新亚书院初创时的情景，可参见钱穆《八十忆双亲师友杂忆合刊》，该书《师友杂忆》第十五节的叙述可与李永圻的回忆相印证。

走上历史研究的道路。除了课堂上的教学以外,他定期与学生进行晤谈,每逢星期日的上午,总是约一些朋友和学生一起聚会交谈,讨论历史学习和研究中的问题。这种"史学沙龙",抗战前就已经开始,先是设在上海霞飞路(今淮海路)上的一家茶室里,后改在八仙桥基督教青年会二楼的茶室,一直延续到太平洋战争爆发,光华大学停办为止,抗战胜利以后又得以恢复。当时,去参加的同学经常有二三十个,大家围着长桌坐,与老师相对叙谈。在这里,学生们往往能听到课堂上听不到的宏论,对一些学术上的问题,也可以谈得更深入、更亲切。那时,杨宽曾多次参加过这种"史学沙龙",且受益匪浅。他后来回忆说:

> 在光华任教的很长一段时间内,每逢星期日上午,总是约定一些志同道合的朋友和学生们,聚集到一个冷僻地方的茶室里,随便谈论学问,直到抗战期间上海成为"孤岛"的时候,从没有间断。这是他推进学术研究和诱掖后进的一个主要方法。因为在这样的场合,可以放声高论,畅所欲言,或者探讨某个问题的研究方法和门径;或者追溯一条史料的来源及其价值;或者交流自己研究中的某些心得;或者评论某些著作的缺点错误;或者探讨一些有争论和疑难的问题。吕先生总是侃侃而谈,循循善诱,不少后辈常常从这里得到许多切实的教益。[①]

[①] 杨宽:《吕思勉先生的史学研究》,《中国史研究》1982年第3期。

正是在吕思勉的引导下，杨宽最终走上了历史研究的道路。1984年，为了纪念老师一百周年诞辰，他写了《怀念吕思勉先生》一文，回忆早年在光华追随老师从学问业的情景：

> 吕思勉先生是我的受业老师，又是我多年来追随学习研究的导师……
>
> 三十年代前期，我在上海光华大学上学，原来读的是中国文学系，由于吕先生上课时循循善诱，引人入胜，我爱听先生的课，好读先生的书，成为历史研究的爱好者。因此我从开始进入社会，参加工作以来，所有工作都是与历史、考古、文物有关的。这是吕先生诱导的结果。记得我听吕先生讲中国社会史的课，期中考试时，只出了一个议论题。当时光华大学由注册处按座位点名，每人有一个学号，按学号登记，因此教师对学生并不熟悉。当这门课的期中考试后的一堂课，吕师刚上讲台，忽然跑下来走到我座位旁边，问我："你的学号是不是2091？你的名字是不是叫杨宽？"我答道："是。"他就说："很好。"从此以后，我听课中有什么问题就向他请教，学习研究中有什么问题也向他请教。我从读大学一年级起，就爱好写学术论文，从一九三二年起，就逐年发表一些论文。这些论文的写成，也都是和吕先生教导分不开的。我读到大学四年级，就到社会上参加工作。当时有些爱国的文物工作者正在筹建创办上海市博物馆，由于这方面的人才奇缺，把我这个大学四年级的学生也拉去参加

筹备，担任古物的陈列布置和编写说明等工作，并给予研究干事的职位，从此我的研究工作，就着重把文献和考古文物结合起来。所以能做到这点，还是得力在大学里打下的根基。

……吕先生讲课有他的特点，他不作泛泛之论，讲究踏实而深入的探讨。凡讲课都发有讲义，讲义是准备学生自学和掌握系统知识的，堂上讲课，只作重点阐释，讲自己研究的心得体会。他上课时常常带着几本古书上堂，不带讲义。讲《说文解字》，往往举其中一个字为例而大讲特讲，讲《经子解题》常常举出某书中的重要篇章大加阐明。这对于爱好钻研的学生，确实能打好扎实的根基。①

黄永年于1942—1943年间，在常州青云中学正式听吕思勉上课。抗战胜利后，吕思勉回到光华大学，黄永年本想跟着进光华，只因光华大学的学费太贵，考进了不要学费的国立复旦大学。复旦在江湾，离在虹口的光华大学不算太远，又有校车可坐，因此每学期总有几次去光华看望老师。那时，他已经开始写学术性的文章，最早的一篇论文为《春秋末吴都江北越都江南考补》，写成后请老师审阅，吕思勉亲自在原稿上加了一段"吴城邗"的考证文字：

---

① 杨宽:《怀念吕思勉先生》，刊于《常州文史资料》第5辑，第51—52页。

> 汉初以前，长江下流之都会，实惟吴与广陵（即今之扬州）。秦会稽郡治吴，而汉初吴王濞还都广陵，盖王负刍既虏之后，楚尚据江南以拒秦者一年，故秦为深入其阻起见，置郡于江南吴之故都，汉初江南业已宴然，取与北方声势相接，故王濞又却居江北吴之新都耶？此虽推测之辞，然王濞之建都，必不能于荒凉偏僻之地，广陵若前无所因，必不能于汉初救死扶伤不给之际，建成都邑，则理无可疑。以此推之，亦足见城邗之即为建立新邑耳。①

这一段考证，文字简练，见解精卓，使这篇文章增色不少。后来，这篇文章发表在《益世报》的"史学"副刊和《文史杂志》上。吕思勉还曾将梁启超的两句诗"夙夜强学以待问，疏通知远而不诬"写成对联，赠送给黄永年，这一联，既是他对学生的勉励，也是他自己治学态度的写照②。

历史学家唐长孺原酷爱古典诗词创作，读了吕思勉的《白话本国史》后，转向研究史学，开始研究辽、金、元史，所以，他称吕思勉为自己的启蒙老师。他晚年回忆说：

> 我初知读书，实受《白话本国史》的启发，特别是辽金元史部分，以后治魏晋南北朝隋唐史，也受《两晋南北朝

---

① 黄永年：《回忆我的老师吕诚之先生》，刊于《蒿庐问学记》，第149、150页。
② 同上。

史》的启发。拙撰《唐代军事制度之演变》一文，深得先师奖誉，并节录入《隋唐五代史》，其实此文一个基本观点，即唐代募兵制的代替府兵制，由于当时形势所迫，也是聆教于先师的。不但治学方面，在立身行己和政治立场也深受先师启迪。[①]

尽管这样，吕思勉对学生还是虚怀若谷，《隋唐五代史》的兵制部分引用了唐长孺《唐代军事制度之演变》的要点，并说明此是"近人唐君长孺"的看法，说"府兵之废……近人唐君长孺言之最审"[②]。1940年杨宽去游击区创办江苏文化社编辑部并筹划编辑出版刊物，托老师帮他找人代课，由光华同事金松岑的介绍，吕思勉亲自去唐宅，代表学校礼聘唐氏来光华大学任教。他还曾致信给校领导蒋竹庄，希望校领导妥善安排好唐氏的课程，称"唐君专治辽金元史，亦系一专家，今虽不能增其课，姑仍旧贯，维系一专家"[③]。

吕思勉所提携的这几位学生，当时还都是青年教师，未获大名，但都教书认真，治学刻苦，后来均成为历史学界的著名学者。

吕思勉不轻易写应酬文章，对于书店杂志的约稿，也不是有求必应的。然而，他对于学生的写稿请求，却是有求必应的。为

---

① 《吕思勉先生编年事辑》，第357页。
② 吕思勉：《隋唐五代史（下）》，中华书局1959年9月版，第1210页。
③ 《吕思勉先生年谱长编（上）》，第561页。

了鼓励学生研讨学问,支持学生办学术刊物,为他们写发刊辞,把自己的文章送给学生,在他们的刊物上发表。1927年,光华学生创办《尔雅》杂志,吕思勉为他们写了一篇发刊辞。1947年,光华学生创办《学风》半月刊,他应学生的邀请,又为刊物写了《发刊辞》。学生方德修后来回忆起早年在光华大学办学生刊物,以及吕先生对他们的支持时说:

> 先生为《学风》创刊号,还写了篇针砭时弊的论文——《如何根治贪污》。以史家的立场,引用不少罕见史料,分析这种政治积弊的根源。在当时时论之中,是很有分量的好文章。在第二卷第一期,先生应我们的请求,发表了一篇读史札记:《行钞奇谈,伪钞奇技》。这是颇有学术价值的文章。我们当时只顾办好刊物,请先生写《三国史话》那样的长篇连载,没计及先生当时已是六十多岁的高龄老教授,且素来体弱,除担任繁重的课务以外,业余还专心致力于写作第四部断代史——《隋唐五代史》,这种不情的请求,今日回想起来,实在太孟浪了。先生为支持我们编好刊物,还是顺应我们的要求,拟写长篇《史情》。《史情》之一,便是《中国人为什么崇古》,刊于《学风》第一卷第三期。①

---

① 方德修:《深切的怀念,难忘的教诲》,刊于《蒿庐问学记》,第166页。

第八章　重返光华

老师视学生如子侄，学生敬老师如慈父，师生间情同一家父子。叶百丰、方德修曾有两段回忆：

> 有一次我和同学三人去常州看望先生，在十子街先生家中住了三天，常陪他喝一点酒。有一天酒后，我乘着酒兴，化了装大唱起来。我本不会唱，荒腔走板，乱唱一通。我唱的目的，是希望博得先生和师母的笑乐。先生和师母居然认认真真很高兴地观看，不断发出笑声。现在回想起来仍感到亲切。[①]

> 先生全家待人恳挚，去访问的同学，都受到亲切、周到的款待。我从未见先生有一点家长作风。师母是一位十分慈祥的老夫人。她神态安详，我只见过她两次欢笑。其中最欢的一次是在一九四一年春。先是我闻知先生的生辰日期，告诉了当时同在鸿英图书馆工作的严名扬（挺）学长，他随即向朱锡藩、郑之骧两学长说了；我又通知了李寅文、叶百丰两学兄。相约先作准备，届期同往祝寿。先生曾给我信阻止，但我们仍如期前去了。席间，朱锡藩学长倡议行酒令：要每人或歌一曲，或说一笑话；并由他领先，反复用"鱼、虾、蟹"三字按昆曲唱腔唱了一大段。继由叶百丰学兄唱了一阕《喜佛》的北方小曲。朱锡藩学长原是位谈笑风生的

[①]　叶百丰：《忆诚之先生》，刊于《蒿庐问学记》，第179页。

人,歌声高亢犹如关东大汉;而叶百丰则曼声低唱,还故作小儿女态。于是把合座都逗乐了。先生和师母也笑出了声。当时先生还对昆曲谈了不少行家里手的话。这次欢叙,直到夜将深,我们才辞别。我们中有一些人还曾在霞飞路觉林蔬食处陪先生小叙过几次。记得一九四二年,陈楚祥学兄赴内地前,我们便是邀请先生在该处为他饯别的,饭后并摄影留念。先生能喝一点酒,燕饮时款款而谈,待我们如家人子弟。回忆昔日情景,恍如眼前。[1]

吕思勉很重视对贫寒子弟的培养,他一贯认为学校教育应该特别重视"孤寒志学"的人,所谓"孤寒",无非是说他们处于贫困孤立无助的处境,然而也正因为处于这样的境地,比起来自通都大邑,累代仕宦,或富商大贾之家的子弟,淫逸夸毗之习较少,精神较振作,办事较认真,为人处事更有诚意。他说:

> 人才出于穷乡僻壤中,而不出于通都大邑,这个原理,总是颠扑不破。因为穷乡僻壤中,风气诚朴,其人看得事情认真。通都大邑的人,就看得凡事都是虚假,只想在人事上敷衍过去了。这是一切事情切实与否最重要的原因,决不可以忽视。又穷乡僻壤之中,骄奢淫逸之事少,其人的头脑是清醒的,体格是坚实的,在通都大邑之中,则适得其反。这

---

[1] 方德修:《深切的怀念,难忘的教诲》,刊于《蒿庐问学记》,第170—171页。

图25 吕思勉与学生合影（1941年摄于上海，右起：李寅文、叶百丰、吕思勉、陈楚祥、吕翼仁、方德修）

一层，和人的志气的消沉和振奋，实力的坚强和柔脆，也大有关系，同样不可忽视。①

不论国家政治社会事业，总是要人去办的，而人之能善其事否，实以其有无诚意为第一条件，必有诚意，然后其才可用诸正路。其学乃真能淑己而利群，不至于怵人以作恶，曲学以阿世，反造出许多恶业来。道德为事功之本，诚意为道德之本，而诚意惟孤寒阶级中有之，所以说孤寒阶级中人，为国家元气所在。②

---

① 《学校与考试》，刊于1941年2月7日上海《中美日报》。
② 《学制刍议》，刊于《改造杂志》1946年11月创刊号。

本着这样的认识，他经常鼓励工农子弟苦学成才，贫寒子弟在求学上遇到困难，他总是乐于伸出援手。光华大学初办时，一些清寒子弟缴不起学费，必须由学校教授担保后才能注册上课，每到学期终了结算，绝大多数学生的担保都是吕思勉[①]。

《历史研究法》

1944年，在上海永祥印书馆任编辑的范泉向吕思勉组稿，吕思勉原打算写一本《五胡猾夏录》，以宣传抗日，鼓吹民族主义，后因国际形势剧变，德国惨败，日寇的末日也为期不远，所以迟未执笔。抗战胜利后，范泉便建议他写一本《历史研究法》，总结一下自己四十余年的治学经验，他欣然同意。次年，《历史研究法》撰写完成，并由永祥印书馆刊印出版[②]。这是一本系统论述历史学及其研究方法的专著，是他几十年史学研究的经验总结，倾注着他在史学与史学研究方法方面的研究心得。

《历史研究法》共分七章：

一、为什么要研究历史

二、历史的历史

[①] 杨友仁、李汉怡：《传薪授徒　一片冰心——吕诚之先生二三事》，刊于《蒿庐问学记》，第182—183页。

[②] 范泉：《一段受尽磨难的坎坷历程——我在永祥印书馆工作的回忆》，刊于《出版史料》1990年第1期。

三、史学进化的几个阶段

四、旧时历史的弊病何在

五、现代史学家的宗旨

六、作史的方法

七、研究历史的方法

书中指出,"史学系事实的,主于理知"。研究历史,除了要多读书外,第一要留意的是社会学,其他的各种社会科学如政治学、法律学、经济学、人生哲学等,要有超出常识的知识,对于考古学、地理学、文学、自然科学也都要涉猎。作者认为,旧时治史的弊病,在于偏重政治,偏重战争和过度崇拜英雄,借历史以激发爱国家、爱民族之心,用之太过,亦有弊病。要纠正这种弊病,必须树立现代治史的宗旨:那就是"再造以往",为此,我们应该重常人、常事,"求状况非求事实"。作者又认为,讲学问固不宜豫设成见,当也有几种重要的观念,在治学前不可不先知道,否则就茫无把握,这些重要的观念有:

第一紧要的,是要知道史事是进化的,打破昔人循环之见。

第二,马克思以经济为社会的基础之说,不可以不知道。社会是整个的,任何现象,必与其余一切现象都有关系,这话看似玄妙,其实是容易明白的……把一切有关系的事,都看得其关系相等,就茫然无所了解,等于不知事物相互的关系了。如此，则以物质为基础，以经济现象为社会最重要的条件，而把他种现象，看作依附于其上的上层建筑，对于史事的了解，实在是有很大的帮助的。但能平心观察，其理自明。

第三，近代西洋科学和物质文明的发达，对于史事是大有影响的。

第四，崇古观念的由来及其利弊，亦不可不加研究的。①

与一般的学科及其方法的研究不同，一进入史学理论的研究领域，劈头碰上的问题就是"历史有什么用"。这个听起来有些幼稚以至于"听者将哑然失笑"的问题，实际上却是史学理论研究中的核心问题，与我们的整个社会生活息息相关，这也是吕思勉《历史研究法》所要回答的问题。他说：

历史到底是怎样一种学问？研究了它，有什么用处？

提出这一个问题，我知道多数人都能不待思索而回答道：历史是前车之鉴。什么叫做前车之鉴呢？那就是：从前的人所做的事情，成功的，大家认为好的，我们可奉以为法，照着他做，失败的，大家认为坏的，我们当引以为戒，不照着他做。②

----

① 《历史研究法》，上海永祥印书馆1945年5月版，第66、67、69页。
② 《历史研究法》，第1页。

这种看法，乍听起来很有道理，但深入思索，就会发现它并不正确：

> 姑无论成功失败，不尽由于做法的好坏；众人所谓好坏，不足为准；即置以二者于弗论，世事亦安有真相同的？执着相同的方法，去应付不同的事情，那有不失败的道理？在社会变迁较缓慢之世，前后的事情，相类似的成分较多，执陈方以医新病，贻误尚浅，到社会情形变化剧烈时，就更难说了。①

所以，偏激的人会说，历史知识不仅无用，还足以误事。因为不知历史，倒还能面对事实，从事实出发去考察它的真相，去筹划应付的方法；一有了历史知识，往往先入为主，一味地借重以往的经验，而不肯用心去考察事实的真相，结果为成见所蔽，仍导致失败。这岂不证明历史无用吗？吕思勉认为这样的观点也不正确。他说：

> 当袁世凯想做皇帝时，先由筹安会诸人列名发出通电，说要从学理上研究中国的国体问题，到底君主民主，孰为适宜？当时大家看见这个通电，就说：袁世凯想做皇帝了。我却不以为然。我说：这其中必有别的缘故，深曲隐蔽，不可轻于推测。为什么呢？我以为生于现今世界，而还想做皇帝；还想

---

① 《历史研究法》，第1页。

推戴人家做皇帝；除非目不识丁，全不知天南地北的人，不至于此，以此推测袁世凯和筹安会诸人，未免太浅薄了，所以我有此见解。然而后来，事情一层层披露出来，竟尔不过如此，这不是一件奇事么？此无他，还是缺乏历史知识而已。据这件事情看来，历史知识是不会误事的，所以误事，还是苦于历史知识的不足。这话怎么讲呢？……所谓历史，原不过是积从前如何如何而成，所以此等人和专门的史学家，其知识之相去，亦不过程度之差而已。袁世凯和筹安会中人，想做皇帝，想推戴人家做皇帝时，亦何尝没有他们的历史知识？在中国历史上，皇帝是如此做成的；推戴人家做皇帝，是如何而成功的；岂能说是没有？以当时的情形而论，反对的人，自然不会没有的，然而据历史上的成例推测，岂不可期其软化？即有少数人不肯软化，又岂不可望其削平？这个，据着他们仅有的、一偏的历史知识推测，自亦可以作此断案，自不免于希冀侥幸。倘使他们再多读一些近代的外国历史；倘使他们的心思再能用得深一点，知道历史上的事情前后不符的甚多，未可轻易的执着前事以推断后事；他们自然不至于有此失着了。所以说：误事的不是历史知识，只是历史知识的不足。[1]

他说，在近代西方列强侵略我国时，我们所用来应付的办法，何尝不是借鉴了前代的"驭夷之策"呢？其结果几乎是着着

---

[1] 《历史研究法》，第3—4页。

失败。又如历代的法律改革，也都是取鉴于前代而有所损益的，当时也认为这般改革能存其利而去其弊，结果也都是失败。可见，历史有没有用的问题，与历史应该怎样用的问题是既相联系又有区别，我们不能因为有人误用了历史，而说历史无用。怎样才能正确地运用历史知识呢？吕思勉指出，最紧要的是要注意学与术的区别：

> 学是所以求知道事情的真相的，术则是应付事情的方法。浅薄的人往往说：我能够应付就得了，事情的真相，管它干么？殊不知你知道了事情的真相，应付的方法自然会生出来，只有浅薄的应付方法，则终必穷于应付而后已。浅近些说：我们要做一张桌子、一张椅子，这自然是有成法可循的，然而木料之类，有时而不凑手，怎么办呢？倘使你只会按照一定的样子做，就要束手无策了。如其你明于原理，那就可以随时变化。桌面上是要安放东西的，所以要是个平面，只要是平面，其形状是正方的，长方的，正圆的，椭圆的，甚而至于都不是的，却不是顶紧要的条件。普通的桌、椅，总是四只脚，那是求其安放得牢，然则只要安放得牢，三只脚也未尝不可以；倘使只有一根粗的木材，能够撑定在中间，也未尝不可以；又何必定要四只脚呢？这是举其两端为例，其余可以类推。①

---

① 《历史研究法》，第4—5页。

在《历史研究法》中,还有不少今天读来颇有现代色彩的言论:

> 历史上的年代,如此之长,事实如此之多,即使我们所搜辑的范围,和从前人一样,亦不易有完备之日。何况研究的范围,是时时变动的,无论你方法如何谨严,如何自许为客观,入于研究范围之内的,总是反映着其时代所需要。一物有多少相,是没有一定的,有多少人看,就有多少相,看的人没有了,就相也没有了。哲学家说:"世界上没有两件相同的东西,因为至少它所占的时间或空间是两样的。"然则以不同的地域、不同时代的人,看起历史上的事件来,其观点如何会相同?观点不同,其所见者,亦自然不同;所觉得要补充的,要删除的,自亦随之而异了。所以史学一日不息,搜辑之功亦,即一日而不息。……真正客观的事实,只是一个一个绝不相联属之感觉,和做影戏所用的片子一般,不把它联属起来,试问有何意义?岂复成为事实?所谓事实,总是合许多小情节而成,而其所谓小情节,又是合许多更小的情节而成,如是递推,至于最小,仍是如此。其能成为事实,总是我们用主观的意见,把它联属起来的。如此,世界上安有真客观的事实?既非客观,安得云无变动?这话或者又说得太玄妙些,然而一件事实的真相,不但限于其外形,总得推见其内部,这总是人人可以承认的,如此,则因社会状况的不同,人心的观念即随之而变,观念既变,看得

事情的真相，亦就不同了。史事的订正，又安得有穷期呢？搜辑永无穷期，订正永无穷期，历史的当改作，即已永无穷期，何况历史不是搜辑、考订了便算了事的，还要编纂成功，给大家看，而看的人的需要，又是随时不同的，然则历史安得不永远在重作之中呢？①

在20世纪20—30年代，国内史学界翻译或自撰了一些史学通论、史学概论性的著作，许多史学理论问题，如史学是不是一门科学，史学与自然科学有何异同等，引起了国内学者的关注。对于这些问题，吕思勉也有自己的理解，他说：

  史学与自然科学之异有四，自然现象，异时而皆同，故可谓业已完具。史事则不然，世界苟无末日，无论何事，皆可谓尚未告终，一也。自然现象，异地而皆同，故欧洲人发明之化学、物理学，推之亚非澳美而皆准。史事则不然，所谓同，皆察之不精耳。苟精察之，未有两事真相同者也。然则史事之当研究者无限，吾侪今日所知史事诚极少，然史事即可遍知，亦断无此精力尽知也，二也。自然现象既异时异地而皆同，则已往之现象，不难推知。而材料无虞其散佚。史事则又不然，假使地球之有人类，为五十万年，则所知弥少矣。而其材料，较诸自然科学所得，其确实与否，又不可

---
① 《历史研究法》，第49—50、51—52页。

以道里计也。三也。自然科学所研究之物，皆无生命，故因果易知。史事则正相反，经验不足恃，求精确必于实验，此治科学者之公言。然实验则断不能施诸史事者也。四也。由此言之，欲史学成为科学，殆不可得。然此皆一切社会科学所共，非史学所独也。社会现象所以异于自然现象者，曰：有生命则有自由，然其自由决非无限。况自然现象之单简，亦在实验中则然耳。就自然界而观之，亦何尝不复杂。社会现象，割截一部而研究之，固不如自然科学之易，而亦非遂无可为。若论所知之少，社会科学诚不容讳，自然科学亦何尝不然。即如地质学，其所得之材料亦何尝不破碎邪？故社会科学与自然科学之精确不精确，乃程度之差，非性质之异，史学亦社会科学之一，故不能谓其非科学也。[①]

这一番言论，或许现在人人会说，然而在五十年前就有这样的论述，我们不得不佩服作者思想的深刻。

《秦汉史》与《两晋南北朝史》

1947年，与《先秦史》相衔接的另一部断代史《秦汉史》由

[①] 《〈史籍与史学〉补编》，刊于《吕思勉遗文集（上）》，第291页。《史籍与史学》初刊于《论学集林》，刊印时有删节，删节部分后收入《吕思勉遗文集（上）》，全文后收入《吕著史学与史籍》（华东师范大学出版社2002年6月版）。

上海开明书店出版,这一部书六十余万字,写于上海孤岛时期,因为处于战争年代,直到十年后才出版。由于作者对前四史下过很深的功夫,所以对这一段历史的发展,叙述得扎实而有条理,并包含了许多独特而精辟的见解。作者认为,中国的上古史,就政治而言,周、秦之间是一大界;就社会组织而言,新、汉之间是一大界。他说:

> 中国之文化,有一大转变,在乎两汉之间。自西汉以前,言治者多对社会政治,竭力攻击。东汉以后,此等议论,渐不复闻。汉魏之间,玄学起,继以佛学,乃专求所以适合社会者,而不复思改革社会矣。人与动物之异,在于人能改变其所处之境,动物则但能自变以求与所处之境相合。人既能改造所处之境,故其与接为构者,实以业经改变之境为多,而人与人之相处,关系尤巨。不能改变所处之境,而徒责人以善处,此必不可得之数也。东汉以后,志士仁人,欲辅翼其世,跻世运于隆平,昇斯民以乐利者甚多,其用思不可谓不深,策划不可谓不密,终于不能行,行之亦无其效者,实由于此。故以社会演进之道言之,自东汉至今二千年,可谓误入歧途,亦可谓停滞不进也。①

与《先秦史》一样,这部书的前半部叙述政治上的"理乱

---

① 《秦汉史》,开明书店1947年3月版,第197页。

兴衰"。秦汉政治史的研究，时人多不甚系统，前汉偏重写汉初的休养生息和武帝的文治武功，后汉则着意外戚、宦官及党锢之祸。为纠正这种偏向，作者把秦汉的历史分为十一章，作了全面、系统而详尽的阐释。如汉中叶一章，设十六节叙述武帝、昭帝、宣帝时期的历史；后汉乱亡一章，分十二节叙述军阀混战的局势。

这部书的下半部，对秦汉社会的"典章经制"作了全方位的展现，涉及的内容非常广泛。社会组织有婚制、族制、户口增减、人民迁徙、各地风气；社会等级有豪强、奴客、门生、部曲、游侠、君臣之义、士大夫风气变迁；人民生计有訾产蠡测、豪富、地权不均、禁奢之政、官私振贷；实业有农业、工业、商业、钱币；人民生活有饮食、仓储、漕运、籴粜、衣服、宫室、葬埋、交通；政治制度有政体、封建、官制、选举、赋税、兵制、刑法；学术有学校、文字、儒家之学、百家之学、史学、文学美术、自然科学、经籍；宗教有祠祭之礼、诸家方术、五德终始之说、图谶、神仙家、道教之原、佛教东来，等等。每一门类，都有很深入仔细的叙述。如宫室一节，不但讲叙宫殿、高楼、苑囿的建造，还说到大舍第宅的堂、室、屋、庑、轩、箱、塾，说到民间的白屋、茅舍、草庐、精舍、板房，以及墙垣、虎落（竹篱）、瓦砖等，几乎是一篇秦汉建筑史。这些"典章经制"的内容，看似类似正史的志，其实除政制一门外，其余的多无所凭借，无所因袭，其材料都是从正史中钩稽出来，再按照一定的系统加以凝聚组合，内容虽尚不无漏略，但大体已很周匝赅备①。

1948年10月,《两晋南北朝史》也由上海开明书店出版发行。两晋南北朝历时三百余年,是中国历史上最为错综复杂的一个历史阶段,政治上南北长期处于分裂状态,政权更替频繁,汉族以及各少数民族动荡迁移,阶级矛盾和民族矛盾都相当尖锐。而记载这一段历史的材料却分散而繁复。为此,吕思勉花了大量精力,进行了大量艰苦的钩稽考证,排比条析,融会贯通,写成了这一本百万字的断代史巨著。

对于两晋南北朝这段历史,他概括出四大特点:"一曰士庶等级之平夷;二曰地方畛域之破除;三曰山间异族之同化;四曰长江流域之开辟。"②历来的学者大都把这一段历史看成"漆黑一团",吕思勉的看法不同,他认为在社会的分裂动荡背后,社会的经济仍然在曲折地向前发展。在书中的"农业"一节指出,"东汉以后,荆扬二州,农业大盛"。"工业"一节讲到了百刚刀、宿铁刀、指南车、千里船等的制造。"饮食"一节指出这时烹饪之法日渐讲求,开始成为技艺。"衣服"一节指出这时服装大有变化,古人以上"衣"下"裳"作为礼服,把连接"衣"和"裳"的"深衣"作为便服。"袍""衫"就是从"深衣"变化而来;这时开始以"袍""衫"为礼服,反而把上"襦"下"裙"作为便服。文化学术,虽然受到宗教和玄学思想的影响,但是经

---

① 严耕望:《通贯的断代史家——吕思勉》,刊于《大陆杂志》1984年第68卷第1期。
② 《两晋南北朝史》,开明书店1948年10月版,第5页。

学、史学、文学、美术、自然科学还是有重大成就,所有这些都为唐宋时代经济繁荣和科学发展准备了充分条件①。

严耕望对吕思勉的这几部断代史著作很推崇,他说:

> 他能通贯全史,所出的四部断代史,不仅内容丰富,而且非常踏实,贡献可谓相当大。……十几年来,诸生到大专中学教历史,常问我应参考何书,我必首举诚之先生书,盖其书既周赡,又踏实,且出处分明,易可查核。……但以一人之力能如此面面俱到,而且征引繁富,扎实不苟,章节编排,篇幅有度,无任性繁简之病,更无虚浮矜夸之病,此种成就,看似不难,其实极不易。若只限于一个时代,自然尚有很多人能做到,但他上起先秦,下迄明清,独立完成四部,宋以下两部亦已下过不少功夫,此种魄力与坚毅,实在令人惊服。我想前辈成名史学家中除了诚之先生,恐怕都难做得到。这不是才学问题,而是才性问题。②

吕思勉对这两部书的自评是:

> 此书(《秦汉史》)自问,叙西汉人主张改革,直至

---

① 《两晋南北朝史》("吕思勉史学论著"前言,杨宽执笔),上海古籍出版社1983年8月,第7页。
② 严耕望:《通贯的断代史家——吕思勉》,刊于《大陆杂志》1984年第68卷第1期。

新莽；及汉武帝之尊崇儒术，为不改革社会制度而转入观念论之开端；儒术之兴之真相；秦汉时物价及其时富人及工资之数；选举、刑法、宗教各章节，均有特色。《两晋南北朝史》……总论可看，此外发见魏史之伪造及讳饰；表章抗魏义民；表章陈武帝；钩考物价工资资产；及论选举制度皆佳。论五胡时，意在激扬民族主义，稍失其平，因作于日寇入犯时，不自觉也，异日有机会当改正。[①]

在史书的编制体例上，吕思勉一向认为通史体例远比旧式的史钞为优。20世纪20年代初，他写《自修适用白话本国史》，就采用通史的体例。然而，中年以及晚年所写的这几部规模巨大的断代史，何以不采用通史体例呢？这为一些学者所不理解。认为它的"行文体裁诚有可商处。就其规制言，应属撰史，不是考史。撰史者溶化材料，以自己的话写出来：要明出处，宜用小注。而他直以札记体裁出之，每节就如一篇札记，是考史体裁，非撰史体裁"[②]。其实，吕思勉之所以采取这种体例，是经过一番比较考虑的，杨宽曾因此询问过老师，他回答说：

当时运用这种通史体例写作大部头断代史的条件还不够

[①] 《"三反"及思想改造学习总结》，刊于《吕思勉遗文集（上）》，第450—451页。
[②] 严耕望：《通贯的断代史家——吕思勉》，刊于《大陆杂志》1984年第68卷第1期。

成熟，还需要作一番努力才可能用这种体例写出令人满意的大部头著作。……必须拥有详确的史料，对各方面的历史发展情况作出正确的概括和分析，才有可能把复杂的历史情况真正贯通起来。由于前人对各个时期各方面的史料没有作过细密的整理和考核，我们今天要在短时期作出正确的概括和分析是困难的，要加以融会贯通就更难办到。过去出版的一些通史或断代史所以学术价值不高，不免有以主观臆断代替历史事实的地方，就是因为这个缘故。[①]

考试与劝学

自二十二岁进入常州溪山小学堂起，吕思勉便开始了他一生的教学生涯。作为一名教师，他经常考虑的问题是，如何引导青年学生真正地爱好学问，进而把教育推广到社会，使社会上大多数人自觉地学习自修，使自学成为一种社会的风气。还在清朝末年废科举办新式学校的时候，吕思勉就主张科举当废而考试之制不可偏废。他一直思索着将考试作为一种劝学的方法，达到"不待教而民自励于学"的效果。这一种想法，后来越来越成熟，到1941—1942年间，他一连写了好几篇文章，发表自己的这一看法，希望引起教育界的讨论，也希望当事者能听取采纳。

他认为：真正爱好学问的人，在社会上，总是极少数，其

[①] 杨宽：《吕思勉先生的史学研究》，刊于《中国史研究》1982年第3期。

大多数，当其从事之初，总非略用外力劝诱不可，劝诱与辅助不同，辅助是要实力的，劝诱则空言而已。教育，固然有一部分是非用实力推行不可，但也有一部分可用空言劝诱[①]。尤其是"以中国之大，待教育之人众，行政之软弱无力，而要一一由国家代谋，其势必不可得。惟有用一种奖励的方法，使人民自动，而奖励的方法，实以考试为最有效"[②]。

吕思勉认为，考试之法，我们向来只用在政治上，作为登庸官吏之一法，实在未尽其用。然而，无意之间，亦已经收获到扩充教育的副作用了，而且这种副作用所收获，实远较本意之所期为大。葛洪的《抱朴子外篇·审举》，作于一千六百年之前，其所言，虽亦以革除当时政治上的夤缘奔走之弊，然亦注意到了扩充教育的效果。葛洪说，"若试经法立，则天下可以不立学官，而人自勤学"了，而且"转其礼赂之费以置记籍者，必不俟终日"。梁启超在清末曾说：科举制度的优点，在不待教而民自励于学。康有为在民国初年也曾说：在科举时代，任何偏僻小县，都有一两个懂得学问文章的人，才知道科举之有其无用之用。这一种功效，自唐朝实行科举法以来，的确是收到了。只是向来的科举，仅是一种文官考试，所以其功效只能及于社会的上层，今日我们采用考试的方法，是要推广到社会的各阶层，是要收到更大的功效[③]。

[①] 《学校与考试》。
[②] 《学制刍议》，刊于《改造杂志》1946年创刊号。
[③] 《学校与考试》。

要借考试之制以提倡学术，那么，就有必要对考试的方法作一番研究：

> 考试之意，是要测度被考试者之学识的，所谓学识，就是因学问而得到的智识，达到何种程度。更申言之，即是其对于现代的情形，了解到如何程度，并不是要他把所读的书都记牢了，把所读的书都记牢了，是并无用处，而事实上亦不可能的。我曾见参与考试的学生，临时抱佛脚，成绩很好，然不过两三天就忘掉了。即使多记得些时候，也总是要忘掉的，不过时间问题而已。只有明白了书中的道理，却能永不忘掉，而且随着将来进修和阅历而加宏，所以读书是要求明理，不该责人以死记事实的。但历来的考试方法，总不免流于死记事实，这也有个原因，因为专看人的明理与否，未免太不着边际，无从措手，而且应试者也易流于空言阔论。你说他无实际，他似乎是有实际的，说他有实际，他又其实是滥调，摭拾摹仿人家的话，而自己并没有懂得，这是考试的历史上所证明的必不能免之弊，所以从来考试之法，总不免偏重记忆一些，中国从前，学问的重心是经学，经学考试之法，在后汉时，本是各以意说的。当时论者，就极言其弊，所以有后来的帖经墨义，专责记忆（帖经墨义之式，见《文献通考·选举考》。帖经就是责人背诵经文，墨义就是责人背诵经注而已。），专责记忆之弊太显著了，于是有王安石的废帖经而改墨义为大义，这就是八股文的前身。八

股文的初意，何尝要取虚浮无实的人？不过既不责记忆，而只要看人家的明理与否，其结果是势必至于如此的。所以向来的考试，是循环在偏重记忆和偏重明理两条路上，而迄无以善其后。①

吕思勉认为，偏重于记忆或偏重于明理，都是极端的办法，折中其间而向来没有施行的，则是朱子的分年考试之法：

> 依据朱子所提倡的方法，不妨将证明一个人达于某种程度所必须考试的科目，分为几组，每次考试一科或几科。能及格，即给与一种证书。到所该考试的科目，完全及格了，则另给与一种总证书，证明其达于某种程度。如此，应试者修毕若干科，即可先行应试，免得像现在的会考一般，将几年来所修的科目，责诸一旦，生吞活剥，无益实际，而有碍卫生。考试起来，只要不出过于琐碎的题目就行，也不必要过于落空，使出题阅卷的人，茫无把握。似足以祛向者偏重记忆，和偏重明理两极端之弊而折其衷，不失为一种良好至少值得试行的法子。②

实行这种考试方法，能达到哪些功效呢？首先，考试方法对于学生学习程度的证明较为真确。学生成绩的好坏，就是办理

---

① 《学校与考试》，刊于1941年2月7日《中美日报》。
② 《学校与考试》。

学校的人功过的考核。今将学生毕业时的成绩及格与否，即令办理该校者自行评定，此如令厨人作食，不自尝而即使厨人尝之，其味焉有不美者？现有国家实行统一的考试，则学生的程度可得较为真确的证明，而学校教学的良否亦可得以较真实的考核。其次，国家定期举行考试，凡公私立之学校，以及未曾入学，而揣有同等学力者，均可应考。其取之则但凭学力，一视同仁。如此，私塾和自修的学生，一样可得出路，就可以收到"不待教而民自励于学"之效，尤其是为孤寒阶级中的人提供了更多的机会。"而在承学者则难于得师，或无设备的，可以先修习若干科；设教者亦可各就其所长，各就其所有，而专从事于若干科；办法既易，教育事业，必然更为兴盛了。"再次，在学校之外，兼存考试之制，也可以"补设学之不足，可使不能办理学校，却可传授后学之人，群起致力于教育而师资可以骤增。国家及社会之有力而有志兴学者，可节省其人力物力，并而用之于凡民力所不及之途，而人力物力之为用，将益见其经济，而其收效且愈宏了"①。

虽然如此，考试之法也有一个弊端须要防止。吕思勉说：

> 考试之法，惟有一弊，必不可免者，即应试者之所学，但求其足以应试而止，他皆不问。王安石变法之后，所以叹"本欲变学究为秀才，不图变秀才为学究"也。然使所试者为有用之事，则应试者终必略有所知也。②

---

① 《学制刍议》，刊于《改造杂志》1946年创刊号。
② 《考试论》，刊于《光华期刊》1928年第2期。

只有所考的确是有用的东西,那么,考试之制才能真正成为一种增进国民知识的方法,为此,吕思勉设想应有一种能供一般人,尤其是青年人所阅读的报纸。他说:

> 报纸对于人人,该是一种最亲切的教育,无论男妇老幼,不可一日或缺。……然则一国之中,该有种种报纸,以供种种人的阅读,这自非一时所能办到,我现在且提倡一种适宜于年青人的普通阅读的报纸。
>
> 这种报纸,其体例,当略如今日的报纸,(一)将逐日发生的事情,简单明了,作一忠实的报道;(二)其情形必须加以讲解注释,方能明白的,则设身处地,替程度极浅的人设想,加以讲解和注释;(三)在常识上对此问题,应有如何的见解,亦须为简易的说明,此为报纸的报道部分;(四)其副刊地位,则用最通俗的说法,将各种科学,分科叙述,每日刊载一两种,以三年或四年为一起迄,使读这种报纸的人,经过三年或四年,即可得到普通的知识,此种副刊,自应随时补印,使中途定阅者可以补购。至三年或四年期限满后,即一切从头再起,其编法固可变换,新发现发见的学说事物,尤须随时增补改订,使读者的知识,可以与时俱进,而不致陷于陈旧。此种报纸,自然可以有许多家同时发行,听人抉择或参阅。同时还可分出许多册子,以供人阅览,在此风起云涌的局势下,多阅此等书报的人,其成绩必非学校生

徒之所及……而科学的大众化,乃可以逐步实现。[1]

他提议,由国家立一考试之法,而应考的知识,则在此种刊物中求之。由此,以考试来提倡教育,不但所操者约,所及者博,而且免却种种官办教育的弊窦和浪费,正是广土众民之国,行政无效率之世,行之而有效的良法[2]。

"绝去名利之念"

在现代史学史上,一生淡于名利,甚至把名利视为学者大忌的,吕思勉恐怕是最突出的一个。习惯上,史学界把他与陈寅恪、陈垣、钱穆合称为前辈史学四大家,但是,与其他三位史学大师相比,吕思勉的名声远不及他们"显赫",甚至他的学术成就也往往被人忽视。为什么会有这样的差异呢?对此,严耕望曾分析了三方面的原因:

> 第一,近代史学风尚,偏向尖端发展,一方面扩大新领域,一方面追求新境界。这种时尚,重视仄而专的深入研究与提出新问题,发挥新意见,对于博通周赡不够深密的学人就不免忽视,诚之先生属于博赡一途,故不免为一般人所低估。

---
[1] 《学制刍议续篇》,刊于《改造杂志》1947年第2期。
[2] 《学校与考试》。

第二，近代史学研究，特别重视新史料，包括不常被人引用的旧史料，史学工作者向这方面追求，务欲以新材料取胜，有的人也以是否用新材料作为衡量史学著作之一重要尺度，而诚之先生的重要著作主要取材于正史，运用其他史料处甚少，更少新的史料。这一点也是他的著作被低估的一个原因。

第三，争名于朝，争利于市，诚之先生的时代，第一流大学多在北平，学术中心也在北平，前辈史学家能享大名，声著海内者，亦莫不设教于北平诸著名大学，诚以声气相求，四方具瞻，而学生素质也较高，毕业后散布四方，高据讲坛，为之宣扬，此亦诸大师声名盛播之一因，而诚之先生学术生涯之主要阶段，一直留在上海光华大学任教，上海不是学术中心，光华大学非一般学人所重视。诚之先生是一个埋头枯守，默默耕耘，不求闻达的学人，我想这也是他的学术成就被忽视之又一原因。①

名利两字，之所以为学者所看重，自也有它一定的用处，至少可以为学者的研究工作带来相当的方便或提供必要的条件。1946年，胡适从美国回来，在回答记者提问时宣布将致力于《水经注》的研究，惯于捧场的记者遂在报上大加渲染。那时，胡适的名声甚大，许多《水经注》的藏家得知此事，便争先呈借，胡

---

① 严耕望：《通贯的断代史家——吕思勉》。

适由此而获得了《水经注》的各种版本六十余种，其中有李盛铎家藏戴震自定《水经注》一卷，天津图书馆藏全祖望校《水经注》，以及许多不易看到的本子[①]。如果没有名声的帮助，光是收集这些罕见的版本就难以实现。吕思勉没有这种名声，也没有因名声带来的各种条件，他一生的史学研究，使用的都是极其普通的材料，力求在普通常见的材料中发现一般人所未能发现的问题。严耕望说：

> 记得高中读书时，看到张贴在阅报栏中的一张报，有一篇短文描写诚之先生与另一位文学家的生活习性。近年又看到黄永年所写《回忆我老师吕诚之先生》一文与宾四师的《师友杂忆》（第二篇《常州府中学堂》第二节）写诚之先生一段，再参以他的著述风格与半生株守光华一事，我想象他一定是一位朴质恬淡循规蹈矩，不扬露才华，不争取名位的忠厚长者，无才子气，无道学气，也无领导社会的使命感，而是一位人生修养极深，冷静、客观、勤力、谨慎、有责任感的科学工作者。其治史，有理想、有计划，又有高度的耐性，锲而不舍的依照计划，不怕辛苦，不嫌刻板的坚持工作，才能有这些成就。[②]

早在1918年，吕思勉在《学风变迁之原因》一文中，就分析

---

① 耿云志：《胡适研究论稿》，四川人民出版社1985年10月，第57页。
② 严耕望：《通贯的断代史家——吕思勉》。

过名利之弊,他说:

> 吾尝谓中国士夫习气,非偏于好名,即偏于好利,而两者又若相循环。自历史上观之,东汉之世,偏于好名,自晋至唐,偏于好利。(如晋人之卖李钻核,唐人之蹇驴破帽以谒王公是也。)自宋至明,偏于好名,有清一代,则偏于好利,此其大较也。
>
> 夫但就表面观之,好名似较优于好利,其实名之所归,亦即为利之所在,且名亦一种之利耳。论者徒见方今之世,金钱万能,文章道德,弃如土苴,意有所激,遂谓好名之风远胜今日好利之俗。假令生当好名之世,目击盛名之下,悉为伪善之徒,其真善之士,皆韬光匿迹,羞与为伍,而沽名钓誉者,恶其累己,利其朴拙也,又从而诋诽之,不惟无声誉也,且为疑谤所丛集。好名之风愈盛,而举世愈无真是非,且一切事权,悉为此辈所把持,名之所至,权亦附焉,权之所附,利亦归焉。其不能与此曹为伍者,则既丧厚实,复被恶名,然后疾首蹙额,谓与其好名而伪,毋宁明目张胆以言利矣。故好名与好利,其形式虽异,其精神则同,其表面所异,其内幕则同也。①

1923年,吕思勉曾去安徽大学作短期的讲学,其间,他阅读

---

① 《学风变迁之原因》,原刊1918年《时事新报》,见《吕先生先生年谱长编(上)》,第195页。

了《桐城耆旧传》，并写了一则读书随笔《习举业为欲之甚》，对于前辈学者为学而绝无名利之私的品行，极为钦佩，他写道：

> 《桐城耆旧传》卷八："孙麻山先生（讳学颜，字用克，一字尔尧，号周冕，又号舫山，康熙间人。尝筑华农精舍于麻山，读书讲学其中，徒友称华山子，又称麻山先生）性耿介，家甚贫，友人勉之习举业，就有司试，为书答曰：道学之不明久矣。士苟有志振兴斯文，则凡所为者，正宜拔本塞原，不当复为徇俗欺人之说也。人之为心，理欲二者而已。学文以苟一时之名，为荣身肥家，亲戚交游光宠计者，欲之甚者也；立志不污，求造圣贤之阃奥者，理之至者也。安有事出于人欲之甚，而可曰无害于天理之至者哉？卒不应科举。尝言：学道而遇饥寒，正可验吾学之所得力。必于此不赜吾业，屈吾志，乃得上达。"呜呼！读先生之言而观其行，使吾曹自谓读圣贤书，而实未尽去夫名利之私者，愧无地矣。①

摒弃了名利之念，省却了各种不必要的社交活动，他就能把自己绝大部分的时间和精力都放在史学研究与写作上。吕思勉说自己不喜欢交际，"予生平不喜欢访问知名之士，人颇有愿下交者，亦多谢绝之，以泛泛访问，无益于学问修养也"②。在思想

---

① 《吕思勉先生编年事辑》，第162页。
② 《"三反"及思想改造学习总结》。

上，受康有为、梁启超的影响最深，但于"康、梁两先生，皆不识面"，认为思想学问多可以从文章上去体会，与见面不见面并无关系。1926年他进入光华大学，从此一生株守光华，许多大学曾以优越的条件来延聘，他都一一辞决。胡适曾想请他去北京大学任教，也被他谢绝了，他说：光华的文学院长钱子泉（基博）先生是我多年的老朋友，我离开光华，等于拆他的台，我不能这么做[①]。他又说自己之所以不离开光华，是懒于改变环境，其实是怕改变环境而影响他的原定的研究计划[②]。他不随便写应酬文章，当时，上海大小的书店不少，各种出版物也很多，知名学者往往成为拉稿的对象。对此，吕思勉有自己的准则，他不是有求必应的，答应的写稿都是有选择的，力求符合自己的研究志趣和预定的计划。因此，他在一般的刊物上发表的文章很少，在学术刊物上发表的多数是读史札记，或者是在读史札记的基础上加工而成的文章。这一些，恐怕也只有在绝去名利之念之后才能做到。他曾对学生说：

> 不要稍有名望，就放弃自己长期的研究计划，随便投合出版商的要求去写文章或著作，否则就不免误入歧途，结果文章发表不少，名誉也不小，学术上却没有什么成就。[③]

[①] 黄永年：《回忆我的老师吕诚之先生》，《蒿庐问学记》，第139页。
[②] 杨宽：《吕思勉先生的史学研究》，《中国史研究》1982年第3期。
[③] 《吕思勉先生的史学研究》。

他劝学生宜乘少年有为之时，踏实治学做事，不汲汲于闻达：

> 凡人之建树，有一分实力，则有一分成就，无可缴幸，此理至经历多后自明。但人恒苦闻道不早，以少年可以有为之时，弃之于务外为人之境，以致白首无成，此最可惜。[①]

对于前辈学者，吕思勉十分敬重、谦虚，但决不借引名人而自重。早年曾听过历史学家屠寄讲学，在治学上也深受屠寄的影响，但并未正式"坐塾问学"，不敢自称是屠寄的学生。蒋竹庄七十生辰，吕思勉为之作寿序，嘱学生叶百丰写十二幅屏条。叶氏见文章中老师自称"乡后学"，颇以为怪，便问老师："先生与蒋先生多年来同在光华任教，是同事，年龄也差不多，怎么称后学呢？"吕思勉说："蒋先生早年交往的人，都是我的父辈，我对他应该算是晚辈。"仍坚持要用"乡后学"[②]。

吕思勉的这种不图虚名，不苟取一文的精神，与他幼年的家庭教育很有关系。四岁时，父母即告以外曾祖母不取不劳之获的事，给他留下了很深的影响，并记录在他后来所写的《先妣行述》里：

> 外曾王父早世，家贫有子四人，外曾王母抚之以立。尝

[①] 陈楚祥：《崇高的师表》，刊于《蒿庐问学记》，第175页。
[②] 叶百丰：《忆诚之先生》，刊于《蒿庐问学记》，第180页。

第八章　重返光华

因葺屋掘地,得金一船,外曾王母祝而埋之曰:无劳之赐,义不敢受,天若不忘程氏,以是蕆诸孤,不辱其先,所以赐也。故外王父兄弟四人,皆以文章经济有名于时,及诸舅从母与其子孙,亦多聪明才智者,以至于思勉之生,故老犹咨述其事,以为外家之所由昌焉。①

后来,他有了子女,也在他们髫龄时,将外曾祖母不取不劳之获的事告诉他们,吕翼仁后来回忆说:

父亲平日很少叮嘱我什么事,但在解放初期五十年代,译书稿酬较丰的年头,有一次对我说,他一辈子挣的钱不少,但每遇到婚嫁丧葬等大事(他负担我再从堂叔一家的生活),手头总很拮据,有时还不得不借贷,叫我在收入较丰的时候,千万注意节约。他对我讲外高祖母不妄取藏金的故事,我也在髫龄,我也知道他不是随便讲的。我每想到父亲这些遗训,就不由得如临深渊,如履薄冰了。②

---

① 《先妣行述》,刊于《吕思勉诗文丛稿》,上海古籍出版社2011年10月版,第7页。
② 吕翼仁:《回忆我的父亲——吕思勉先生》,刊于《吕思勉先生年谱长编(下)》,第1186页。

379

第九章　尽瘁史学

入华东师大

1949年4月，国民党上海警备司令部勒令上海专科以上的学校疏散，吕思勉一家暂时迁到霞飞路上海新村四十一号洪漪澜家（洪漪澜及其丈夫赵善诒均是光华同学）。5月24日，人民解放军入上海，6月，吕思勉一家又迁回光华。1950年4月，光华工会选举吕思勉为校工会主席，学生叶百丰任秘书，他回忆说：

> 先生一生从事教学，素不负行政责任，但是既受到全校教工的信任，被选为工会主席，便勇于负责。他非常关心教工的工作、学习和生活。当时我担任秘书，经常向他汇报工作，他总是认真地用心地听取，经过周密思考以后，及时提出处理意见。[1]

---

[1] 叶百丰：《忆诚之先生》，刊于《蒿庐问学记》，第179—180页。

·第九章　尽瘁史学·

　　1951年，高等学校院系调整，光华大学并入华东师范大学。9月，光华大学开最后一次校董事会，当时吕思勉为光华大学校董之一，并任代校长，他在为毕业学生的文凭上签字盖印，处理好学校的结尾工作后，遂入华东师范大学历史系任教。10月，迁入华东师大一村的一所极为简陋的教工宿舍，宿舍靠丽娃河畔（师大校园中的一条小河），仅一间房屋，用木板隔成前后两间，前间由吕思勉居住，后间由女儿吕翼仁居住，门外搭有一个简易的小屋，用作厨房、卫生间。虞菱则仍居住在常州故居。

　　调入华东师范大学以后，为符合当时教学上的需要，他编了一系列中国通史的教学大纲，有《拟中国通史教学大纲》《中国通史的分期》《中国通史晋朝部分纲要》等，这些大纲，都有详细的要点概述。其中《拟中国通史教学大纲》是为通史教学改革研讨会而拟的讨论稿，他在该大纲开头作了这样的说明：

　　　　华东教育部高等教育处为谋文法学院基本课程的改革，特组织中国通史教学小组，进行集体研讨。一九五二年一月十二日，召开第一次会议，到会诸君，都主张先试拟几个教学大纲，以作讨论的根据。不佞在解放以后，是未曾讲授过中国通史的，但对于这一科的教学，却有一些意见，谨陈其说，以求同组诸君及海内贤达之赐教。[1]

----

[1] 《拟订中国通史教学大纲》，《吕思勉遗文集（上）》，第537页。

381

拟订中国通史的教学大纲，离不开历史分期问题，这一时期他所编的教学大纲，将中国历史分为三期，每一期各有其特点：

（一）自上古至新莽灭亡，此期自元始公社时代经过奴隶时代至封建时代。秦始皇虽废分封之制，然于封建势力实未能根本铲除，故至后来以（1）州郡（或藩镇）（2）地方豪强（或较小之官吏军人或游侠魁首）之形式复活。社会经济在氏族时代本有规律，大体系公有，入封建时代渐次破坏。然初期尚可，工商业兴，破坏乃日甚，此时人心皆思恢复前一时期有规律之公有，有具体实行之方案者二家：（1）儒家重平均地权；（2）法家主节制资本。其初各自分张，至新莽乃合为一，行之而大失败，人心乃一变，不敢复为根本之图，而承认迁流所属之社会为合理，至少亦认为无可如何之事，此为言中国社会史者之一大变。

（二）自后汉至唐天宝，后汉社会本甚困穷，加以中央政治黑暗，各地方封建势力倍觉鸱张，民穷无告，乃起而反抗（太平道等）。此等民众怀抱空想社会主义，本不可行，加以其本身为无纪律而为享受之游侠所污染，遂至转以召乱，而州郡乃较小之封建势力，遂乘之而立，卒分裂为三国。晋初虽暂统一，然其政府仍为军阀余孽，腐败淫纵，而两汉时入居塞内及附塞之异族，遂乘之而起，卒成南北分裂之局。此时工商业大衰，货币制度大坏，若干地方在一定时期内，货币竟至不用，各地方皆有自给自足之观，颇与欧洲蛮族侵入时期相似。然中国人数与五胡比较，远较罗马人与蛮族之比数为大。长江流域大致风同道一，亦非拜占庭帝国所及。商工虽云衰颓，一相当面积之区域中，仍有通工易事，究非欧洲庄园经济之比，南北两政府力量皆比较强大，各地方封建势力（如北方之世袭守令，南方梁陈间之割据者，以及入山之人，山胡、山越及堡坞等），不能持久自立，故完整之封建制度，卒不能成。经过隋唐之统一及其衰败，封建势力卒仍以藩镇之形式出现，与汉末州郡异名同实。唐室之衰败，实为胡化之结果，以隋唐两代宫廷之奢靡，对外之好大喜功，皆与拓跋魏相似故也，南方之经济文化逐渐高出北方之上，为此期历史之特色。思想上绝无意于改造社会，专从身心方面去求解决之方，亦为此期之特色。

（三）自唐安史乱后至清鸦片战争以前。晋南北朝之胡化，至唐安史之乱而极，此观唐中叶以后政府渐趋汉化可知，然分裂之势，遂不可免。晋南北朝之世，北方异族跳梁者铁勒（柔然所用，亦铁勒之众）、突厥、回纥等，其本据地多在西方，其文化程度实较匈奴、鲜卑等为优。然其本据地，距中国太远，败亡后亦遁逃向西，故不能深入为患。唐末东北民族渐次兴起，其根据地较匈奴、鲜卑为大，而此时之中国又较秦汉为弱，遂至迭次被其侵入（辽、金、元、清）。自隋至唐开元，略经百五十年之统一，工商业复盛，资本势力本可抬头，然为藩镇割据，异族侵略所沮阏，生长不能畅遂，而封建势力之剥削且因此两者而加甚，此为中国长期滞留于封建时代之近因。民间之起义者怀抱空想社会主义,对异族统治更加以民族主义,而借宗教之力以行之,为游侠阶级篡取其领导权,以致失败,亦与前期同。思想上,宋学之尊王所以反封建,攘夷所以树立民族主义。但(1)误认经书中所述之社会组织为天经地义,(2)修养方法偏于治心,仍蹈道佛覆辙。

(四)鸦片战争后入于另一世界,当别论。①

其时,国内史学界正在讨论古史分期问题,分歧最大的是有关奴隶社会和封建社会的时段划分。吕思勉认为,中国曾经有过原始公社时代,这是无疑义的,孔子的大同,老子的郅治,以及诸子百家所述皇古治化之美,都是对这一时代的回忆。由于史料的缺乏,中国的奴隶社会颇有模糊脱节的地方,但最迟应在尧舜以前,其时已入农、牧时代,知劳力之可贵,"得俘虏皆不杀,且不恤战争以求之"。而封建社会则从夏朝以后,因为当时的奴婢多用于家庭工业,社会生产的主力则是农民,国家的赋税也都取之于农民而非奴婢②。这时,他计划再编一本中国通史,并把这一写作计划写信给华东人民出版社,不久,他收到了出版社的回信:

---

① 《魏晋南北朝史纲要》,刊于《吕思勉遗文集(上)》,第586—588页。
② 《中国通史分期》,《吕思勉遗文集(上)》,第563页。他在同时撰写的《拟编中国通史说略》和《拟中国通史教学大纲》又认为:"近人所言中国奴隶社会之说,证据多不确实。"既然"夏后氏五十而贡",那么"其榨取农民,皆取赋税之形式,而并非尽其所有,则其被榨取者,不能称为奴隶可知"。(《吕思勉全集》第2册,第403—404、414页)

吕思勉同志：

寄来的出版意见表已收到。

我们看到您准备编写中国通史，很高兴。希望你在执笔之先，将通盘的编写计划告诉我们。至于这部著作的出版问题，俟全稿完成当可考虑。盼多联系。

此致

敬礼！

华东人民出版社办公室
一九五三年九月五日[1]

收到这封回信后，吕思勉即编写了一份《拟编中国通史说略》，寄给出版社。全文约一万余字，计划中的《中国通史》首章略述中国史籍及其研究方法，然后，按上述的三段分期，分叙各期历史的主要内容。第一期中的要点有：（一）民族及其分布、进化程度；（二）国史年代及古史纪年方法；（三）开化的迹象（综合现代考古学所得及古籍为说）；（四）社会之发展；（五）古代之政治制度；（六）世袭与选举之变迁；（七）人民的政治地位；（八）古代官制；（九）赋税；（十）兵制；（十一）法律；（十二）古代学术；（十三）人民斗争及新莽改革。第二期中的要点有：（一）民族关系，五胡之乱及其原因；（二）政治腐败，人民反抗；（三）长江流域之开辟；（四）门阀及其衰弱；

---

① 《吕思勉先生年谱长编（下）》，第938页。

（五）南朝各代的兴替；（六）南方经济的发展；（七）隋唐之事业；（八）西胡与中原之关系；（九）唐代藩镇；（十）政治制度；（十一）科举制度；（十二）自户调式到租庸调法；（十三）学术；（十四）农民起义。第三期的要点有：（一）摆脱外来影响，回复汉文化；（二）民族斗争；（三）资本主义萌芽；（四）赋税之法；（五）政治制度及其特点；（六）学术等。每一要点，都作了提纲性的概述①。

半个月后，吕思勉收到了出版社的回信：

吕思勉同志：

九月十二日来信暨寄来的《中国通史说略》编写提纲都收到了。因中央人民出版社已分编出版范文澜同志著的《中国通史简编》修订本，该书同时在华东印行，为避免重复起见，我们不拟另出一部中国通史。你是否可以选择中国历史上某一专题，来写一部适合于一般学习历史的同志阅读的中级读物？《中国通史说略》编写提纲随信附还，未能照尊意办理，甚歉。以后仍请多联系。

此致

敬礼！

华东人民出版社办公室

一九五三年九月三十日②

---

① 《拟编中国通史说略》，刊于《吕思勉全集》第2册，第403—411页。
② 《吕思勉先生年谱长编（下）》，第938—939页。

20世纪50年代初,吕思勉将自己历年文字学方面的著述加以整理订补,写了《关于中国文字的问题》一文,以指导学生学习,文中概述了中国文字的发展变迁,开列了必要的学习参考书。又结合自己数十年的国文教学经验,在国文系主讲了《论大学国文系散文教学方法》。他认为,数十年来的国文教学实走了一条错误之路,这种教学方法将各种文体并列,每一文体之中,又将各家并列,其本意是想让学生对国文有一番鸟瞰,但学生尚未入门,对于各文体之本源支流均不了解,遂至鸟瞰之中,一无所得。因此,他建议大学国文教学,应加重散文的课程,选历来家弦户诵的作品;学习的顺序,可从唐宋入手,再上溯先秦两汉。他还建议"大学国文一系,再宜分科",以培养各种专门的人才。他把讲演整理成文,以希望引起学者同行的广泛研讨[1]。

　　在华东师大历史系,起先他教授的是历史文选和魏晋南北朝史。历史文选课,每周四课时,课虽不忙,"杂务校中亦不以相烦,惟学生国文程度太低,甚为难教耳"[2]。为讲授魏晋南北朝史,他特地重写讲义,虽然领导认为他的讲稿"精粹处甚多",但"似乎从阶级分析上着眼,比从政治上着眼,更能说明历史的真相",有些地方"似宜从阶级斗争上来看","似未能从农民立场来看问题"[3]。

---

[1] 《论大学国文系散文教学方法》,刊于《吕思勉遗文集》上,第480—503页。
[2] 《吕思勉先生年谱长编(下)》,第942页。
[3] 《吕思勉先生年谱长编(下)》,第904—905页。

1953年，吕思勉抱病写就《史籍选文评述》一课的讲稿，目的是指导学生阅读史籍。当时安排的课时很少，学生古文阅读的能力较差，课堂的讲授颇感困难，讲授侧重于史籍的性质与体例，所选的文献材料很典型，也都融入了他自己的研究心得。如《史记·项羽本纪》，历来学者都认为是《史记》中写得最好的一篇，但吕思勉则认为"此历史记载，属于传奇性质之例"，无甚史料价值，并以此为例，来说明"历史中此等材料实不少，时代愈早则愈多，读史者不可轻信"。又如《汉书·李广苏建传》，吕思勉认为此篇的叙事既能感动人，又无损于史学的真实性，是史籍中叙事最佳者。此篇叙李广事，大体沿袭《史记》，也可以此来分析《史记》《汉书》之异同。讲义中还有一段评述，专指导学生在读史时如何去多方面领会史料：

> 凡读史，当从多方面领略。史籍实随吾人所欲研究，而供给吾人以无限之材料。如此篇，李广、李陵，皆可见封建时代武士之性质。其不爱财利，与士卒同甘苦，谦让下士，自为其光明面，然杀降则为其黑暗面。李陵之兵强矣，然以步卒五千涉单于庭，则为轻视士卒之生命以要功，非古者"可杀而不可使击不胜"之义也。且略关东徙边者之妻，匿之车中而偕行，尤可见其军纪之坏，此等兵，果可用之以克敌乎？即能克敌，国内多聚此等兵，能无他患乎？观此篇王朔之语，又谓三代之将，道家所忌，即可见时人对于武士之反对也。李广甚重侯封，其愚已不可及。然苏武，徒以父

子为汉武所成就,而甘心为之效死,不复问是非善恶,其愚亦无异于广也。广既为卫青所害,敢又为霍去病所杀,而李陵仍愿为汉家效忠,其愚实更不可及。此等并可见封建时代士大夫之性质,此等性质,西汉时最浓厚,东汉时已大衰,魏晋后几不可见矣。汉武帝欲事四夷,本无以卫青、霍去病为大将之理,而用之,则以椒房之亲故也。听李陵以步卒涉单于庭,本非用兵之道。已又疑其中悔,终乃自悔堕路博德术中,纯用手段,不以至诚待人。闻李陵败,召相者视其母妻有无死伤之色,尤可见其迷信。责问陈步乐,致其自杀,则可见其暴虐。群臣除一司马迁外,皆罪李陵,岂无知其不然者?皆为积威所劫而面从也。此等人,可以事四夷乎?汉武之事四夷实侵略多而防御少。即不论此,当时国力之耗费之甚大,与其成功,实不成正比例。使易一人而用兵,其成功与耗费之比例,必非如此。故汉武之武功,即站在侵略之立场上言之,亦无足称也。李广不肯对刀笔之吏,可见当时刀笔吏之酷。李陵军败,埋珍宝地中,可见当时行军多赉珍宝充赏。左伊秩訾不肯杀汉使,谓即谋单于,何以复加?可见野蛮人持法论事多有平心处。此仅略举其例。要之,读书可接触之方面甚多。初读时几如山阴道上,应扩其胸襟以受之;久之宗旨既定,则或专取某方面。或专撷其菁英,而事迹皆在所吐弃,必有一途以自处矣。①

----

① 《史籍选文评述》,刊于《吕思勉遗文集(上)》,第884—885页。

1954年，他计划为毕业班作几次讲演，专讲中国史籍的读法，但开学不久，他即患病，在家休息，便将"所拟讲演之语，病闲后曾写出崖略，仅就涉想所及，既未能精密构思，亦未能详细参考，所说极为浅近，似无一顾之价值。但为初学计，作者虽诒浅陋之讥，读者或有亲切之感"①。

《中国史籍读法》与他一生的其他著述一样，多是为青年学生所写的，为他们指点门径，开辟阶梯，使初学者能引以为据，循序渐进。1941年，他曾根据自己的治学心得，写成《我学习历史的经过》《社会科学是史学的根基》《职业青年的治学环境》等文，指导青年在"学习历史之前，应略知社会科学的匡廓"，"必先知观察之法，然后对于其事，乃觉有意义，所以各种社会科学，实在是史学的根基，而尤其是社会学"。有了一定的社会科学的基础，就可以进而读史了，"第一步，宜就近人所著之书，拣几种略读，除本国史外，世界各国的历史，亦须有一个相当的认识，因为现代的历史，真正是世界史了，任何一国的事实，都不能撇开他国而说明"②。至于正史，不必早读，青年学生如能在有了社会科学的基础后再来学习历史，那么，至少可以比我少花两三年功夫，而且早得一些门径。

《中国史籍读法》是他最后所写的一篇讲稿，也是他最后上课堂讲授的一门课，这时，他已七十一岁，自他1905年执教于常州溪山学堂，至此已整整五十年了。

---

① 《史学四种》，第45页。
② 《从我学习历史的经过说到现在的学习方法——社会科学是史学的根基》。

晚年的几封信

1949年12月,吕思勉致信出版总署副署长叶圣陶、周建人,提议改铸字模,分色印刷,使学者便于检字。12月下旬,他收到叶、周的复信。20世纪50年代初,学术界正在讨论中国文字改革问题,国家组织专家学者研讨酝酿各种改革方案,吕思勉便把这一封信改名为《便利汉字分部的一个建议》,并加了识语,连同叶、周的复信一同发表,刊于1951年9月19日上海《大公报》的祖国语文副刊上,以期学者同好来一起研讨:

> 圣陶、建人先生:阔别多年,每深驰企。遐听驱驰擘划,为国宣劳,甚盛甚盛。今有一语,言之多年,莫或听见,窃愿更为两公一陈之者:中国文字,分部以便检查甚难,数十年来,欲救此弊者亦不乏。初欲专论笔划多少,继以笔划多少难定,又思别寻蹊径,或则取其四角,或又创为点线画等法,卒之繁难无改于旧,或且加甚焉。杜君定宇论此,一语破的,曰:"中国字乃合偏旁制定,非积笔划而成。"夫字合偏旁制成,而欲就笔划以求检查之法,则为违背自然之条理,其无所成就固宜。今者为印刷之世,非誊写之世,手写文字,欲将偏旁之为部首者与不为部首者加以区别甚难,皆用铅字排印,则但将铅字改铸,偏旁之为部首者双钩,不为部首者,则为实划,字体过小,双钩实划难辨者,则用套印之法,别为两色。如天字为一部,上一字用双

钩,下大字用实画,或各别其色。人字为部首,则纯用双钩或纯色。如此,则字字一望而知其所隶之部,便孰甚焉?昔尝以此意撰文,载诸某杂志,未为当世之人所留意。后又以语商务、开明及他印刷业中人,皆许为善法,然莫或肯为,盖以铸造字模,所费颇巨,而不能禁人之放为,则获利难必,是以不劝。亦尝为国民政府教育部中人言之,其人曰:子欲唱此,请以公文来。弟惮为公文,亦度该政府终不能行,遂止。然终怀不能已,今直人民政府励精图治,凡事深为民谋,又值两公主持出版之事,皆所素稔,不觉跃然又吐其说。亦知今者天造草昧,百务未遑,若铸造字模之事卒不能行,则先就小学教科用书试之,亦开物之一道也……

诚之先生台鉴:十二月七日惠书敬悉。承示改铸字模,分色印书,使学者便于翻检字书,甚佩卓见。惟文字改革,向由约定俗成,劫后建设,理宜稳步渐进,此间虽负出版总责,而新政重在照顾各方,窃以尊旨于学术界之相互商讨及经济上之具体计划,似尚须作进一步之努力。即付实施,或不乏窒碍难行之处。台从前此向旧政府及各商肆建议无成,今以督责弟等,仰见属望殷切,敢不奋勉。以上所言,自谓实事求是,并非任意推诿,尚祈亮察……①

---

① 《吕思勉先生编年事辑》,第321页。

1952年10月10日,吕思勉写了《日报版式印数诤议》一文,对当时日报版式、印数提出改进意见。吕思勉自幼年起即阅读书报,每读书,必加圈点,或加眉批,不论是中国旧籍,还是新出的书籍,凡有用的材料都亲笔摘抄,分类保存。阅报刊,则必将有用的材料剪下粘贴。当时,报刊版式常参差不齐,剪贴收藏颇不方便,报刊印数也预定不变,零售或过期补缺颇为犯难。为此,他撰文提出报刊版式和印数的改进建议:

> 民主之世所最冀望者,为人民之能通知时事,欲通知时事,则必阅报,而尤宜剪裁粘贴,以便保存。……不佞阅报近六十年,少时所见报纸,皆版式一律,印完一事,再及他事,长篇文件及专著,并有别为一版如书籍然,裁下即可装订者,剪裁粘帖,保存检阅皆甚便利。不记何时改成今日式样,每排长短不一,一事未终,别易一事,而前记之事,反在其下一排,甚有文字忽而直行,忽而横行者,又有于一事中间,别为一方,记一小事者。裁剪粘帖,烦苦孰甚。夫剪裁粘帖便,则能从事于此者多,而有用之材料亡佚不易。……
> 今谨建议改革排法,每排长短皆归一律,排完一事,再及一事,长篇专件,别为一版,如昔申、新等报之京报及专著然,以便留心时事而欲剪裁保存者。此等人所取材,不必限于一报,则全国报纸之版式,并宜一律也。①

---

① 《吕思勉先生编年事辑》,第328—329页。

《日报版式印数诤议》一文写好后，寄给了《大公报》，但未能刊出，也未见报社有回复。次年，上海邮电局发行处通告读者，为推行计划发行的办法，凡报刊，均须定期预订，过期则不能随时订阅。吕思勉认为这种发行的方法，虽可使报纸杂志预知所须之数，不致多印，以招浪费，但零售之数也应慎为筹划，如不宽印，对于读者的阅报剪贴甚为不便。1953年1月15日，他把这一意见写信给《解放日报》报馆，希望将此意见刊于报尾，就报刊发行一事，引起大家的讨论。信的结尾处写道：

> 报纸杂志，预订之制，诚宜推行，然究应宽印若干分，以备读者临时之需，亦宜审慎筹议也。仆于报纸排印之式，发售之法，均有私见。去冬曾草刍议，寄交大公报，久未刊出。今谨就发行一端要言之。敬祈登载报尾，以告主持此事者。[①]

3月初，他收到《解放日报》读者来信组的回信。3月13日，吕思勉因"鄙意尚有未能释然者"，又写了一封长信致《解放日报》读者来信组，详细地介绍了自己对报纸的排印版式、发行的方法以及旧报回收等事项的意见。3月30日，他又收到《解放日报》编辑部读者来信组的复信，信中感谢他对邮电发行工作的关心，并答复：自1953年起，全国实行定期定额计划发行，不论报纸杂志，都必须实行预订，至于零售方面，仍保留一定数量，但并不是无限

---

① 《致解放日报再议报纸发行书》，刊于《吕思勉先生年谱长编（下）》，第928页。

制的供应。报纸零售地点,也规定只限在出版地的市区范围以内,外埠原则上不得零售,望读者大力帮助邮电部门做好发行工作[①]。

1952年10月16日,中国图书公司发售特价书籍,吕思勉前往观看,"至则人山人海,不论何种书籍,皆难得见"。他又至问询处索取书目,"问询处中人举以相示,言只能在此翻阅,不能携归。如欲取得一份,又须函索,不能面索,且函索最好由机关行之"。又问"公司发售之书,完全之目录有否? 渠言无之,随手举书目一册相示,言若此者,印本即须五千元,人已嫌其贵。如将公司发售之书印一全目,或将再如电话簿,无人愿买,亦无从赠阅矣"。他听了这一番话,很有感触。次日,就写了《书店宜印行完全书目议》一文,寄给图书公司,建议印行书目提要,以方便读者。他说:

> 凡事办法皆当随事势而变,此亦即随时代而进化。因者易为功,创者难为力。故凡治一学,昔人于此已有何书,其书大致如何,必须知其大概。旧时读书之家,或于儿童自能读书之初,使读《四库书目提要》一过,用意甚善。甲午以后,学者初欲读新书时,则梁任公先生有《西学书目表》之作,粗举其目,又有《读西学书法》,略道各书大凡,虽甚粗略,学者亦颇受其益。此后学术日进,新出书籍日多,于此相需实更殷,而反无之。不论何家书店,但年代稍久者,

---

[①] 《吕思勉先生年谱长编(下)》,第930、931页。

向其索完全书目,皆不可得,此实极可怪之事,但今日周或不然,则习焉而不以为异耳。……然承学者之受其弊,则甚深矣。……此实不可不亟谋改革,而欲图改革,则有完善之书目,实其先务,而书店新出之书能有一完善之书目,尤先务中之先务。①

他建议书店应印完全书目:

予谓书店之出新书以及总揽发行如中国图书公司者,皆宜有一完备之书目,举所有之书悉载之,旧书能有提要者皆载焉,无则阙。此后所出之书,则一一宜有提要,分门编印,亦即分门发售,售罄之后,即应再印,或为活页或装订成册,任人选购,售价悉照成本。②

这几封信,虽然不是讨论有关国计民生的军国大事,而是文字部首的改革、报刊版式的设计、报刊印数及预订的改进方法等。然而,字里行间仍洋溢着吕思勉对生活的热爱和他那老而弥健的社会改良情结。

---

① 《吕思勉先生编年事辑》,第330—331页。
② 《吕思勉先生编年事辑》,第332页。

参加"三反"及思想改造运动

1952年，吕思勉在学校参加"三反"及思想改造运动，学习结束，写了一份万余字的《"三反"及思想改造学习总结》（下文简称《总结》）。《总结》分四部分，第一部分是个人的历史简历；第二部分是个人思想演变的回顾；第三部分是"三反"及思想改造的检讨；第四部分是教学、著述的检讨及今后之希望。《总结》中写道：

> 对政局之见解：在戊戌变法时，赞成变法。政变之后，随康梁主张保皇。亦知其时无实力可以推翻满清政府，希望孝钦后死亡，德宗可以复行其志耳。庚子事变后，舆论对满清政府，渐行绝望，予之见解，亦随众而变。君宪革命之争起，予在手段上，随康梁主张君宪，在感情上则主张革命。当时之希望，为暂时保存满清政府，以行改革，免致争乱，而改革成功之后，则用政治之力，或加以仅少军事之力，一举将满清王室推翻。因中国虽藉旧政府之力以行改革，其权必不在满人。满洲王室，并无根柢，推翻之必不难也。此见解实同于梁任公先生。……民国以来，因予所希望者为开明专制，共和之虚名，予知其无用，故颇希望实际有一能担当国事之人。此见解，颇与严几道先生相同。……予之见解，凡能拨乱反正者，必为文武兼资之人。文谓在政治上能开明，武谓能统御将帅。政治上不开明，根本不足以言治，

然不能统御将帅，则必威武不振，虽有愿治之意，亦一事不能行。历代之开国君主，对此两条件，在一定限度内，皆能具有。民国在名义上虽易为共和，实际上仍未脱此局势，故此种人不能不希望其应运而生也。然袁世凯、段祺瑞、吴佩孚、对此条件，皆显然不足。故予于北洋军阀所组织之政府，殊为绝望。孙中山，予初嫌其武略之不足。国民党改组以后，气象一新，予对南方，颇存希望。但自迁宁以后，对国民政府亦渐次失望。

…………

"三反"中之检讨。贪污之事实，予自问无之，因生平未曾经手过财物也。此次小组讨论，认为有二件事，可算贪污。（一）在学校阙课不补，而薪水照领。（二）则所编撰之书，有本不愿作，徒以稿费遂为之者，此亦充类至义之尽耳。……予受旧教育较深，立身行己，常以古之贤大夫为模楷；又生平无甚嗜好；故如"三反""五反"中所发见资产阶级用以腐蚀干部之手段，皆不足以腐蚀予。有行贿者，予必能拒之，使予作官，牺牲习惯上之收入而有利于民，亦必能为之，此自度能之，不必伪为谦抑，言其不能者也。……至于官僚主义，则予彻底皆是，不必立较高之标准而后能见之也。何谓官僚主义？曰：凡事皆有名无实，当作之事，实不曾作，而又能巧立一说以推卸责任者则是矣。始焉巧立一说，乃所以避人督责，习之则心亦诚以为然，故初为法律问题者，后遂成为道德问题。……人有问予：在光华二十余年，他校相招者甚多，条件多优于光华，何以终不迁改？其大原因，亦在懒惰，惮于迁改而已。虽切身之事，亦多出以敷衍，得过且过。人有以事问予者，答语多模棱，非欲持模棱免过咎，予视事不容己及必不可者本甚少也，所以如此者，以生平不亲务，但持论，亲务者不能不出于一途，持论者固可列举多端，任人自择，故养成此习惯也。……

今人自行检讨，每云想住洋房，坐汽车，予无此念，予所神往者，龚定庵先生之诗，曰：红日柴门一丈开，不须逾济与逾淮，家家饭熟书还熟，羡杀承平好秀才。其所乐者异矣，其有所系恋则同也。以好优闲故，自由散漫之弊，自不能免，而不能服从纪律。又习处安全之境，故好说理而惮斗争，以此不能为革命工作。……

（予）毕生从事教学、著述，当就此二者，加以检讨……予与教学，凤反对今人所谓纯学术及为学术而学术等论调，何者？人能作实事者多，擅长理论者少；同一理论，从事实体验出者多，且较确实，从书本上得来者少，且易错误。历来理论之发明，皆先从事实上体验到，然后藉书本以补经验之不足，增益佐证而完成之耳。故致力于书本，只是学术中一小部分，专以此为学术，于学术实未有知也。予之宗旨虽如此，然予之性质，实近于致力书本之人，故历来教学，亦只能教人读书。此观与我亲近之旧同学，皆系好读书之人可知。予虽教人读书，并不主脱离实际。且恒戒学者；学问在空间，不在纸上，须将经验与书本，汇合为一，知书上之所言，即为今日目击之何等事。此点自问不致误人。然全然破除经生门面，只重知识，而于书本则视如得鱼之忘荃，则病未能也。高深之学理，以浅显之言出之，讲授时亦能之。但将所授之内容，减低程度，亦嫌不足，向持中道而立，能者从之之见。此点，实尚未适宜大多数人也。

予之述作，有下列诸书：《中国文字变迁考》《字例略说》《说文解字文考》《章句论》《白话本国史》《中国通史》《先秦史》《秦汉史》《两晋南北朝史》《中国民族史》《先秦学术概论》《理学纲要》《史通评》《经子解题》《燕石札记》。（中略）此外单篇散见报章杂志者，一时不能尽忆，然不多也。诗文附日记中，日记几全毁于日寇，恐所存已堇，至今未能搜葺也。予所述作，多依附学校讲义而行，故中多普通材料，现甚想将其删去，全留有独见之处，卷帙可简什七，即成精湛之作矣。少时读史，最爱《日知录》《廿二史札记》，稍长，亦服膺《十七史商榷》《癸巳类稿》。今自检点，于顾先生殊愧望尘，于余家差可肩随耳。今人之屑屑考证，非顾先生不能为，乃顾先生所不欲为也。今人自诩搜辑精博，殊不知此等材料，古人既得之而复弃之者多矣，此意予亦老而后知，然后知少无名师，精力之浪费者多也。

今后之希望，道德贵于力行而已，不欲多言，学术上（一）欲删定旧作。（二）夙有志于将《道藏》之书，全读一过，未能实行。今后如有此日力，仍欲为之。所谓道教者，包括从古以来杂多之宗教；自亦有其哲学思想；与佛教又有犬牙相错处，与农民豪杰反抗政府之组织，及反动道门，皆有联系，而至今无人研究。使此一部分，成为中国学术上之黑暗区域；政治史、社会史、宗教史、哲学史，亦咸留一空白。予如研究，不敢望大有成就，必能透出一线曙光，开后人研究之途径也，不知此愿能偿否？马列主义。愧未深求。近与附中李永圻君谈及，李君云：学马列主义，当分三部分：（一）哲学，（二）经济，（三）社会主义。近人多侈谈其三，而于一二根柢太浅。此言适中予病，当努力补修。①

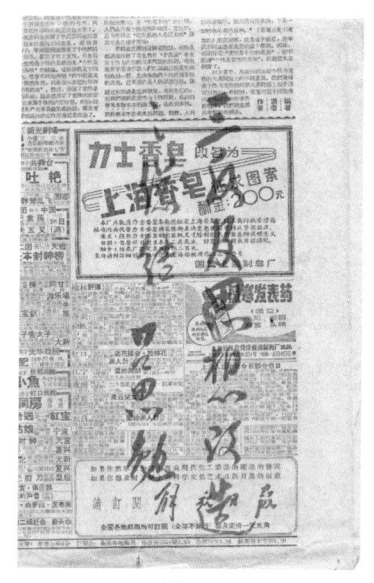

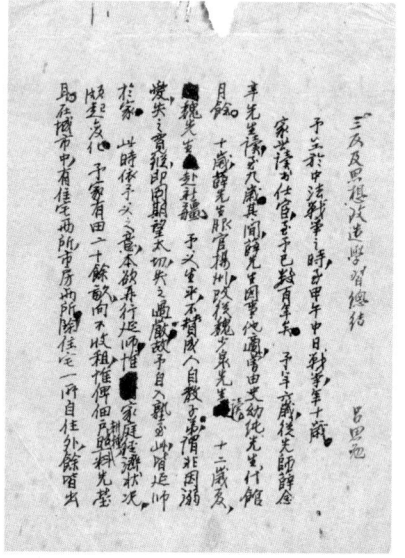

图26　吕思勉先生《"三反"及思想改造学习总结》手迹

———————
① 《"三反"及思想改造学习总结》，刊于《吕思勉遗文集（上）》，第434—452页。

《隋唐五代史》的写作

自抗战胜利后，吕思勉便着手《隋唐五代史》的写作，这是吕思勉所写的最后一本断代史，也是他写得最慢，而且最终没能看到它出版的一部书。

隋唐时期，是中国古代社会高度发展的时期，经济上出现了繁荣昌盛的局面，文化上呈现出光辉灿烂的景象，一时人才辈出，涌现出许多政治家、思想家、科学家、文学家、艺术家。《隋唐五代史》的体例与前三部断代史一致，分上下两册，上册是政治史，叙述了隋代的兴亡，唐代的兴起、繁荣，以及安史之乱以后的衰败，其中还特别注意到君主个人在历史上的作用，并作了一定的评述。吕思勉推重隋文帝，说他是个"贤主"，勤政而有俭德，能"宽恤民力"，对外用兵也"志在攘斥之以安民"，但他坏的一面是用刑严酷。唐太宗也是具有两面性的君主，一方面他"勤于听政，容受直言""渴于求贤，破格任用"；另一方面他有"骄暴之习"和"侈靡之心"，"好大喜功"。因此，贞观之治是有成绩的，但史书的描写又不免有溢美之词。

下册是"典章经制"的叙述，门类上与前三部断代史基本相同，又根据隋唐历史的特点，对有些专题作了更详细的分析，如"选举"分上下两节，上节讲科举之制，不仅对科举之科目一一作了叙述，还对考试的方法、科举的得失流弊以及当时防弊之法都作了分析。唐代对科举出身的人，还必须经过吏部的选拔才可授职，所以，下节专讲选官之制。"赋税"也分上下两节，上节叙从租庸调到两税法的演变及其利弊,又涉及役法、差法等;下节叙述山泽、盐铁、酒禁、茶税、市税及其他苛税。又专设隋唐五代宗教一章,分三节,诸教情状一节述隋唐五代时的佛教、道教、火祆、摩尼教、景教、伊斯兰教等传播发展的情况;限制宗教政令一节述宗教兴盛后带来的社会问题以及政府沙汰限制之政;杂迷信一节述当时流行的禄之说、龟卜之说、望气之说、相术、巫术、图谶等[①]。

20世纪50年代初,全国上下掀起了学习马克思主义理论的高潮,史学工作者们响应党的号召:"从头学起"——学习马克思主义的理论,改造自己的历史观、世界观。以马克思主义的理论为指导来编写新的历史著述,改造原有的学科体系是无产阶级史学工作者的首要任务。在这种情况下,吕思勉的《隋唐五代史》似乎已经是"不合时宜"的了。书稿交给出版社后,迟迟不见答复。1953年,吕思勉为《隋唐五代史》的出版事宜,致信北京开明书店的王伯祥、胡嘉(字嘉生):

> 伯祥、嘉生先生:久疏笺候,时切驰思,遥想起居佳胜,定符远颂。弟碌碌如昔,差幸尚无疾病,隋唐五代史承督促而久未脱稿,殊觉慊然。现正努力从事,年内必当写完,以了此一案(当时亦未忆及写得如此之慢)。此书初写时以为必可付印,故自己未曾留稿,现闻虽可写完。未必

[①] 《隋唐五代史》(吕思勉史学论著前言,杨宽执笔),上海古籍出版社1984年1月版,第7—8页。

能再付印。此间历史系中人拟恳尊处将稿寄下，顾人钞写一分，写毕元稿当郑重寄还，属弟商诸尊处，未知此事可行否？敬祈示下，此为不能付印言之，如仍可付印，自不必多此一举也……①

由于年老衰病，他原来拟撰的《宋辽金元史》《明清史》未能完成，但这方面的史料准备早已进行。他平时非常注意搜集史料，在阅读宋辽金元明诸史时，对其中有用的史料的页码作了摘录，这些史料页码的札录都已分别好门类，如宋史页码札录有宫室、器用、宗族、风俗、社会、封建政体、宗教、移民、户口、阶级、妇女、财政、伦理、实业、赋税、钱币、度量衡、交通、饮食、服饰、兵制、刑法、外交、选举、经籍、礼乐、史学、学术、美术、纪年、历法、地理等，每一门类之下，用特殊的符号列出史料的出处。有的零星的史料则直接抄录下来，在纸角上标明它的类别，以便于日后的分类。就这样，日复一日，年复一年，先是摘录史料页码，然后对其加以研究，写出一条条读史札记，再在札记的基础上，经过综合研究，融会贯通，写出一部部规模巨大的著作，可惜的是，他计划的六部断代史，只写到隋唐五代，这实在是史学界的一大损失。

1955—1956年，吕思勉着手编撰《燕石续札》。当时，华东师大校长孟宪成正在主编《中国教育史》，常有教育史方面的问

---

① 《吕思勉先生编年事辑》，第333 — 334页。

题，与周子美等前来向吕思勉请教。为协助《中国教育史》的编写，吕思勉在这一时期，又对中国教育史方面的史料作了一番整理，并写了许多札记。在《燕石续札》中，除了经济史方面的札记外，多数是教育史方面的札记。其时，他又重阅了自己的《先秦史》《秦汉史》和《两晋南北朝史》，写下札记三百余条。这些札记，仅列名目，或许即他在《"三反"及思想改造学习总结》中所说的，将普通材料删去，而留有独到之处吧。可惜未能完篇。

1955年后，吕思勉身体开始逐渐转坏，他在给朱琨的信中说：

> 弟去年初患胃肠病，自春徂秋，始渐元复，而入冬复患喘息，剧时竟至言动均所不能，迄今未逾。其原因则支气管及心脏兼而有之，业已不堪工作，已向学校请求退休，尚未获允许。然去年一年亦迄在病假中也。[①]

朱琨是吕翼仁在丽江中学执教时的学生，抗战胜利后，吕思勉与吕翼仁都回上海教书，当时，时局动荡，驻常州的国民党军队及其家属，借住在各学校和民宅，吕家的故居也未能免。常州的故居只有虞菱等几位女眷居住着，父女俩很不放心，请朱琨每周去故居住宿一日，处理一些生活上的琐事，或为虞菱代笔写信，将家中情况告知在沪的老师。每收到朱琨来信，吕思勉总是

---

① 《吕思勉先生年谱长编（下）》，第982页。

亲自回信，致以谢忱。其后，他们常有书信来往。1951年，朱琨随部队赴朝鲜参加抗美援朝，但他与吕思勉的通信却没有中断。在他的日记中，还记载着吕思勉几次复信的内容摘录：

> 一九五一年三月二十日：老先生（即吕思勉）来谕（三月十二日）：（一）述先生三十年前在义州所见情况。（二）……席地而坐及其衣服式样，运物则载之于首，皆中国古俗，特在朝鲜，存留较久耳。古书多言"负戴负荷"，而罕言"儋"，与"担"同，可见用扁担不多也。……
>
> 一九五一年六月四日：老先生来谕（五月二十日）：（一）告世界近势"我们现在系以最大的努力为世界争取和平，再坚持一两年，时局必有变化，缘美帝在东方，实力不足，武装日本，日本人未必受其利用，相持到某一时期，彼之内部必起变化也"。（二）告国内正进行镇压反革命运动。（三）询近况。
>
> 一九五三年一月七日：吕老先生来谕：音讯久疏，每深系念，时时报端获悉我军之丰功伟烈，使安坐后方者，既愧汗又气足神至也。吾兄近数月来在何处工作，近况如何？甚愿闻之。[1]

因身体逐渐衰弱，他自知已不能工作，便把师大一村的房屋

---

[1] 《吕先生先生年谱长编（下）》，第895、896页。

还给了学校,自己回常州故居养病。1955年,吕思勉被聘为江苏省第一届政协委员,但此时他已病甚,请长假,未尝赴南京出席会议。

这一时期,他的日记也记得越来越简略了,工作状况,熟人来访等,均一概省略不记。1955年4月起,因病力衰,已不能如以往用庄书小楷记日记,所记的日记仅为草稿,且或有漏字。如1954年的残存日记:

十二月初六日(月,旧历十一月十二日,丙申)雨。近日气管炎颇剧,昨夜发热早寝,今晨晏起,午后又小睡,夜仍早睡,仍有微热,是夜本约湛卿、葵伯、孝彝小饮,托湛卿代为主人。阅《明通鉴》,阅《文史哲》,阅《经济周报》。

十二月初十日。约玉虬来诊。是日荣归省予,永坼亦偕来。是日愈甚,日记遂不能照常庄书,仅以小册记其崖略而已。玉虬进以沉香,十一日气似稍顺,而仍甚愈,多言剧动即气促。十二日荣约舜铭来诊,乃知为心脏病。予心脏盖久有病而不自知。民国三十二年春患胃肠病,愈后脉数至一分钟百十余,至升降阶皆觉力乏,盖即心血运行,不依常轨,而不自知。生平急言竭论本亦有气促之时,去冬以来,上课亦时觉气促。今春到沪,上课一日更甚,不久病归,病后言动乏力者久之,盖亦以心脏有病之故,而时亦不自知,反以三十二年情形信为胃肠病后之征,而不知胃肠虽确有病,愈后言动无力，实由心脏也。此次心脏病历时颇久，至深秋始稍愈，以至其时始能多走，走亦稍疾知之，然尚未全愈，此时应更自珍摄。而予遽废午睡，多读书，多出门，前此路稍远辄乘车，此时则多步行，盖使病加剧之因也。其状为言动则喘息而惫……

（十五日）是日钟山①与熊十力偕来常州，十力甚欲晤予，而予以病不果延见，并钟山亦不能晤。十九日永圻复自沪来视予，二十四日（旧历十一月三十日）荣如沪，二十九日复归，三十日校中使卫生科长梁君良、干部吴君浩源、女医师济英来视予病。是冬大雪，自予病后，初十至廿二甚晴，廿三始阴，廿四晨微雨即止，至廿六皆阴，廿七已刻霰旋雨，亦极微。廿八雨，入夜为雪，至明年一月一日始稍微而止。二日阴，三日晴，并晚复雪，竟四日入夜乃止。五日晴，盖所积不下三尺云。病中杂阅诸杂志，而毕冯家升《火药发明及西传》一册。……

又如1955年的残存日记：

二十五日（火，旧历正月初二，丙戌）阴雨。阅《安吴四种》卷二十六、二十七。增尧来。

---

① 即钟泰，号钟山，南京人，原光华大学教授，治中国哲学史。

二十六日（水，旧历正月初三，丁亥）晴。昨夜至今晨，痰中又三次有血色，鲜红似新破裂者。阅《文史哲》第一期。阅《安吾四种》卷二十八。增尧、增福来。

二十八日（金，旧历正月初五日，己丑）阴、晴。阅《安吴四种》卷三十一。永年来，今年因病，来客无事者多未接见，即有事者，亦仅略谈而已。其未能见者，日记中亦遂未书。……

余生记二。日记六百六十

十一日（金，旧历正月十九日，癸卯）晴。阅恩格斯《马尔克》。

....

二十四日（木，旧历二月初三，丙辰）晴。前三日觉疾少剧，今日似又稍减。荣趁九时余车赴沪。翻阅旧札记。

二十五日（金，旧历二月初四，丁巳）昨夜雨，今日阴，午后晴。翻阅旧札记。是日缝兰又诣周济平诊。

二十六日（土，旧历二月初五，戊午）阴，午后雨。翻阅旧札记。阅《中国语文》第二期。

....

这几年，虞菱也常常是疾病缠身，吕思勉的日记不但记录了自己的病情，而且还详细地记载了妻子的病情，日记逐成了夫妇俩的病案记录。这一年，他又总记了历年日记的卷数：

> 庚子（1900年）二月至辛亥（1911年）十一月，凡十二年，减二月。共计一百四十二卷。民国元年（1912年）至民国十七年（1928年）十二月，凡二〇四卷。一百四十二卷加二百〇四卷，总计三百四十六卷。①

春蚕到死丝方尽

1955年3月20日，虞菱因目疾至上海治疗，吕思勉将日记中有关虞菱患病的记载一一摘出，以供医生治疗时参考。其时，吕思勉也正患三叉神经痛：

> 初八日（金，旧历三月十六日，己亥）晴。检阅旧札记。湛卿来。玉揆来。是日痰中颇有血，盖近数日天气热，衣太多，咳甚之故。
> 初九日（土，旧历三月十七日，庚子）晴。检阅旧札记。文甥来。是日痰中仍有血，左额有一线时作痛。
> 十三日（水，旧历三月十一日，甲辰）晴、阴、夜雨。头痛益甚，午后诣葛医，乃云神经痛也，改用消炎止痛之

---

① 以上日记引文，均见《吕思勉先生编年事辑》，第336—344页。

药，且加维生素乙焉。而初以为感冒者误矣，舜名亦同其误。永武①偕予往。是日头痛及左右前后，津稼来未晤。

十四日（木，旧历三月二十二日，乙巳）阴，巳午微有晴光，夜小雨雷。头痛略如昨，惟初痛之处已不痛矣。②

4月19日，吕思勉由李永武陪同来上海治病。师大的房屋已还给了学校，只能住在女儿在虹口兴业坊租借的寓所里。这年年底，上海市高教局为照顾知识分子的生活，特地将复兴西路二七一号二楼的一套寓所，配给吕思勉一家居住，并于农历春节前迁入了新居（吕思勉去世后，女儿吕翼仁便将复兴西路的寓所归还给上海市高教局）。

图27　吕思勉先生与当时华东师大校长孟宪承（右）在复兴西路寓所合影

---

① 即李永武，吕思勉学生李永圻之胞弟。
② 《吕思勉先生编年事辑》，第343页。

1956年5月6日,吕思勉抱着病躯回常州旧居,"在家检书至廿九日毕"。将重要的札记、书稿交轮船公司托运至沪,计划作进一步的整理。7月8日返回上海。病情稍为稳定后,他就开始工作,"七月十六日始撰札",并撰写了一份详细的札录目录。7月26日,他去上海博物馆参加史学会召开的会议,又收到参加上海市哲学社会科学学术委员会筹备委员会会议的通知,后因病未能参加,但仍很关心文化学术事业的建设,他扶病草拟了一份致中共上海市委学校工作部的信,建议当局组织学者,编撰集部类编。信中说:

中共上海市委学校工作部大鉴:前奉通知,命参与上海市哲学社会科学学术委员会筹备委员会之成立,并讨论开展工作问题,因病体支离,未能遵命出席,负疚至深。旋闻当局领导群伦,拟订十二年计划,以期孟晋,而达世界标准……曷胜欣忭。芹曝之献,承敬一言,窃意今日有一事,可于十二年中毕其功,看似仅募集前人之所为,然事苟获成,则其裨益有非千百人刻苦钻研所能逮者,作集部类编是矣。盖学问之道,必因前人之已成者而进,而时至今日书籍浩如烟海,不惟不能遍读,亦且不易遍得,故必有人焉,集众籍而为之分类编撰,以助其搜罗之不及,立其披览之涯涘,从事者乃有所藉,时则类书尚矣。吾国之有类书,始于魏文帝时之皇览,历年已近二千,不可谓之不早,然至今日仍无完备之类书者,则以其事非政府之力不能行,而向来官办之事，无不敷衍塞责者也。今日政府定计远大，办事之认真，均非昔日所及，编撰一完善之大类书，正是其时。①

这时，来看望他的友人、学生很多，有来请教学问的，他都不厌其烦地耐心指导。他一向珍惜时间，讨厌无事的"闲聊"，无奈地称之为"穷人陪富人"。吕翼仁回忆说：

> 有时他正在工作，有人找他"聊天"来了。他无可奈何，放下书本搁下笔，坐在那里静静听着，由客人天南地北讲一通。客人去后，他疾首蹙额地对我说，他们有的是时间，但我来日无多了，我奉陪他们就像穷人奉陪阔人一样痛苦。可是别人若来请教他什么问题，他无不竭诚回答。五七年，他去世前几个月，有位光华大学的旧同学来问他中国经济史方面的资料，一连问了两三个小时。父亲每讲一句话，都要挣扎一会，后来简直失音了。我站在一旁干着急，又不敢下逐客令。说实话，这种时候，我并不怕得罪客人而是怕我父亲不高兴。客人去后，整个晚上，我父亲几乎不能开口，但并没有不快的表情。②

晚年的吕思勉经常回忆自己早年的经历，回忆自己的父母、

---

① 《吕思勉先生年谱长编（下）》，第996页。
② 吕翼仁：《回忆我的父亲——吕思勉先生》，刊于《吕思勉先生年谱长编（下）》，第1187页。

413

祖父母等，1957年，他撰写了《先考妣事述》《外王父程君传》等文，写了一篇生平弈棋之经历，回忆早年交结的弈界朋友。还撰有一则笔记，记述了曾对吕思勉父亲幼孤时施以援手的金华亭[①]：

> 华亭先生无子，一女适承君厚甫，予呼为金大姑。予少时大姑常至予家。光绪乙丑大姑卒，承君未尝来，遂绝音讯。大姑似亦无子女。壬寅岁予适丁氏之从母，延承君幼仙教其子，厚甫君之族弟也。问以厚甫家情形，亦不甚了了矣。予家岁时常祀华亭先生及大姑。然予亦无子，一女又未适人，此祭祀不知何时而绝也。当先生携先君避难也，宁能知必与先大父遇，而经行数千里，历时甚久，而绝无厌悔之意，亦可谓其仁出于本心者矣。故知闾里之间，随处有义士也。[②]

吕思勉是一个性格乐观而又坚强的人，凡事都从乐观的、好的一面着想，吕翼仁说父亲是一个"有一百二十分的自信心的人"，她说：

> 父亲性格坚强，所以看问题比较乐观，也总往好的方面着眼。大事情上这样，小事情上也是这样。一个人看问

[①] 有关金华亭的事迹，见本书第9页。
[②] 《吕思勉先生编年事辑》，第352页。

题，判断事情，总难免有错误，但父亲总是失之于过分乐观而不是失之于过分悲观。……有一次我同他谈中国旧小说大半以团圆结局，不免庸俗。他不同意，说：这表示我们这个民族性情乐观，向往光明。还有一次，我那时还在光华大学读书，我们休假后经常州回校，他发现房里书架上少了几册书。晚饭之后，他一边抽烟，一边在房内踱来踱去，看样子在想事情。我估计同失掉的几册书有关，就问他，这几本书不容易买到吗？他说："哦？不，我是在想，谁这么用功，会拿这几本书呢？"

父亲晚年肺结核病大发作的时候，往往高热不退，病情危笃，他非但不焦虑，还经常安慰我和母亲，说："凡事总有一个过程，疾病凶险的时候，也是转机到来的时候，我既然能发高烧，表示我还有抵抗力。"我们听他这样说，虽然明知他在安慰我们，但也多少能镇静些。

父亲生于清季，清季民初正是我国内忧外患交迫的时候。父亲怀着强烈的爱国、爱民族的心情，也怀着要求改革的迫切愿望。他知道要谈政治要谈改革，必须尊崇科学，尊崇由科学产生的新技术，单读旧书是不中用的了，这是他广读新书的动机。他在一篇论治学的文章里说，对现状不满，是治学问，尤其是治社会科学的真正动机，也是社会进步的根源。然而要改革，单有热情是不够的，还要有改革的手段，这就要学习社会科学了。到了老年，他还说自己不是一个为学术而学术的人，是应当随自己的能力地位作贡献的。

415

本着这个动机，是他易于接受马克思主义的一个根本原因。在接触马克思主义之前，父亲的道德观是儒家的，大同是他的理想。①

1957年的10月，《隋唐五代史》有望出版，人民出版社的编辑祖海（庄葳）送来清样属校，吕思勉在日记中记有一条：

> 十月初四（闰八月十一）星五。病如故。祖海来，以隋唐五代史属校。②

写好的书稿有望出版，吕思勉异常兴奋，书稿的清样也校得特别仔细，特别勤快，他顾不得自己的病躯，也顾不得休息，自10月4日到8日，一直抱病在校阅《隋唐五代史》。8日夜，病情转剧，肺气肿与心脏病并发，他自言此时病状与往日不同。9日清晨，请医生来诊，医生称病情严重，即由救护车送至华东医院，遂即组织抢救，至深夜病逝于医院，享年七十四岁，女儿吕翼仁陪侍于侧。

10月13日下午，吕思勉的生前友好于上海万国殡仪馆举行公祭大会。虞菱将钢笔一支、手表一只、猫的相片一张，放在遗体之旁，哽咽地与患难与共的丈夫诀别：

---

① 《吕思勉先生年谱长编（下）》，第1185、1187页。
② 《吕思勉先生编年事辑》，第349页。

图28　1957年10月13日，上海学术界、文化界于上海胶州路万国殡仪馆公祭吕思勉先生，孟宪承校长致悼词，林举岱为司仪（右立者）

图29　周谷城（前排右三）、孟宪承（前排右四）、廖茂如（前排右五）、戴家祥（前排右八）、杨宽（前排右九）在吕思勉先生追悼会上

诚之，我们永别吧！笔一支，表一只，是你生前常用之物；猫，是你生前最喜爱的动物。现在，你就把这些东西带了去吧！①

吕思勉的灵柩安葬在上海虹桥路万国公墓M区三四六。

丈夫去世后，虞菱经常泪水纵横，不时自言自语："一部《隋唐五代史》，摧了诚之你的命。"②1961年11月18日，虞菱病逝于沪寓，享年七十七岁，与吕思勉合葬于万国公墓M区三四四穴。夫妇俩的墓穴均毁于1966年的"文化大革命"中。

薪火传递

1958年1月，吕思勉的遗著《燕石续札》由上海人民出版社初版印行，次年9月，《隋唐五代史》由上海中华书局出版，全书一百余万字，未刊总论，部分章节略作了删改。该书的出版说明说：

现在我们出版吕先生这部遗著，仅是为了提供历史研究者参考之用。因为作者在史料的搜集、排比和考订上，曾经花过不少功夫，他曾经比较广泛地搜集史料，把这个时期经济上、政治上和文化上的主要情况，从浩如烟海的史料中

---

① 王玉祥：《怀念吕诚之老师》，刊于《蒿庐问学记》，第163页
② 玉祥：《怀念吕诚之老师》，刊于《蒿庐问学记》，第163页。

钩稽出来，作了排比和考订。上半部政治史部分，用纪事本末体把王朝的历史作了排比和考订，也还便于我们研究时查考。后半部叙述社会经济、政治制度、文化学术部分，原来的史料很分散，经过作者的搜集和排比，也还便于我们研究时参考。虽然作者分门别类的叙述，并不符合我们的要求，但由于分门别类的缘故，也还便于我们检查。作者在叙述时，把原有的史料，组织成了自己的一个体系，主要的史料来源，都注有出处，有的还有注释和考订，在我们研究时也还有一定的参考价值。[1]

早在1957年底，顾颉刚就倡议整理吕思勉遗稿，并拟请杨宽负责遗稿的整理工作。1962年3月，由中华书局上海编辑所发起整理出版吕思勉遗稿，出版社社长李俊民致函约请杨宽、唐长孺、汤志钧、李永圻、吕翼仁等到所商议工作，该所陈向平、胡道静、杨友仁等亦参加讨论，议定组成吕思勉遗著整理小组，整理的费用由家属负担。由于工作量很大，吕翼仁又邀请了吕思勉的学生陈楚祥、陈祖厓参加协助。至1963年，整理好《文字学四种》《史学四种》两稿，交中华书局上海编辑所，《吕思勉读书札记》也于1965年整理完毕。但接下来席卷全国的"文化大革命"，中断了这一整理工作。至"文化大革命"结束后，吕思勉遗著的工作，由于女儿吕翼仁、学生杨宽、李永圻等的努力，重又继续。

---

[1] 《隋唐五代史》（出版说明），中华书局1959年9月版，第10页。

1981年12月,《史学四种》由上海人民出版社出版。《史学四种》包括《历史研究法》《中国史籍读法》《史通评》《文史通义评》四种,其中《历史研究法》和《史通评》曾在20世纪三四十年代由商务印书馆、永祥印书馆出版,《中国史籍读法》和《文史通义评》是未刊稿。前者是1954年为华东师范大学历史系毕业班所写的讲稿,后者约写于20世纪30年代,一直没有刊印。吕思勉认为,刘知几的《史通》和章学诚的《文史通义》是我国历史上研究史学理论和方法的重要著作,是史学工作者必读之书,他通过对这两本书的评述,来阐明历史研究和史书编撰的方法。他在《文史通义评》的序中说:

> 章学诚(实斋)为近代之思想家。其学说见于《文史通义》《校雠通义》二书。其说不必尽合于今;然精深透辟,足以矫前此之失,而为后人导其先路者甚多。读其书既可知前此思想之转变;又可知新说未输入前,吾国史学家之思想如何,实治国学者所不可不留意也。

他又说:

> 章氏好深湛之思,故凡作一事,必先问此事何以须作,既乃考其如何作法;与徒事考据、而不问其所以然者大不相同。章氏谓道存于事,求道者必于事;故最重史;既重史,而其作事又必问其何以须作、当如何作;则于史事何者须

> 记、何者不须记，必有辨之甚严者矣。本此以观前史，乃觉其所载者多不必载之事；而所当载者转或阙焉。故章氏于前史几无当意者……章氏乃分保存史材、编辑史材与作史为两事：保存、编辑史材者，章氏之所谓记注，所谓比次之事；作史则章氏所谓撰述，所谓独断之学也。此为章氏思想突过前人之处。……章氏论史之学，几全以此二语为归宿。①

1982年8月，《吕思勉读书札记》由上海古籍出版社出版，这一部书约九十万字，共五百二十六篇，其中一百二十四篇采自于1937年和1958年出版的《燕石札记》和《燕石续札》，少数散见于报刊，而大部分是未发表过的。全书分先秦、秦汉、魏晋南北朝、隋唐以下、通代五帙，内容涉及政治制度、财政经济、文化教育、社会思想、历史地理、宗教习俗、民族关系等方面，是吕思勉读书札记最丰富的结集。

1983年，《先秦史》《秦汉史》《两晋南北朝史》，由上海古籍出版社影印出版。作为吕思勉史学论著之一、二、三种，《隋唐五代史》于1984年重印，并增刊了总论部分，为吕思勉史学论著之四。这几部断代史，都有吕思勉史学论著编辑组新写的出版说明（杨宽执笔）。吕思勉的其他著述，如《中国制度史》《中国民族史》《文字学四种》《先秦学术概论》《理学纲要》《论学集林》《吕著中国通史》等，也在20世纪八九十年代初印行或重

---

① 《史学四种》，第192、193页。

印，其中《中国制度史》的大部分为未刊稿，《论学集林》除重印了《经子解题》《宋代文学》《三国史话》以外，还初刊了《蒿庐论学丛稿》《史籍与史学》《三国史话之余》《蒿庐札记》四种。这些书稿的出版，得到学术界、出版界的多方协助支持，其中胡嘉、范泉、庄葳、姜俊俊等出力最多。而吕翼仁、杨宽、李永圻则为遗稿的整理工作倾注了大量的心血。

吕思勉史学论著编辑组同人，在整理吕思勉的已刊未刊的各种著述的过程中，同时留心搜集他的传记资料，希冀辑成一编，使读者能够了解吕思勉的生平和学术思想的演变，有助于研读他的著作。1992年，李永圻编成的《吕思勉先生编年事辑》由上海书店出版，该书主要依据吕思勉的日记、书信、随笔、诗词、文

图30 吕思勉先生之女吕翼仁（1914—1994）

图31　吕思勉先生的学生李永圻（1927-2019）

章以及其他各种传记资料，其中大部分是吕思勉生前自己分类保存着的，是介绍吕思勉生平、学术、思想、道德等方面的一本重要著述。1986年，吕翼仁、李永圻将吕思勉的学生所写的各种回忆、纪念文章等汇编成《蒿庐问学记》一书，交俞振基，由俞氏约请方德修，根据三联书店的要求加以编辑。1996年6月，这本书由三联书店印制发行，也是一本介绍吕思勉生平与学术的著述。该书的书名，原已请书法家顾廷龙题签，可惜未能印出。

20世纪90年代后，吕思勉史学论著的整理，侧重于他的中国近代史著述和其他未刊稿。1994年4月25日（旧历甲寅三月初一），吕翼仁因病医治无效，逝世于上海建工医院，享年八十一岁。已整理好的中国近代史著述，合刊为《吕著中国近代史》，包括《中国近代史讲义》《中国近世史前编》《中国近百年史概说》《中国近世文化史补编》《日俄战争》五种，除《日俄战争》曾于1928年由商务印书馆出版单行本外，其余四种均是未刊讲稿。大量的未刊遗稿以及部分散见于20世纪初至50年代各种报刊上的重要论文、札记、序跋、讲稿、诗词等，编为一百余万字的《吕思勉遗文集》（上下两册），内容包括《蒿庐论学丛稿》《中国政治思想史十讲》《中国文化史六讲》《大同释义》《中国阶级制度小史》《本国史答问》《蒿庐札记》《蒿庐诗稿》《蒿庐文稿》等，两书都于1997年由吕思勉生前执教的华东师范大学出版社出版。吕翼仁晚年放弃平生爱好的书画，倾全力整理父亲的著作，成绩卓著，深受学术界赞许，而此项未竟之业——吕思勉史学遗产的整理研究，犹待后人继续……[①]

为了继承吕思勉的学术遗产，弘扬祖国的优秀文化，1983年11月，常州市政府决定：常州市十子街吕思勉世居旧宅作为"史学家吕思勉故居"定为常州市文物保护单位。这一年的10月，吕翼仁将父亲《隋唐五代史》的手稿捐赠给常州市博物馆收藏。其后，又将《中国民族史》的手稿及清代光绪朝历书锦装本一匣捐赠给武进博物馆收藏。1990年5月，吕翼仁又将沪寓吕思勉藏书

---

① 吕思勉的各种已刊、未刊的著述，已编成《吕思勉全集》26卷，于2015年10月由上海古籍出版社出版。他还留下大量的研究资料，其中为撰写宋辽金元和明清两部断代史而准备的资料札录，也编成《宋辽金元明史札录》，于2020年8月由上海古籍出版社影印出版。

二十大箱运回常州吕思勉故居，以备故居开放陈列之用。1997年6月2日，常州市召开全市文物工作会议，会议对"九·五"期间常州市抢救、保护和修复一批文物作了安排，提出"明年完成吕思勉故居、两孙故居的修复工程"①。

1997年是吕思勉逝世四十周年，由上海市历史学会、华东师范大学历史系、华东师范大学出版社联合发起的"纪念吕思勉先生逝世四十周年学术研讨会暨《吕思勉遗文集》首发式"，在华东师范大学召开。上海学术界、文化界人士三十余人出席了会议，并就吕思勉的史学思想、学术遗产以及如何开创中国史学的新局面进行了热烈的讨论。

斯人已逝，风范常存。历史地理学家谭其骧曾为吕思勉百年诞辰纪念题词曰：

近世承学之士，或腹笥虽富而著书不多；或著书虽多而仅纂辑成编，能如先生之于书几无所不读，虽以史学名家而兼通经、子、集三部，述作累数百万言，淹博而多所创获者，吾未闻有第二人。②

文史专家马厚文为"吕思勉故居"题词曰：

---

① 两孙故居，即孙慎行、孙星衍的故居。参见《全市文物工作会议透出信息，常州将抢救保护修复一批文物点》，刊于1997年6月3日《常州晚报》。
② 《吕思勉先生编年事辑》，第357页

洛城司马闭门居,箣册摩挲心力虚。

昔日门生今白首,犹将忍死读遗书。

作家周而复题诗：

青年诵史，立志献身；

博览群书，辛勤耕耘。

手披百家，口吟艺文；

文风朴厚，治学严谨。

钩稽整理，鉴别考订；

见识精湛，著作等身。

执鞭光华，桃李盈门；

一代宗师，推重士林。[①]

史学家唐长孺为故居开馆致信吕翼仁并赋五律一首：

翼仁同志：

前得汤志钧同志来函，敬悉诚之师常州故居建立纪念馆，将于十二月开幕，并举行学术讨论会。先师德望学业，为并世学人所共仰。建立纪念馆，足为后世范式，无任欣悦。随即复函，请示确切日期，届时如健康条件许可，定当

---

① 周而复：《周而复文集1：夜行集》，文化艺术出版社2004年5月版，第112—113页。

趋赴，迄今未得复，甚为悬念。年来目力衰耗，今春又加剧，不能写作，敬赋一五律，不能表达瞻望之忱于万一，今即寄呈裁正，并请示知开馆日期。专此即颂教安

唐长孺十一月廿二日

夫子今长往，开编题拂存。沧波涵德量，学海接微言。故居遗书在，名山一老尊。升堂吾岂敢，白首愧师门。

诚之师故居开幕志庆　受业　唐长孺[①]

然而，最适合于他的评价，正是吕思勉一生孜孜以求的，也是他对所有"有志于学问者"的一个期许，那就是做一个"真正的学者"：

> 真正的学者，乃是社会的、国家的，乃至全人类的宝物，而亦即是祥瑞。我愿世之有志于学问者，勉为真正的学者。如何则可为真正的学者？绝去名利之念而已。显以为名者，或阴以为利；即不然，而名亦是一种利，所以简言之，还只是一个利字。不诚无物；种瓜不会得豆，种豆不会得瓜；自利，从来未闻成为一种学问，志在自利，就是志于非学，志于非学，而欲成为学者，岂非种瓜而欲得豆，种豆而欲得瓜？不诚安得有物？然则学问欲求有成，亦在严义利之辨而已。[②]

[①] 唐长孺：《诚之师纪念馆开幕志庆》，刊于《嵩庐问学记》，第217页。
[②] 《从章太炎说到康长素梁任公》，刊于《月刊》1946年第1卷第3期。

祥瑞，就是吉祥的征兆。在古代，它常与灾异对举，被视为天意的一种表达，也被用作观测社会盛衰、政治清浊、民生苦乐的一个标志。由此说来，"绝去名利之念"而"有志于学问"的真学者，也是时代和社会的测量器，是时代和社会为产生"真学者"提供了条件。吕思勉的这段话，以及"真学者"与时代、社会间的关系，很值得我们再三回味、深长思之。

后　记

  1979年，我正在上海一家里弄加工组里当工人。高考的恢复，"引诱"了我这个只有小学文化程度（初中只读了一年，便停课闹革命了）的工人，也"想入非非、不安心本职工作了"（里弄加工组的一位领导，在听了我想考大学后给我的评语）。于是，向单位请了两个月的假，借来各种复习资料，开始自学"因式分解"呀、"解方程"呀。然而，天生没有数学"细胞"的我，虽然花了不少时间和功夫，进展却十分缓慢（高考时，数学仅得了三十分）。于是，弃"理"从"文"，经我姐夫的介绍，去华东师大一附中听"高考文科补习班"课，在那里，第一次见到了附中的历史老师李永圻先生。

  高考补习班的课，安排在附中教学楼三楼的一间小教室里，李老师讲的是世界上古史，记得第一次作业，是叫我们画古代埃及的历史地图。作业做好后，交李老师批改，他用红笔在我的作业上标出了我没有标出的地名和没有画全的尼罗河……这样的讲课和作业，约有五六次。这一年的9月，我考进了华东师范大学，学的是历史学。从此，与李老师的来往更多了，也由此见到了吕翼仁先生。

20世纪80年代初,正是吕思勉著作出版、重印最频繁的时期,《史学四种》《吕思勉读书札记》《先秦史》《秦汉史》《两晋南北朝史》等陆续出版,每有一种著作出版,吕翼仁先生总是郑重地签了字盖好章,赠送我一本。就这样,我逐渐读了一些吕思勉的书,也逐渐了解了吕思勉的生平、思想和学术成就。

通常,海外学者将吕思勉与钱穆、陈垣、陈寅恪同列为现代史学四大家。但这四位史学大家的治史风格各不相同,陈垣的史学以新材料取胜,陈寅恪的史学是尖端精深而由小见大,钱穆的治史最擅长诠释发挥,任何材料在他的手中,总能说出一番新意来。吕思勉的治学,一是范围广博,规模宏宽;二是实事求是,融会贯通。他一生在中国通史、中国近代史、先秦史、秦汉史、魏晋南北朝史、隋唐史、社会文化史、民族史、政治制度史、思想史、学术史、史学史、历史研究法、史籍读法、文学史、文字学等方面都有著述。其治学范围之广、规模之大、涉及的内容之多,在近现代史家之中是罕见的。所以,史学家谭其骧先生称他是"以史学名家而兼通经、子、集之部,述作累数百万言,淹博而多所创获者,吾未闻有第二人"。

吕思勉自二十三岁起就"专意治史",除了教学工作外,他把大部分的时间都放在文史研究和写作上。每天清晨起来,就埋头于阅读写作,一直工作到深夜,五十年如一日。他先后把"二十四史"读了数遍,又参考其他史书以及经、子、集部的文献,将辑录的史料进行析解、分类、排比、考证,写成一条条札记。这些札记或是对史实的考证,或是对文献资料的订误,更多的是对史事的分析研究。由于研究的不断深入,许多札记都曾一再补充修改。这种写札记的方法,承继于前辈乾嘉学派的传统,但是乾嘉学者以考证为目的,吕思勉则并未就此止步,而是把札记考证作为进一步研究的基础。以此为基础,进而探索"古今风会之递变,政事之变更,有关于治乱兴衰之故者"。他的那些有系统、有分量、有见解的论文、著作,就是在这种坚持不懈地有计划地阅读和写作的基础上,再加以综合研究、融会贯通而成的。所以,历史学家杨宽先生说自己的老师是"读书广博而重视融会贯通、著作丰富而讲究实事求是的一位史学家",是很确切的。

1993年5月,杭州师院成立"吕思勉文史研究所",邀吕翼仁、李永圻先生去参加成立会。那时,吕翼仁先生已自知患了癌症,然而她非常乐观,很想去杭州一游。在征得医生黄华瑞同意后,李永圻先生和我及我的夫人吴依慰陪她一同去杭州。会后,我们一同"泛舟西湖",还在"花港观鱼"处小坐吃藕粉。那是吕翼仁先生晚年最愉快的一次旅游。回沪后不久,她的病情便转危。如今,吕翼仁先生去世已有三年了,但杭州之行仍历历在目……

1995年4月,陈启能先生来上海,组织"往事与沉思"丛书的编写,向我介绍了丛书的编写计划,并嘱我写一本《吕思勉传》。其后,我一直忙于其他事务,《吕传》的写作一拖再拖,直到1996年的下半年才开始动手。1997年4月,史学理论学会在海口开年会,陈启能先生来信要我一定去海口参加年会,学友朱政惠、陈丽菲也都约我一同去,我因忙于《吕传》的写作而没有去。半个月后,我去访陈丽菲,她向我介绍了海口会议的情况,还一再遗憾我没能去参加会议，我又再三向她解释我的忙碌，她则认为，我之所以未去海口，还是因为我的性格不好结交。末了，她说："你在写吕思勉的传，你的人也愈来愈像吕思勉了。"这当然是一句玩笑话。无论是在学问还是在论道德修养上，吕思勉先生都是我辈人高山仰止的楷模。然自忖，或许在性格方面也有某些相近之处吧。那一日晚上，我坐在书桌前继续《吕传》的写作，不期然地又翻到了那一段不知读过多少遍的话：

> 真正的学者，乃是社会的、国家的，乃至全人类的宝物，而亦即是祥瑞。我愿世之有志于学问者，勉为真正的学者。如何则可为真正的学者？绝去名利之念而已。显以为名者，或阴以为利；即不然，而名亦是一种利，所以简言之，还只是一个利字。不诚无物；种瓜不会得豆，种豆不会得瓜；自利，从来未闻成为一种学问，志在自利，就是志于非学，志于非学，而欲成为学者，岂非种瓜而欲得豆，种豆而欲得瓜？不诚安得有物？然则学问欲求有成，亦在严义利之辨而已。

争名于朝，争利于市，这是时势使然，人人都在"名利场"中追逐，怎能做到绝去名利之念呢？李永圻老师常常对我说：多读老先生（指吕思勉）的文章，尤其是他的日记序言，对于道德修养的培养极有帮助。他很希望老先生的道德修养能够发扬光大。然而，吕翼仁先生的看法则不同，她说："父亲带走了一种道德标准。如果今天仍按这样的标准来为人处事，恐怕连饭都没得吃……"每想到此，我便感叹不已，这倒不是感叹什么"人心不古，世风日下"，而是"世态人事"的"此一时，彼一时"，与其去感叹"生不逢时"，倒不如自责何以不能适应时势。

这本书的写作，首先得感谢李永圻老师，他是吕思勉的学生，一生追随老师读书问学，老师去世后，他又协助吕翼仁先生整理老师的遗稿。他在生活上一无嗜好，把所有的时间和精力都放在整理老师的遗稿和料理老师的身后事上，几十年如一日，从无间断。他得知了我的写作计划，便把他编写的《吕思勉先生年谱长编》初稿借给我，帮我一起设计写作体例，每每是我在我的家里写作，他在他的家里思索，时不时通过电话将他想到的各种材料告诉我，我则将他的口述回忆记载下来……书稿写成后，他又逐字逐句地审阅，提出修改方案或补充必要的材料。所以，严格地说，这本书是我与他一起写成的，没有他的帮助，本书的写作是无法完成的。

本书得以完成，还得感谢陈启能先生，感谢他对我的支持和鼓舞。责任编辑陈丽菲女士为本书的出版做了大量的工作，华东师范大学出版社的曹伯言教授、上海教育出版社的庄葳编审在百忙之中审阅了拙稿，并提出许多修改意见。在此，谨表诚挚的谢意！

本书如能帮助读者了解吕思勉的生平、人品、思想、学术成就和治学方法，并从中得到启迪、有所收获，那么笔者写作的愿望也就达到了。

张耕华
1997年9月

再版后记

前年的八月，与谭徐锋先生通话，他说起我曾写过的一本《吕思勉传》（下文简称《吕传》），说此书"市场上早已脱销，该修订再版了"。我当时的回答是："这本书写于二十多年前，今天看来，甚不满意，应该重新写过，但一时又写不了。"谭先生便说："新书可慢慢写，旧书对初学者来说，还是很有益，可以先行修订重印。"正是"对初学者很有益"这句话，打消了我的犹豫。于是，便听从谭先生的建议，对拙书做了一次修订。《吕传》的初版，不仅谋篇布局上不甚完美，而且还有很多错误，尤其是引文上的种种错误，对读者来说贻害匪浅，虽然这些错误还不至于造成对文本原意的曲解。故本次修订，主要是改正引文上的各种错误；叙事中的错误，有些就在行文中改正，有些则加了新注说明。《吕传》原采用文中注，此次重印全部改为页下注。引文均按吕先生著述的初版初刊加注；初版初刊有删节的，则按后来的增补版或《吕思勉全集》加注。初版的插图因原图遗失或

·再版后记·

质量的不佳，也有少许的调换。再次感谢谭先生的建议，使我有机会改正错误；也要感谢本书的策划封龙先生，以及责编冯珺女士，他们为拙书的修订重版付出最多。

张耕华

2023年7月

图书在版编目（ＣＩＰ）数据

吕思勉传/张耕华著.－－成都：四川人民出版社，
2023.10
（往事与随想/谭徐锋主编）
ISBN 978-7-220-13217-9

Ⅰ.①吕… Ⅱ.①张… Ⅲ.①吕思勉（1884-1957）
—传记 Ⅳ.①K825.81

中国国家版本馆CIP数据核字（2023）第056380号

LÜSIMIAN ZHUAN
吕 思 勉 传

张耕华 著

出 版 人	黄立新
策划统筹	封 龙
责任编辑	冯 珺
封面设计	周伟伟
版式设计	张迪茗
责任印制	周 奇
出版发行	四川人民出版社（成都市三色路238号）
网　　址	http://www.scpph.com
E-mail	scrmcbs@sina.com
新浪微博	@四川人民出版社
微信公众号	四川人民出版社
发行部业务电话	（028）86361653　86361656
防盗版举报电话	（028）86361661
照　　排	四川胜翔数码印务设计有限公司
印　　刷	四川华龙印务有限公司
成品尺寸	140mm×210mm
印　　张	14
字　　数	310千
版　　次	2023年10月第1版
印　　次	2023年10月第1次印刷
书　　号	ISBN 978-7-220-13217-9
定　　价	72.00元

■版权所有·侵权必究

本书若出现印装质量问题，请与我社发行部联系调换
电话：（028）86361656

壹卷
YE BOOK

让 思 想 流 动 起 来

官 方 微 博：@壹卷YeBook
官 方 豆 瓣：壹卷YeBook
微信公众号：壹卷YeBook
媒 体 联 系：yebook2019@163.com

壹卷工作室
微信公众号